〈オトコの育児〉の社会学

家族をめぐる喜びとまとい

工藤保則／西川知亨／山田 容 [編著]

は し が き

　私たちは，遠いところで起こっている苦しみについては同情的であり，その原因や解決について冷静に検討したり常識的な判断を下すことができる。しかし身近に起こり，自身になんらかの変化や「損失」が生じる可能性があることとは距離を置きたがり，自分が「関われない理由」を探そうとするものである。

　オトコにとって子育ての問題は，前者でもあり，後者でもある。親になる前にオトコが子育てについて語ることはそう多くない。つまりあまり関心のない話題であり，あったとしても一般論の域を出ない。やがて親になり，そのたいへんさに直面したとき，そして自らも大きな役割を担うべきことを知ったときに，多くのオトコたちはそこで生じる葛藤や責務を回避する理由を見つけようとする。社会もこのようなオトコの態度を是認している。それどころかほんの少しの「手伝い」をするだけで「イクメン」と持ち上げられたりする。育児をしないオンナが受ける批判に比べると，オトコへの圧力は無きに等しい。

　母親が担わされる子育ては，量だけでなく質も求められる。子が何かトラブルを起こすと，なによりも母親の責任が問われる。女性も外で働くようになってきた現在でもそれは変わらない。同じ親でありながらこの差は歴然としており，しばしば夫婦関係の亀裂を招くだけでなく，子どもにとって望ましくない状況につながることもある。

　ただ，そんなオトコも夫婦が「いい関係」であることを願っているし，自分が変わらなければならないことにはうすうす気づいている。温度差はあるにせよ，子育てに「協力」しようとするオトコは増えつつある。ところが，長く子育てするオトコは想定されていなかったこともあり，大半のオトコに子育てについての覚悟も備えも持ちあわせていない。結果として，母親（妻）から言われるままに「お手伝い」する程度のことしかできない。それで母親の負担は若

i

干軽減されるかもしれないが，母親が置かれている抑圧的状況は変わることがない。

　この不均衡な関係を改めるには，戒めや反省だけでは十分でない。必要なのは，子育て場面で顕在化する夫婦間の溝にオトコが「気づき」「行動」することである。子育てにまつわる困難にあまりにも鈍感すぎたオトコたちを刺激しよう。オトコの変化は，「協力」にとどまらない子育てのあり方と，より伸びやかな夫婦のかたちを創出していくだろう——私たちはこのようなことを考えながら，本書を企画した。

　本書は，大学における「子ども社会学」「家族社会学」「現代社会論」といった授業で教科書として利用できるようなつくりにもしている。子どもや育児に関するレポートや卒業論文を書こうとしている学生にも，参考になるだろう。もちろん，一般の方にも読みものとして手にとっていただきたい。男性に限らず，女性にも読んでほしいし，読んだあとで男性（彼，夫，息子，父親など）にすすめてほしい。読後にふたりで感想や意見を語りあってくれれば，編者にとってこんなにうれしいことはない。

　ここで，本書のタイトルに関して少し説明したい。

　「『〈オトコの育児〉の社会学』という本を出す予定です」といったとき，大きく分けて，2つの反応があった。ひとつは女性（研究者）からの「オトコが育児をすると本になるのですね」というものである。いいかえると「オンナが育児をしても本にはならないのに」というわけだ。「オンナは日常的にやっている（やらざるをえなくなっている）」ことに無自覚なオトコが，ちょっとなにかをしただけで「オトコの育児」とエラそうに言うなんて…という皮肉が込められている。それは，これまで（あるいはいまも），育児の場でオトコがほとんどなにもしてこなかったことに対しての，また，なにかするにしても「趣味的」にしかしてこなかったことに対しての，まっとうな反応だと思う。もうひとつの反応は，男性（研究者）からの「はやりのイクメン本で，売れそうですね」というものである。「オトコの育児」をウケねらいの特別な行為と捉え，微妙な笑いとともにそう言ってくる。もちろん，最初からこちらの意図をわかってくれて「いい企画ですね」と言ってくれることもあったが，そうしたことはき

わめて少なかった（断るまでもないだろうが，性別により反応が決まっているということはない。しかし，男性（研究者）と女性（研究者）では発言の傾向が異なっていたのも事実である）。

そして女性（研究者）による「オトコが育児をすると本になるのですね」，男性（研究者）による「はやりのイクメン本で，売れそうですね」という2つの反応が，「オトコの育児」の現状を表していると思う。先に述べたような本書の意図は，詳しく説明をしない限り，なかなか理解されないのである。だからこそ，かえって余計に「オトコの育児」という言葉を前面に出したほうがいいと考えた。タイトルを『〈オトコの育児〉の社会学』――当事者性に欠ける「オトコも育児」でも，二者択一的な感じがする「オトコが育児」でもなく――としたのはそういうわけである。本書では，あえてオトコの視点から育児を考えてみたいのである。また，特別なことではなく「生活の一部」としてのオトコの育児を捉えたいのである。

タイトルに「社会学」と言う言葉がついてはいるが，執筆者は社会学研究者に限らない。社会福祉学，教育社会学，教育学，保育学を専門とする人にも参加してもらった。「オトコの育児」をさまざまな角度から捉えたいと考えた結果である。また，執筆者は，現在進行形で乳児や幼児の子育てをしている人が多いが，すでに子どもが中高生になっている人，子どもがいない人もいる。これもさまざまなライフコースの中で育児を捉えたいと考えたからである。

ここで，本書の構成について述べておく。本書は，「第Ⅰ部　夫婦における〈オトコの育児〉」，「第Ⅱ部　親子における〈オトコの育児〉」，「第Ⅲ部　社会における〈オトコの育児〉」という3つのパートを配置している。そして各章は，「1　けいけんする」，「2　ひろげる」，「3　かんがえる」，「4　ふりかえる」という4節構成となっている。

「1　けいけんする」では，子育てにおける経験や感覚・感情（驚いたこと，びっくりしたこと，不安に思ったこと，うれしかったこと，感動したこと，など）――つまり，育児における「？」や「！」の感覚――を手掛かりとして議論を始めている。ここは，「2　ひろげる」以下の分析の取っ掛かりとなる部分である。

「2　ひろげる」では，「1　けいけんする」の内容を，少し引いた視点から位

置付けている。ここでは、客観的なデータや資料など（新聞や雑誌の記事、各種統計データ、インタビュー調査結果、観察調査結果）が示される。

「3 かんがえる」では、「1 けいけんする」で記述した「？」や「！」について、その背景・理由・原因などが学問的に分析・考察される。

「4 ふりかえる」では、各章のテーマのまとめとその学問的な含意が示される。そして、さらなる実行・実践が目指される。

このような4節構成をとることで、育児を経験していない読者にも内容がリアリティをもって伝わるのではないかと考えた。また、各章の末には、キーワードの解説と関連する書籍の紹介も付けたので参考にしてほしい。

最後になるが、この本を出版するにあたっては、ミネルヴァ書房編集部の涌井格さんからお力添えをいただいた。涌井さんにはいわば助産師の役割をしていただいて、本書がうまれたと言っていいだろう。これからは、読者のみなさんに厳しく、そして温かく育てていただければうれしく思う。

編　者

〈オトコの育児〉の社会学
――家族をめぐる喜びととまどい――

【目　次】

はしがき

序　章　生活の一部としての〈オトコの育児〉……………………工藤保則　1

　　1　父になる　1
　　2　データでみるオトコの育児　2
　　3　イクメン　6
　　4　いいとこどりではない育児　10
　　5　父親の社会化　11

第Ⅰ部　夫婦における〈オトコの育児〉

第1章　近代家族とライフコース……………………………………西川知亨　17
　　　　──模索する新しい家族

　　1　けいけんする　17
　　2　ひろげる　19
　　　　家内領域と公共領域の分離　20
　　　　愛情で結ばれた家族関係　21
　　　　子ども中心主義　22
　　　　性別役割分業　23
　　3　かんがえる　26
　　　　家内領域と公共領域の分離──家庭独自のルールを設ける　26
　　　　愛情と子ども中心主義　28
　　　　性別役割分業の規範の圧力　28
　　　　お互いのライフコースのなかで　30
　　4　ふりかえる　31

第2章　社会規範と社会化……………………………………………今村光章　35
　　　　──しつけはママ？

　　1　けいけんする　35
　　2　ひろげる　37
　　　　社会化とはなにか　37

「しつけ」とはなにか 37
「しつけ」の必要性と特徴 38
「しつけ」の担い手をめぐって 40

3 かんがえる 41

「しつけ」の現状 41
父親の育児参加を進めるために 44
メディアに関する「しつけ」のゆくえ 45

4 ふりかえる 46

第3章 性別役割分業とケア労働 ……………………………阿部真大 51
―― 「男らしさ」「父親らしさ」と育児

1 けいけんする 51

2 ひろげる 52

映画のなかで扱われる「父親」 52
「一人前」になるきっかけ 52
他者を受け入れること 53
「父親らしさ」と育児 54

3 かんがえる 55

女性とケア 55
ケアすることと承認されること 56
イクメンは「孤独」ではない? 57
「同性からの評価」という問題 57

4 ふりかえる 58

実体験をふりかえって 58
「男らしさ」の解体 59
長引く労働時間と深まる溝 60
分断から対話へ 61

第4章 夫婦のコミュニケーションとレスパイト ……………山田容 65
―― 「さわれないもの」の意味

1 けいけんする 65

2 ひろげる 66

　　　　　夫婦関係の危機　66
　　　　　追いつめられる男性　68
　　3　かんがえる　68
　　　　　コミュニケーションとミス・コミュニケーション　68
　　　　　夫婦の関係性とコミュニケーション　71
　　　　　成長する夫婦関係とポジティブな反応　74
　　　　　レスパイト　77
　　4　ふりかえる　77

第Ⅱ部　親子における〈オトコの育児〉

第5章　あそびと身体 ……………………………………… 加藤裕康　87
　　　──楽しいことのいいとこどり？
　　1　けいけんする　87
　　2　ひろげる　89
　　　　　楽しいことのいいとこどり　89
　　　　　遊びの質　90
　　3　かんがえる　92
　　　　　自由な活動としての遊び　92
　　　　　流動的な遊び　94
　　　　　役割と自我，そして身体　95
　　4　ふりかえる　98

第6章　メディアと文化資本 …………………………… 木島由晶　103
　　　──偉大なキャラクター
　　1　けいけんする　103
　　　　　父であることの根源的不安　103
　　　　　「場つなぎ」としての映像メディア　104
　　2　ひろげる　104

　　　　　子どもと映像メディアとのかかわり　104
　　　　　子どもの成長と視聴内容の変化　105
　　　　　テレビ視聴習慣の形成　106
　　3　かんがえる　107
　　　　　子どもとキャラクターとの出会い　107
　　　　　生活世界におけるキャラクターの接近　108
　　　　　メディア環境化する世界のなかで　110
　　　　　映像娯楽は文化資本たりうるか　111
　　　　　映像娯楽に対する社会的な不安　112
　　4　ふりかえる　113
　　　　　「見せたくないものまで見えてしまう」問題　113
　　　　　消費社会を生きる父親として　114

第7章　ライフイベントと人生儀礼 ………………………… 工藤保則　120
　　　　── 楽しい行事
　　1　けいけんする　120
　　2　ひろげる　121
　　　　　1歳までの代表的な人生儀礼　121
　　　　　現代家庭の人生儀礼　123
　　3　かんがえる　124
　　　　　民俗から風俗へ　124
　　　　　育児ライフイベントとしての人生儀礼　124
　　　　　父親と育児ライフイベント　126
　　4　ふりかえる　127
　　　　　よき思い出づくりへの参加　127
　　　　　家族らしい家族　128

第8章　レジャーと公共空間 ………………………………… 木村至聖　133
　　　　── おでかけたいへん
　　1　けいけんする　133
　　2　ひろげる　135

ix

        ベビーカー論争の原型　135
        ベビーカー利用を批判する言説　137
        ベビーカー利用を擁護する言説　138
    3 かんがえる　140
        3つの公共性　140
        common としての公共の場　140
        open としての公共の場　142
        「公私の分離」という規範　142
        男性の不在　143
    4 ふりかえる　144

第Ⅲ部　社会における〈オトコの育児〉

第9章　中間集団と待機児童 ……………………… 上月智晴　153
――園における親の成長

    1 けいけんする　153
    2 ひろげる　155
        中間集団としての保育施設と待機児童問題　155
        多様な就学前保育施設とその利用実態　156
        親にとっての保育施設　157
    3 かんがえる　158
        支援の対象としての親　158
        連携の対象としての親　160
        「送り迎え」時のコミュニケーションと親の成長　161
    4 ふりかえる　163

第10章　少子化と育児不安 ……………………… 阪本博志　168
――育児雑誌の世界

    1 けいけんする　168
    2 ひろげる　170

　　　　少子化と育児不安　170
　　　　育児雑誌の変遷　171
　　　　育児雑誌とインターネット　173
　　3　かんがえる　174
　　　　『プレジデント Family』　174
　　　　『プレジデント Baby』　175
　　　　『プレジデント Baby』の特徴　176
　　4　ふりかえる　178

第11章　集合意識と医療化　………………………………高山龍太郎　183
　　　　——気がかりいろいろ
　　1　けいけんする　183
　　2　ひろげる　185
　　　　出産の場所の変化——自宅から病院へ　185
　　　　自然なお産と立ち会い出産　186
　　　　助産師への期待　188
　　　　高齢出産の増加　189
　　3　かんがえる　190
　　　　集合意識と医療化　190
　　　　気がかりと医療の間　193
　　　　社会的な支えの必要性　194
　　4　ふりかえる　197

第12章　子育て支援とネットワーク　………………………山田容　200
　　　　——誰がなにを支えるのか
　　1　けいけんする　200
　　2　ひろげる　201
　　　　母親に集中する子育て負担　201
　　　　近代家族規範との葛藤　203
　　3　かんがえる　203
　　　　子育て支援と子育てニーズ　203

　　　　子育て支援策の展開と問題　205
　　　　子育てニーズと子育てネットワーク　207
　　　　ネットワーク形成と父親　211
　　4　ふりかえる　212

第13章　ワーク・ライフ・バランスとジェンダー………阿形健司　216
　　　　――わが子の成長に立ち会いたい

　　1　けいけんする　216
　　　　育休をとる　216
　　　　育休の欠点と利点　217
　　2　ひろげる　218
　　　　育児休業の取得希望　218
　　　　育児休業の取得状況　219
　　　　育児休業をとらない理由　221
　　　　夫の育休は経済的に不合理か？　222
　　3　かんがえる　223
　　　　ワーク・ライフ・バランスの政策的意義　223
　　　　企業にとってのワーク・ライフ・バランス　224
　　　　個人レベルでのワーク・ライフ・バランスの意義　225
　　4　ふりかえる　226
　　　　わが子の成長に立ち会う　226
　　　　私自身の課題　227

終　章　〈オトコの育児〉のゆくえ………………………西川知亨　233

　　1　日々変化する育児生活　233
　　2　さまようオトコたち　235
　　3　〈オトコの育児〉の社会学の可能性　238
　　　　社会学で語る〈オトコの育児〉　238
　　　　不協和の奏でるハーモニー　239
　　　　ほぐし，くみなおし，はぐくむ　240
　　4　次世代の〈オトコの育児〉へ　241

　　　　　　　　　　　　　　　　　　　　　　　　　　目　次

　　本書で扱えなかった〈オトコの育児〉　241
　　「ほぐし，くみなおし，はぐくむ」視点の継承　242

索引　245

--- *Column* ---

1 育児をめぐる「物語」――ボセイ・フセイ・メーメー　竹内里欧　82
2 「まず，子どものために」という子育て　片岡佳美　149
3 子育ての当事者意識と支援　近藤真由子　231

序　章

生活の一部としての〈オトコの育児〉

工藤保則

1　父になる

　映画『そして父になる』は，2013年5月に開催された第66回カンヌ国際映画祭に出品され，審査員賞を受賞した。同年9月に，日本で公開されて好評を博し，日本アカデミー賞優秀作品賞をはじめ多くの映画祭で賞を獲得した。赤ちゃんの取り違えをテーマにした作品であり，6年後にその事実とむきあわなければならなくなった2組の親子の物語である。エリート会社員である主人公は「交換」は早いほうがいいと考えるが，彼の妻と，もう1組の夫婦はそう簡単には割り切れない。それでも主人公の意見により「交換」されたのだが――。
　血はつながっているが別の夫婦が6年間育ててきた子どもと生活をともにすることで，また6年間いっしょに暮らしてきた子どもにはじめて真剣にむきあうことで，主人公が父親になっていく話である。
　同じ2013年に私も父親になった。40代半ばからの父親業は――はじめてのことばかりでとまどい，毎日，なんとか，どうにか，やっているといったところだ。育児は，「自分はこんなこともできないのか」「こんなこともわからないのか」という率直な驚き，そして，それが少しはできるようになっていく，少しはわかるようになっていくことへの素直な喜び，の連続である。
　おむつかえでは，かえる前に下に新しいおむつを敷くということも知らなかった。うんちのひろがったおむつを前に，ただおろおろするばかりだった。お風呂入れも慣れるまでたいへんだった。背中を洗うためにひっくり返す，とい

うのがなかなかできなかった。首も据わっていないので支えるのも難しく，お湯の中に落としてしまったらどうしようと緊張して余計に力が入ってしまった。ミルク作りでは，「ひと肌」にするのが難しかった。また，哺乳瓶の吸い口をただ口に当てるとミルクを飲むというのでもなく，飲みやすい角度にしてやる必要があったのだが，その角度も最初はわからなかった。抱っこにしても，手をどこにあてがったら赤ちゃんが安定するのかがわからなかった。

　こういった赤ちゃんの世話は，どれも後にはなんとかできるようになったが，最初は悲しくなるくらいにできなかった。泣かれることも多かった。というより，私がなにかをすると子どもは泣いていたというのが実情である。いまから思えば，どれもそう難しいことではない。失敗しても数をこなすことで，段々とできるようになっていった。そうした経験を積み重ねていくうちに，たいていのことはできるようになると思えるようになった。おそらく，これから先も「はじめて」のことにぶつかり，その都度，できない・わからない驚きと，（願わくば）できた・わかった喜びが続いていくのだろう。

2　データでみるオトコの育児

　ここで，オトコ（父親，夫）の育児に関わるデータをみていくことにしよう。
　2005年に文部科学省が行った「家庭教育についての国際比較調査」という調査がある。日本，韓国，タイ，アメリカ，フランス，スウェーデンの0歳から12歳までの子どもを持つ親を対象として，家庭・家族の変化や親の意識などを調べたものである。[1]その調査データを分析し書籍化したのが『国際比較にみる世界の家族と子育て』（牧野ほか編著 2010）である。これをみると日本の男性と他国の男性の子育てへのむきあい方の違いがよくわかる。
　子育てにおいてもっとも基本的な世話のひとつともいえる，子どもの「食事の世話」を「主に父親がする」のか，「両方でする」のか，「主に母親がする」のか，をたずねた結果が**図序-1**である。日本では「主に母親がする」が85.9%と他国に比べて際立って多い。「主に父親がする」は2.5%と他国より少ないだけでなく，「両方でする」も7.6%しかない。

序章　生活の一部としての〈オトコの育児〉

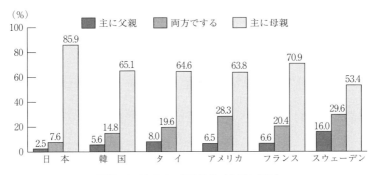

図序-1　子育ての父母分担（食事の世話）

出所：牧野ほか編著（2010：31）

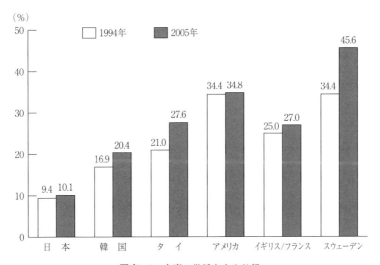

図序-2　食事の世話をする父親

出所：牧野ほか編著（2010：34）

　その「食事の世話」については，約10年前の1994年に同様の調査がなされており，2時点間での比較もされている。食事の世話を「主に父親がする」と「両方でする」を合わせた値について，1994年と2005年のものを比較したのが**図序-2**である。日本は9.4％から10.1％とわずかに増えてはいるが，他国も増えている。たとえばスウェーデンは34.4％から45.6％へと10ポイント以上増加しており，日本との差はより広がっている。

3

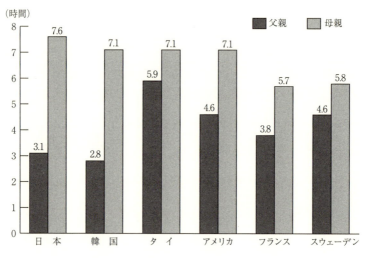

図序-3 父母別・平日に子どもと過ごす時間の平均値

注：寝ている時間を除く。
出所：牧野ほか編著（2010：48）

　同書では「父母別・平日に子どもと過ごす時間」についてもふれられている。この場合の「子どもと過ごす時間」というのは，回答者が「子どもと一緒にいる時間」と思っている時間であり，印象としては，自宅で一緒に過ごしている時間から睡眠時間をのぞいた時間であるように思う。それを表したのが**図序-3**である。日本の父親は3.1時間と，韓国の2.8時間に次いで少ない。一方，母親は7.6時間と6ヶ国の中でもっとも多い。おそらく，長時間労働で通勤時間が長いといった日本の父親の働き方や母親の専業主婦率の高さなどが要因なのだろう。また同書は，日本は父親と母親の時間差（4.5時間）が6ヶ国の中で最大であることに注目し，「専業主婦の家族が多いことも含め，『日本は子どもと過ごす時間さえも母親任せである』というのはいいすぎでしょうか」と厳しい指摘をしている。

　続いて，個別の育児行動についてみてみたい。『「育メン」現象の社会学』（石井 2013）は豊富なデータを使いながら現在のイクメン現象について考察した本である。ここには時事通信社が2011年に行った「父親の育児参加に関する世論調査」[2]の結果が紹介されている。**図序-4**をみればわかるように，2011年

序章　生活の一部としての〈オトコの育児〉

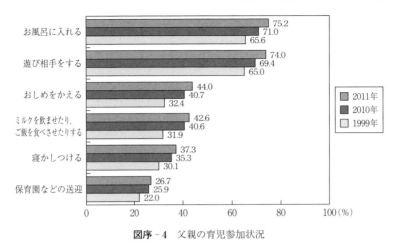

図序-4　父親の育児参加状況

注：「育児には参加していなかった（参加していない）」は省いたので，100％の回答になっていない。
出所：石井（2013：47）

調査では父親が「している」と答えたのは，「お風呂に入れる」75.2％，「遊び相手をする」74.0％，「おしめをかえる」44.0％，「ミルクを飲ませたり，ご飯を食べさせたりする」42.6％，「寝かしつける」37.3％，「保育園などの送迎」26.7％，「参加していなかった（参加していない）」13.8％となっている。1999年，2010年，2011年の比較をみれば，父親の育児参加が増えていることがわかる。この調査は「している」かどうかをたずねたもので，日常的に行っているかどうかはわからない。日常的な育児行動については，同書では文部科学省の研究推進事業「男性のワーク・ライフ・バランスに関する調査」から作成した図表[3]が示されている。それによると，「毎日している」と答えた割合は，「食事の世話」7.5％，「一緒に食事」24.8％，「着替えや身支度」8.8％，「遊び相手」21.0％，「お風呂」18.6％，「オムツやトイレの世話」14.3％，「本の読み聞かせ」4.5％となっている。

　上で示した調査は，対象が0歳から12歳までの子どもを持つ親とかなり広い範囲を対象としたものになっているので，より子どもが小さい親に限ってのデータをみてみたい。

　総務省の「社会生活基本調査」は，1日の生活時間の配分と過去1年間にお

ける主な活動状況を調査したものである。「平成23年社会生活基本調査」(http://www.stat.go.jp/data/shakai/2011/index.htm) から，末子が就学前の夫妻の育児時間と家事時間をみると，1週間で，妻の育児時間は195分，家事時間は212分であるのに対して，夫の育児時間は37分，家事時間は11分である。家事時間・育児時間ともに，夫婦間で大きな隔たりがある。さらにそれを共働き夫婦と妻がいわゆる専業主婦（夫が有業で妻が無業）の夫婦とに分けてみてみると，妻が専業主婦の場合，妻は育児237分，家事242分であるのに対し，夫は育児7分，家事6分となっている。共働き夫婦の場合，妻は育児144分，家事175分であるのに対し，夫は育児37分，家事14分となっている。共働きの場合であっても，夫と妻の間にはこのように大きな違いがある。

　こうしてみると，男性（父親，夫）の育児参加はまだまだのようだ。仕事時間などとの関係で育児ができないつらさを抱える父親も多いのだろうが，それにしても，育児への男性の関与はあまりにも低い。

　冒頭で断ったように，私自身どこまでできているかはわからない。失敗も多い。しかし，育児は楽しい。子どもの成長を実感するだけではなく，私自身もなにかしら少し成長している感じがする。そういう気持ちから，男性（父親，夫）の育児参加がまだまだという現状はとても寂しい。

3　イクメン

　ここまでみてきたように，男性の育児の実態はまだまだであるが，あるときから育児をする男性が話題になることが多くなった。そして彼らのことを「イクメン」と呼ぶようになった。それより前に広まったイケメン（イケてる男性 (men)。イケてる面（メン））にひっかけて，育児のイクに男性 (men) のメンをつなげて造られた言葉である。

　イクメンは2010年の「新語・流行語大賞トップ10」に選ばれた。新語・流行語大賞に選ばれる言葉（現象）はその年をピークに，その後は忘れられることも多い。だが，イクメンという言葉（現象）は単なる流行語でおわらないでほしい。定着，一般化し，その結果として，イクメンという言葉が最終的に使わ

れなくなったらいいと思う。

　当然のことながら，そういう思いを持つ男性はいる。男性が育児について書いた本が，最近，多く出版されており，その代表的なものをいくつか簡単に紹介する。

　『経産省の山田課長補佐，ただいま育休中』（山田 2006）は，経済産業省の現役キャリア官僚である山田正人によって書かれたものである。山田は第3子が生まれたのを機に2004年11月から1年間育休をとった。そのときの経験を綴ったのがこの本である。第1子2子（双子）のときは，山田と同じく経産省キャリア官僚である妻のほうが育休をとったので，次の子どものときは自然に山田が育休をとることになった。山田は霞が関ではじめて育休をとった男性であり，「無理をしない育児」を実践した育休中の家庭内のこと，保育園のこと，そして職場復帰のことなどを具体的なエピソードをあげて詳しく書いている。

　『イクメンで行こう！』（渥美 2010）は，東レ経営研究所ダイバーシティ＆ワークライフバランス研究部長の渥美由喜が書いた本である。渥美は共働きの配偶者とともに2児の育児をしており，育休を2度取得している。「育児と仕事を両立するための仕事術や育児・家事のコツ，そしてイクメンライフの楽しさや苦労などを，『平均クン』一家という架空の家族を設定し，ストーリー形式で」わかりやすく書いている。

　『新しいパパの教科書』（NPO法人ファザーリング・ジャパン編 2013）は，「fathering＝父親であることを楽しもう」という育児世代のパパたちを支援するため，2006年に設立されたNPO法人であるファザーリング・ジャパンが編者となっている。「『子育てにどう取り組んだらいいのかわからない』とお悩みのパパにとっても，『もっともっと子育てを頑張りたい！』という意欲あふれるパパにとっても，役立つ情報が満載」とあり，タイトルに「教科書」とあるように，項目ごとに簡潔に要点を示している。最初から読み進めても，気になるところ，知りたいところから読んでいってもいいつくりになっており，マニュアル本としてもよくできている。

　これらは，男の育児参加をもっと高めたい，そのために自分（たち）の経験を伝えたいとの思いから出版されたものだろう。子どもの世話や家事にも積極

的な父親の姿が描かれており，読んでいて楽しく，ためにもなる。

　研究書としては次のようなものが代表的である（これらの多くが女性研究者によるものであることがおもしろい）。

　『男の育児・女の育児』（大和・斧出・木脇 2008）は「『育児は母親の手でするのが望ましい』……この考え方が今の若い世代にも強く支持されていることに，私たちはしばしば驚かされる」という言葉から書き始められている，家族社会学者らによる育児とジェンダーについての研究書である。「育児における母親と父親の共同参画はどうしたら可能なのか」という問題意識から，父親の育児についてさまざまな事例・データが取り上げられている。たとえば，父親の育児と言っても，当の父親が思っていることと，その妻（母親）が思っていることの間には非常に大きな隔たりがあることが示されている。

　「日本の父親は近年，『遊ぶ』はよくしているが，『世話』や『しつけ・教育』はあまりしていない。また父親に時間的余裕がある時には，『遊ぶ』ことは増やすが『世話』は増やさない」（同書：18），「父親が『育児』という言葉で語っていたのは，その大部分が子どもと一緒に『遊ぶ』ことであった。それに対して『育児』を『仕事』ととらえていた父親はごく少数であり，それらの父親は子どもの身の回りの『世話』を日常的にしていた。この結果から父親たちは『育児』の中の『遊ぶ』の部分については，自分の役割として積極的に分担しようとしているが，『世話』の部分については，多くの場合がそうではないことがわかった」（同書：118）。

　つまり，父親は子どもと遊ぶことくらいしかしていないのである。また遊ぶにしても「妻から言われたからするのではなく，自分からすすんでしてほしいのである。これらの父親は『遊ぶ父』ではあるかもしれないが『本気で遊ぶ父』とはいえないかもしれない。そして休日においても『世話する父』ではないのである」（同書：130）。この「世話をする父」については，舩橋惠子の研究（舩橋 1999）を引用しながら，新しい父親の役割とは，①扶養者，②子どもの社会化の担い手，③子どもを世話するもの，の3つを行うトータルな存在であることが示されている（大和・斧出・木脇 2008：165）。これらから言えるのは，父親は「遊ぶだけで，世話はしない」を卒業し，世話を含めた新しい役割を担

うようになることがいまの父親には求められているということである。そのためには，夫（父親）の思っていることと妻（母親）の思っていることの隔たりをなくすことが先決なのだろう。

『男の育児・女の育児』は，イクメン現象が顕在化する2010年以前に出版されており，現在の状況は多少は変わってきているかもしれないが，そこで指摘されていることはどれも根本的な問題であり，重要な意味を持っている。

『父親になる，父親をする』（柏木 2011）は「『子育てとは何なのか？』『父親とは何なのか？』『なぜ男性・父親に子育てが必要なのか？』といった基本的な問題を，発達心理学や家族心理学の理論と実践からわかりやすく説明して」（同書：3-4）いこうとした本である。

先行研究である平山順子「妻から見た『夫の子育て』」（平山 2008）を引用しながら，妻から見た夫の子育ての特徴として，①受動的な子育て，②趣味・楽しみとしての子育て，③"いいとこどり"の子育て，という3点を指摘している（同書：25）。さらに「父親が子育てに関わらないことが多い日本では，父親が子どもにとっての『重要な他者』になることは難しいのです」（同書：39），との指摘もある。

また，「発達とは子どもだけの問題ではありません。おとなも生涯発達し続けるのが人間です。子育てをすることによって得られた変化の内容は，おとなとしての成熟といえるものです」（同書：50），「子育てによる親・おとなの発達とは，一言でいえば，自らの変化・成長です。子育てを経験した人たちは，『昔は想像すらしなかった，新たな「自分」がいる』と驚いたり，利他的になり自分以外の者への感受性が強まり，視野が広がった，などと語ります」（同書：52）のように，心理学における生涯発達の考え方から，父親のことを捉えている点がこの本の大きな特徴である。

先に紹介した『「育メン」現象の社会学』（石井 2013）はイクメンを対象とした研究書の中でもっとも新しいもののひとつである。そこでは，父親は「なぜ，育児や子育てをしないのか」ではなく，「どのような環境や意識があれば育児・子育てにかかわることができるのか」，そして「どのように育児や子育てにかかわっているのか」という視点が採用されている。従来の研究では「男女

が共同で育児をしていないのはなぜか」という問題点について詳しく検討し，現状を正確に把握することに重きをおいてきた。その成果を大いに認めつつも，その上で「男性は，どのように育児にかかわっているのか」についての知見を得ようとしているところに同書の大きな特徴がある。

4　いいとこどりではない育児

　なぜ，2010年頃にイクメンという言葉がもてはやされるようになったのだろうか。どうして，2010年の新語・流行語大賞トップ10に入ったのだろうか。育児をする男性が少ないからこそ社会的に注目されるという面は否定できないが，実はそれなりの理由や原因がある。

　イクメンという言葉が広がったのは，2010年1月に当時の長妻昭厚生労働大臣が「イクメンをはやらせたい」と発言したことがきっかけ，とも言われている。「イクメン」という言葉自体を誰がいいだしたかは定かではなく，一説では，2006年にある広告マンが会社の同僚と集まって「イクメンクラブ」というサークルを作ったのが始まりだという。それはともかくとして，長妻発言を受けて，2010年6月の改正育児・介護休業法の施行と合わせ，育児を積極的にする男性（イクメン）を広めるために厚生労働省は「イクメンプロジェクト」(http://ikumen-project.jp/）を開始した。それらを契機として，さまざまな取り組みが話題にのぼるようになった。

　当然のことながら，イクメン現象が2010年になって急に出てきたわけではない。それ以前に「イクメンクラブ」をはじめとするイクメン現象が現れ始め，イクメンという言葉が少しずつ認知されていっていた。そういう土台があっての2010年の長妻大臣の「はやらせたい」発言だったのだろう。そして政策化されることで，個人として「働き方」や「生活」への関心を高めた人もいたように思う。つまり，現象と政策が作用してイクメンブームが起こったように思われる。

　現実には，育児休業取得や定時退社など，男性が育児を理由にしてなにかをしようとすると（なにかをしないようにすると），社会や会社からは特別な事例と

してあつかわれることが多いようだ。ちなみに「2013年度雇用均等基本調査」によると，女性の育児休業取得率は83.0%であるのに対し，男性のそれはわずか2.0%である。

くりかえしになるが，男性の育児の実践も，まだまだである。育児をしていると思っている場合でも，妻からは「遊ぶだけで，世話はしない」と思われているふしがある。そうであれば，やはり，受動的ではない子育て，趣味・楽しみではない子育て，いいとこどりではない子育てをめざさなくてはいけないだろう。そう考えるとき，いろいろとみえてくるものがある。

ひとつは，男性（父親，夫）も自分の「生活」の中に育児を正しく位置付けるということである。生活の中にというのは，「子どもの世話」や「家事」を「仕事」や自身の衣食（住）と同列に考えるということである。そうすれば，受動的，趣味・楽しみ，いいとこどりでは済まなくなる。

データなどから明らかなように，これまでのイクメンにはまだまだ「子どもの世話」や「家事」が欠けていたように思われる。妻のほうも，不満は覚えつつも，「子どもと遊んでくれたらそれでよしとしよう」「子どもをお風呂に入れてくれたらそれでよしとしよう」と思っている／思おうとしているのかもしれない。当然のことながら，子どもの世話と，炊事・洗濯・掃除など家事とは切り離すことはできない。もし，育児・家事が男性の「生活」の一部となれば家族関係はずいぶんと違ってくるだろう。そして，父親自身も大きく変化するだろう。

5　父親の社会化

少し変な言い方かもしれないが，父親は育児をすることで，父親になる（なっていく）と考えられる。「父親である」と「父親になる」とは異なる。子どもを授かったことで父親であることはできるが，それだけでは，父親にはなっていない。冒頭に「2013年に私も父親になった」と書いたが，それは生まれてきた子どもとの関係において父親になったというだけであって，実態においては，そのとき，父親になったとは到底言えない。

父親になる（なっていく），というのは社会学の言葉を使うと，「父親の社会化」である。社会化とは社会学のもっとも基礎的な用語のひとつであり，重要な他者を通して行われる社会の適応基準の内面化のことをいう。社会学の教科書などでは，子どもが社会規範を理解しそれを取り込んでいく過程を「子どもの社会化」として扱うことが多い。親は社会化のエージェントとしてのみ言及され，親から子への一方通行的な影響が説明されることが多かった。**図序-5**は人の一生とそれぞれの時期における社会化のエージェントの関係について示したものである。図の一番左側である誕生時から乳児期幼児期における社会化のエージェントとしては，「定位家族」（生まれた家族）がほとんどすべての位置を占めているが，その中にどれほど父親が位置を占めているだろうか。かなりの部分が母親となっているのではないだろうか。
　実際の育児を含めた親子関係においては一方通行ということはありえず，両側通行というか相互作用的である。親のほうも子から影響を受けて親らしくなっていく。人間の子どもは1年の早産と言われるくらい，最初はなにもできない。親になったほうも同じで最初はほとんどなにもできない。子どもが0歳であるのと同様に，親のほうも親0歳なのである。だが，親がなにもできないままでは子どもは生存できない。子どものために，親は親業をこなしていかなくてはならない。その責任は父親も母親も等しく背負うべきだろう。
　父親は父親の役割をはたすことによって父になっていく。父親の本当の出番は子どもが大きくなってからと考える人もいるようだが，社会化のエージェントの一員としての父親と考えるなら，小さな子どもにとっても父親は重要な他者にほかならない。そして父親自身にとっても子どもは重要な他者である。
　社会心理学者の井上忠司は『「家庭」という風景』（井上 1988）の中で，「父親になる」ということについて次のように言っている。「思えば，人間はだれしもわが子をさずかってはじめて，『母親である』ことができ，『父親である』ことができる。つまり，『親である』ことは，実子であれ養子であれ，わが子との関係（間柄）において，はじめて成り立ちうるのである。しかし，それだけではかならずしも『親になる』ことはできない。家庭におけるわが子とのふだんの相互作用のプロセスで，知らずしらずのうちに，親らしくさせられてゆ

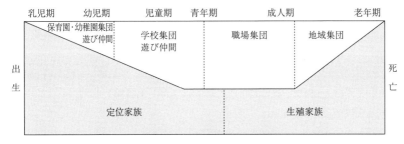

図序-5　人の一生と社会化のエージェント
出所：牧野（1980：192）

く。親らしくなっていくのである」（同書：117）。

　また井上は，生涯発達とほぼ同じ意味として，生涯社会化という観点から，「親と子の間柄は，子どもだけが変化し，発達し，成長するものではなくて，親もまた，子どもとの関係（間柄）において変化し，発達し，そして成長してゆくことを，わたしたちはけっして忘れてはならないであろう」（同書：118），「子どもの社会化の問題は，同時に，おとなの社会化の問題でもあるのだ」（同書：119）と指摘している。これらは，きわめてあたりまえのことであるが，あらためて言われるまでは気がつかないほど，ふだんは意識していない。

　本書では，とくに２つの視点を採用したい。ひとつは，子どもとの遊びを中心としたいいとこどりの「オトコの育児」ではなく，「子どもの世話」や「家事」も含めた「生活」の一部としての「オトコの育児」を捉える，という視点である。もうひとつは，父親のほうも子どもとの生活を通して社会化がされていく，つまり父親になっていく，という視点である。このふたつがあってはじめて，いまの時代にあった育児だと考える。このふたつの視点を基調にしながら以下の章は書かれている。

　また，この本では，原則として，子どもがもっとも手のかかる０〜５歳くらいまでのころの育児中に経験するあれこれを，男性の側から考えている。そういう時期に男性がどのようなことをし，どのようなことを考えたのか，を示したいと思う。

注

(1) 6ヶ国とも，父親500人，母親500人を対象とした，子どもの人口構成に基づく全国サンプルである。
(2) 時事通信社が1996年以来継続して行っている調査。2011年が11回目にあたる。2010年6月に全国で20歳以上の男女2000人を対象に面接調査で行われ，1353人から回答を得た。
(3) 文部科学省近未来の課題解決をめざした実証的社会科学推進事業に採択された「お茶の水女子大学『ジェンダー・格差センシティブな働き方と生活の調和』プロジェクト」の一環として，2011年に行われた調査。対象は日本国内に居住する12歳以下の子どもを持つ父親，方法は住民基本台帳抽出による郵送調査。2750通配布し，715通回収，有効回収率は26.0%。平均年齢39.2歳，子どもの平均年齢5.25歳。

文献

渥美由喜，2010，『イクメンで行こう！』日本経済新聞出版社。
舩橋惠子，1999，「父親の不在」渡辺秀樹編『変容する家族と子ども』教育出版
平山順子，2008，「妻から見た『夫の子育て』」柏木惠子・高橋惠子編著『日本の男性の心理学——もう1つのジェンダー問題』有斐閣，174-178。
井上忠司，1988，『「家庭」という風景』日本放送出版協会。
石井クンツ昌子，2013，『「育メン」現象の社会学』ミネルヴァ書房。
柏木惠子，2011，『父親になる，父親をする』岩波書店。
牧野カツ子，1980，「現代家族の教育機能」望月嵩・木村凡編『現代家族の危機』有斐閣。
牧野カツ子・渡辺秀樹・舩橋惠子・中野洋恵編著，2010，『国際比較にみる世界の家族と子育て』ミネルヴァ書房。
NPO法人ファザーリング・ジャパン編，2013，『新しいパパの教科書』学研マーケティング。
山田正人，2006，『経産省の山田課長補佐，ただいま育休中』日本経済新聞社。
大和礼子・斧出節子・木脇奈智子編，2008，『男の育児・女の育児——家族社会学からのアプローチ』昭和堂。

第Ⅰ部　夫婦における〈オトコの育児〉

第1章

近代家族とライフコース
―― 模索する新しい家族 ――

西川知亨

1 けいけんする

　どこの家でも，よその家とは違うかもしれない慣習や決まりごとがある。わが家の場合，たとえば，夕方に仕事から帰宅した私ないし妻は，食事よりも先に，風呂に入ることが多い。家にいる子どもと接する前に風呂に入ることにより，外からもらってきた風邪（ウイルス）などをうつしたりする心配もなくなり，部屋もきれいに保たれるような気がしている。このことに，科学的根拠はほとんどない。しかしながら，このような行為のおかげで，子どもは大事な存在であるということばかりでなく，家と外とは違う空間であるという感覚になり，ちょっとほっとする（「子ども中心主義」と「家内領域と公共領域の分離」）。
　わが家は，私と妻と現在1歳の子どもで構成されている。いわゆる「共働き」夫婦の家庭である。子どものいる共働きとなると，夫婦両者の仕事のほかに，家事・育児をどうやってこなすかが大きな課題となる。わが家の場合，原則としては，どのような家事も，私もやるし，妻もやる。しかしながら，食器洗いや風呂掃除は私がやり，料理は妻がやることが多い。このように，一緒に生活していくなかで，ある程度の分業体制が自然とできてきたように思われる。
　夫である私は，20年近いひとり暮らし経験がある。そうなると，家事能力も高そうだと思われるかもしれないが，残念ながら，そうは言えない。片付けが苦手なので，私がある部屋に一日滞在すれば，そこは，雑多な書類やゴミなどで，一気に散らかる。料理についても，包丁を使うのが面倒くさいし，なおか

つ不器用なので手でも切ったりしてしまいそうであぶない。私の料理の基本は，「ちぎる」である。私はこうした不器用さを理由にして，簡単な離乳食づくり(1)（みかんの皮をむいてヨーグルトに投入するなど）以外には，ほとんど料理には関与しない（というより，させてもらえない）。

妻は，率先して料理をよくやってくれる。料理本や，インターネット上の料理レシピをプリントアウトしたものなどを片手に，慣れない調理に集中する。集中しているので，私が話しかけると，手が滑って，調味料を入れすぎてしまう。入れすぎてしまうだけでなく，塩と砂糖を入れ間違えてしまうこともよくある。先日は，煎りゴマを台所一面にばらまいてしまい，呆然としていた。

結局，料理のできばえは，なかなかマニュアル通りにならないのが常である。

つまり，私も妻も，手先が器用なほうではない。しかし，夫としての私の至らなさか，それとも後述の近代家族に関するなんらかの社会的圧力の結果なのかわからないが，結局は，妻が料理を担当することになってしまっている。

その他の家事についてはどうだろうか。洗濯は，私も妻も同じくらいやっている。しかし，妻は，洗濯物を広げずに「団子状態」にして干してしまう。そこで，妻に気づかれ（傷つけ）ないように，後で洗濯物をそっと広げて，早く乾くようにしている。この点において，洗濯物干しだけは，妻より一歩リード(2)していると思っている。食器の後片付け，皿洗いは，私がすることが多い。手洗いするもの，食器洗い機を利用するものを瞬時に判断して，振り分けて処理する。

つまり，私も妻も，あらゆる家事を担っているのだが，日々の生活を繰り返していくなかで，自然と役割分担ができてきたように思われる。

育児に関しては，日々，「ドタバタ」である。ミルク作り，おむつ替え，寝かしつけ，子どもと遊ぶなど，育児の営みにもだんだんと慣れてきて，夫婦ともども「パパ」「ママ」として社会化されてはきた。しかし，わが子がどんどん成長して重くなっていくスピードに，パパもママも一生懸命ついていっている感じである（抱っこのおかげで，腰痛，筋肉痛……）。慌ただしい日常の生活を送っているなかで，妻が妊娠していた頃のことを振り返ることもあまりない。だが，これを機に，ここであらためて，3人家族となるに至るまでのプロセス

を，少しだけ振り返ってみたい。

　私たちは，ある年の早春に結婚した。そして，ほどなく妻の妊娠が判明した。このおかげで，知人からは，「できちゃった婚でしょう」と言われたりもしたのだが，実際にはそうではない。

　その後，お腹の中の子は順調に成長し，「エコー」と呼ばれる機器のおかげで性別も判明し，パパになる日が近づいてきた。そんなあるとき，育児の方法を知るためと，社会学的なフィールドワークも兼ねて，大手の赤ちゃん用品専門店が主催する育児セミナーに出てみた。妻は事情で出席できなかったので，私ひとりで出席した。20組くらいの夫婦がいただろうか。しかし，案じた通り，夫ひとりでの参加は，私だけであった（後述の近代家族の規範？）。保健師からレクチャーを受けた後，沐浴の仕方，抱っこの仕方，おむつの替え方，などを習った。立派なパパになるために，まじめにレクチャーを受け，実習に参加したことを妻にアピールして点数を稼ごうと，会場のスタッフに私の受講の様子を写真に撮ってもらった。しかしながら，妊婦の胸とお腹を模した「妊婦ジャケット」（重い）を着て，満面の笑みを浮かべた私の写真を見た妻は，「なんか気持ち悪い」としか言わなかった。[3]

　妊娠が判明してから8ヶ月ほど経った頃，出産予定日も近づき，なんとなくそわそわしていた。高まっていく緊張感。そして予定日。しかし，陣痛は来ず，出産の兆候もなかった。多少の焦りを覚えたが，予定日を少し過ぎた頃，ついに陣痛が始まった。妻は即，入院した。もうすぐ子どもが生まれそうということで，私は産院にかけつけた。私の親しい友人は，出産に間に合わなかったため，彼の妻に「こっぴどく叱られた」という話も，この頃に聞いていた（出産体験に関する社会意識のひとつ？）。

　出産には間に合い，産声を聞く。ようやく晴れて父親になることができた。

2　ひろげる

　「家族とはどのようなものか」と問われたとき，その答えは，千差万別であろう。だが，そのなかでも，夫が会社に行って働き，妻が家で家事・育児にい

そしむ，というパターンは，よくある家族のイメージである。国民的アニメと称されることもある「サザエさん」でも「ドラえもん」でも「ちびまるこちゃん」でも，描かれる「母親」は「専業主婦」である。

こうしたイメージは，社会学では「近代家族」に関わるものと言われている。社会学，とくに家族社会学では，夫が働き，妻が家事・育児をするという慣行や，子どもが「かわいい」存在であるという意識は，人類史上，古くからあったものだとは捉えられていない。夫が外で働き，妻が家事・育児をするというのは，昔ながらの家族のあり方であると思われるかもしれないが，実際にはそうではない。それらは，伝統的なあり方ではなくて，「近代」になって生まれたものであると考えられる。ちなみにいまは，近代ではなくて「現代」である。いまの時代である「現代」は，「近代」の先にある。

このような考え方のもとには，社会学の「社会変動」の考え方が反映されている。社会学においては，概して社会は，「前近代→近代→現代」と推移していったと捉えられることが多い。それに呼応して家族社会学では，家族は，「伝統家族→近代家族→現代家族」の順に展開してきたと捉える。もちろん，実際には，前近代が伝統家族，近代が近代家族，現代が現代家族というふうに厳密にぴったりと対応しているとは言えないのだけれども，社会現象をわかりやすく説明するために，このように考える。

こうして見ると，家族の典型とされることの多い「近代家族」とは，それほど新しくもないし，それほど古くもない。では，近代家族の特質はいかなるものか。また，どのようにして形成されたのであろうか。その特質に関しては家族社会学の論者によって若干のブレがあるのだが（cf. 落合 1989），ここでは，多くの研究者が認める，いわば最大公約数として語られる近代家族の特質について述べておこう。それは，家内領域と公共領域の分離，愛情で結ばれた家族関係，子ども中心主義，性別役割分業の4つである。

家内領域と公共領域の分離

主要な産業がどのように移り変わってきたかを概観してみると，前近代社会は第一次産業中心，近代社会は第二次産業中心，現代社会は第三次産業中心で

あると言える。このことは，社会科学，とくに経済学や社会学などではよく言及される。

前近代社会の伝統家族は，第一次産業に基づく，農村での自給自足のイメージで捉えられる。典型的には，食事をして寝るという生活の場所と労働の場所が，どちらも家屋の周辺である。労働とは，ここでは主に農業であるが，家の裏に労働の場である田畑があるなど，家族生活の場とは距離的に近い位置にある。

しかし，前近代社会から近代社会に移行するにつれて，産業の中心は，第一次産業から第二次産業に移る。いわゆる「産業化」や「工業化」と呼ばれる過程である。そこで起こってくるのは，「家内領域と公共領域の分離」である。すなわち，家族生活を営む場所と労働の場が，それぞれ別の場所になっていく。労働の場は家屋の裏ではない。多くの場合は通勤というかたちをとり，都市や町の中心部周辺などにある工場等の仕事場に通うこととなる。これに呼応するかのように，必然的に家族と地域コミュニティとのつながりは弱いものになる。そして地域とのつながりが弱くなり，地域の他の家庭，すなわちソト（ヨソ）の家とは異なる慣習や文化を持つようになる。

これが「家内領域と公共領域の分離」の概略である。それに対応して生じてくるのが，「性別役割分業」である。これについては，後程，見てみることにする。

愛情で結ばれた家族関係

愛がなければ結婚ができない，というのはすぐれて近代的な考え方であると言われている。(4)伝統社会では，地域コミュニティのなかに，本人同士の意向とは関係なく，ほぼ自動的に男女を引き合わせて結婚させるシステムができていた。近代以降の社会では，人々の生活の範囲の拡大，および人々の移動などで社会の流動性が高まることにより，地域コミュニティの結婚システムは往々にして機能しなくなった。夫婦関係を取り結ぶのは，コミュニティの結婚させる力（コミュニティの慣習による社会的コントロール）にとって代わって，「愛」となった。生まれた地域も生活圏も異なるふたりは，従来のコミュニティの結婚シ

ステムではなく，恋愛によって結び付けられるようになった（恋愛結婚の誕生）。

近代以降の社会においては，カップルや夫婦関係の形成だけでなく，家族関係一般にも，「愛」が重要な役割を果たしている。近代化・産業化の波は，概して社会の凝集性，まとまりを低下させる方向に作用する。いささか理念的ではあるのだが，農村と都市では，ご近所づきあいやうわさといった監視の多い農村のほうが，周囲からのしばりが強いことを思い起こしてみるとよい。近代化によって，人々は地域や慣習のコントロールあるいはしばりから解放されていくのだが，同様のことが家族についても起こってくる。家族はバラバラになりそうになるのだが，いわばその凝集性を保つために利用されるようになるものがある。それが「愛」である。近代化の影響力により凝集性の低下という危機に陥った家族が，愛で結ばれるようになる。こうした側面は，先ほど見てきた「家内領域と公共領域の分離」の傾向をさらに強めていくことになる。

このように見てみると，家族愛とは，本質的な感情であることにくわえて，とくに近代になって作られた産物であるとも言いうるようである。

子ども中心主義

近代家族では，往々にして，前述の「愛」の中心にいるのは子どもである。家族のなかでもとくに子どもは愛すべき対象とされる。

このことを端的に示してくれる有名な文献がある。それは，フィリップ・アリエス（Philippe Ariès）の『子どもの誕生』である（Ariès 1960 = 1980）。アリエスは，前近代から近代までの時代のさまざまな文献，図像などを検討するなかで，あることを見いだした。それは，「子どもが，保護すべきとか，かわいがる対象になったのは，近代になってから」ということである。さらに，「子ども」が誕生したのは近代になってからだと言うのである。これはおかしなことであると思われるかもしれない。前近代においては子どもがいなかった，というのはありえない話のように思える。しかし，アリエスが論じているのは，子どもが愛すべき対象になったのが近代という時代になってからということである。すなわち，近代以前の社会では子どももおとなと同じ労働に従事しており，サイズなどを除けばおとなと同じような服を着ていたし，おとなと同じ遊びを

していた。性道徳に対する配慮もなかった。このような状態は，現代社会の視点からすれば，「児童虐待」や「児童労働」などとして問題になるであろう。しかし，社会の近代化とともに子どもに対するまなざしは変化したのであり，おとなの社会から子どもを遠ざけ，子どもは，厳格なしつけを施すべき，かつかわいがる対象となっていくのである。

近代以降の家族においては，子どもを社会の一員として成長させることが大きな課題となるのと同時に，子どもが家族をつなぎとめるのに大きな役割を果たすようになっていくのである。

性別役割分業

「家内領域と公共領域の分離」を基底に持ちながら，これをいわば総括する重要な特質として指摘されるのが，性別役割分業である。近代家族は，地域共同体の伝統的な慣習に基づく制度よりも，「愛」が家族をつなぎとめるのに重要な要素とみなされ，その中心には子どもがいるのであった。このように愛や子どもが重要視されるようになる背景には，先にみた「家内領域と公共領域の分離」によって，家族のメンバーがそれぞれ異なるライフスタイルを持つようになることがある。たとえば，昼間の時間帯には父親は会社で働き，子どもは小学校に通い，母親は家で家事に従事しているかもしれない。つまり，家族のメンバーが，四六時中，一緒に生活しているわけではないということがある。さらに重要なことは，「家内領域と公共領域の分離」により，公共領域（生産労働の場や役割）は男性が担うようになり，家内領域（再生産労働の場や役割）は女性が担うようになったということである。かくして，「パパは会社，ママは家事・育児」，という「近代家族」が出現し，維持または拡大されていくことになる。

こうした性別役割分業を当たり前のものとする考え方は，ウーマン・リブとも呼ばれる第2波フェミニズム運動から批判を受けてきた。つまり，女性を家庭に閉じ込めてしまう，問題ある考え方と捉えられるようになったのである。現在では，思想だけでなく，若者などの労働・貧困の問題等，社会状況の変化によって，「女性の社会進出」という言葉では捉えきれないほど，女性や男性

の働き方は変容している。

　以上，近代家族の特徴である，家内領域と公共領域の分離，愛情で結ばれる家族関係，子ども中心主義，性別役割分業，を見てきた。
　「近代家族」を自明視した考え方は，近代の時代になって誕生した単なる歴史的産物だというだけでなく，家族社会学などの学術の立場からも，フェミニズムなどの社会運動の立場からも，またワーク・ライフ・バランス（仕事と生活の調和）を謳う行政の立場からも，多くの批判が投げかけられるようになってきた。
　近代家族を当たり前のものとする家族観が批判の対象になる理由のひとつは，ある種の「決めつけ」があることである。現代の実際の家族は，決まったかたちで営まれるものではなくて，各々の家族の事情や，利用できる資源，考え方などによって，多様なものでありうるはずである。
　こうしたことから，人の人生は，決まったプロセスを経るライフサイクルではなくて，それぞれの人が違った経路をたどる「ライフコース」として捉えられなくてはならない，という議論が導かれる。ライフサイクルの考え方は，たとえばヒトの発達段階を，〈乳児期→幼児期→学童期→青年期→成人期→老年期〉に分けて論じるように，生物学的に規定された区分に基づく，規則的な変化を想定している。つまり，生まれ育った定位家族から，子どもを産み育てていく生殖家族へという枠組みが，あたかもあらゆる人が経験する標準的なものであるかのように捉えられることが多い。それに対してライフコースあるいはその考えに基づくライフコース論は，そのような決めつけをしない。ライフコースの視点は，人々の人生は個々それぞれ異なる経路をたどると捉える，ライフサイクルに比べて柔軟な考え方である。
　ここではライフコース論について，人生の創造（つくりあげる）という意味から，その性質について次の2点を考察しておきたい。
　まず，「人と異なる」という側面である。当たり前のようにも思われるかもしれないが，人生は他の人とは異なるやり方で送ることができる。たとえば，ライフコースを調べる視点などから1990年代に行われた「未婚」現象について

の調査によれば，結婚についての考え方では，「個の自由」という捉え方が広がってきたという（阿藤ほか 1998：36-37）。結婚観，結婚する時期，結婚する／しない，結婚相手，結婚生活のあり方などは，「社会」が与えるというよりも，個人が選択するものだということである。社会が近代家族観から脱却しようとする過程のなかで，結婚に関して異なるかたちを認めあおうとする考え方が広がったのだと思われる。もちろん実際には，結婚に関する選択は社会・経済的条件などによって大きく左右されるのだけれども，こうした視点をとることで，自分の手持ちの社会的資源を見直して，新たに選択肢を獲得していく展望を持つことができる。

次に，「人は変わりうる」という側面である。人の人生は，必ずしも決まりきった経路（「トラック」）をたどるものではなく，たとえば経済状況だけでなく人間関係などの社会的資源の持ち方によっても変わりうるということである。たとえば犯罪社会学では，犯罪行為を繰り返す人に関して，相反する2つの考え方がある（宝月 2001：107，2004：85-107）。ひとつは，「犯罪性向」の理論である。幼い頃に悪いことをする「癖」を身につけてしまうと，生涯にわたって犯罪行為をやめられなくなるという考え方である。「三つ子の魂百まで」「雀百まで踊り忘れず」というわけである。もうひとつの考え方が，犯罪のライフコース論である。人が犯罪に走る／走らないを決めるのは，犯罪性向があるかないかというよりも，人がライフコースのなかで，いかに社会資源，とくに人や社会とのつながり（絆）を獲得するかにかかっているというものである。ある研究によれば，何度も犯罪行為を繰り返す人であっても，彼／彼女らのライフコースのなかには，犯罪行為を防ぐ大きな抑止要因があるという（Sampson and Laub 1993）。ひとつは，「就職」，そしてもうひとつが，「結婚」である。もちろん，人や社会とのつながりは，この2つに限らない。また，DV（ドメスティック・バイオレンス）や虐待など，多くの暴力が親密圏であるはずの結婚生活のなかで起こっていることも，忘れてはならない。しかし，配偶者を持つことを選択した多くの人にとって，「結婚」とは人生のなかで幸福を創造するための重要なイベントとなる。

第Ⅰ部　夫婦における〈オトコの育児〉

3　かんがえる

　私たち夫婦は，いわゆる「共働き」なので，前述のいわゆる近代家族の形態とは異なる「現代家族」であると位置づけられうる。では私の家族は，近代家族の影響を受けない現代家族と言えるかというと，そうではない。実際には，「近代家族」の影響を受けた現代家族なのである。
　ここでは，先に述べた近代家族の性質，およびライフコースの観点から，私たち家族を例に考えてみたい。

家内領域と公共領域の分離――家庭独自のルールを設ける

　冒頭で述べたように，わが家では，仕事からの帰宅時には，食事より前に風呂に入ることが多い（清潔概念と家族境界線）。近代家族は，家内領域と公共領域，すなわち，誤解を恐れず言い換えれば，内と外とを分ける。つまり，家とソトとの間になんらかの「境界」を設ける。「ヨソはヨソ，ウチはウチ」というよく耳にするフレーズも，境界線を設けることを示している。
　先ほど述べたアリエスと同じく社会史の分析を行ったノルベルト・エリアス（Norbert Elias）が論じているように，社会の近代化により，礼儀作法は細分化していく（Elias 1939＝[1977]2004・[1978]2004）。エリアスも論じているように，社会の近代化は，清潔概念の細分化とも足並みをそろえている。
　もちろん，この「清潔さ」の考え方は，おそらく各家庭によって微妙に，場合によっては大きく異なる。上着と下着，あるいは父と娘の下着を一緒に洗濯するかどうかとか，家のトイレにスリッパを置くかどうかなど，各家庭は，独自の清潔概念を持っている。しかしながら，「きれいなもの」と「汚いもの」の区分をまったくしない家庭は，ほとんどないであろう。
　つまり，どこの家庭にも，独自の「清潔プラクティス」が存在する。わが家の場合，外から家に帰ったら食事より先に風呂に入るという行為によって家と外になんらかの境界線を設けているような気がする。子どもがばい菌に接触して病気にならないように（「子ども中心主義」の考え方），ということにしている。

しかしその「清潔」に関する行為に，どれくらい科学的意味があるのかはわからない。むしろこれは，一種の「儀礼」的行為であると思われる（Goffman 1967＝1986＝2002, Collins 1981＝1992）。社会学の黎明期にデュルケム（Émile Durkheim）が，あるいは，アメリカの社会学者のゴフマン（Erving Goffman）やコリンズ（Randall Collins）が社会生活の儀礼的行為について示唆しているように，その集団での規範を遵守して行為することは，宗教儀礼にも似て，その集団をつなぎとめるように機能する。儀礼とは意味のない行為ではない。科学的には意味が不明である行為も，集団や相互作用にとっては意味のある行為なのである。

　家庭内の決まりは清潔概念だけではない。各家庭には，必ずその家庭限定の標準化された決まりや慣習が存在する。誰が先に風呂に入るのか，食卓のどの席に座るのか，おもちゃはどこにしまうのか，味噌汁の味付けの濃さはどれくらいかなど，さまざまな決まりや慣習がある。結婚した当初は，それぞれが生まれ育った定位家族の規範を家庭に持ち込むため，自分の生まれ育った定位家族のやり方を相手にも期待する。だから最初は往々にして，お互いのやり方は相容れない。結婚前の交際時にはなかなか気づかなかったこともある。だが，まったくお互いのやり方が相容れないまま，家族生活が維持されるのではなく，いわばそれぞれのやり方のすり合せにより，だんだんと新しい家族の規範ができてくる（生殖家族集団の形成）。家族に限らず，ある集団のなかでの行為や活動は，何度も繰り返していくうちに，次第に標準化されていくのが通常である（cf. 宝月 2004：55）。

　たとえば，子どものためにという理由で決められた家庭内ルールは，内と外との間に境界線を引くかのようである。家庭内ルールを尊重し，それに沿った行為を家族で行うことで（相互作用儀礼），家族集団の凝集性は高まる。しかし，生活時間の違いなどをはじめ，ご近所とは異なる様式でそれぞれの家族は生活しているので，昔ながらのコミュニティのあり方に比べて，地域におけるネットワークが希薄化する面もないわけではない。この意味でも，まさに近代家族の様相を呈するようになる。

愛情と子ども中心主義

社会の近代化および現代化とともに，人間は自立し，自分の人生は自分で作り上げることが強調される（属性主義から業績主義へ）。しかし，私の妻は，「自分の人生だったはずのものに，いつのまにか誰かがどっしりと座っている」というようなことを言っている。幸いというべきか，残念というべきか，妻の人生にどっしりと座っているのは，夫である私ではなく，子どもである。

そのような遺伝子として身体に組み込まれているからなのか，それとも社会的に思わされているだけなのかはわからないが，私も妻も，自分の子どもが一番かわいいと思っている。そうした感情を背景にして，家族生活では，風呂に入って清潔にするのも，部屋をきれいに片づけようとするのも，栄養のあるご飯とおかずを作ろうとするのも，「子どものため」というのが大きな理由となる。家族生活のなかで「子どもが○○なので△△をする」と行為の理由づけをすることは少なくない。そういえば，妻は「子どものため」と言って育児マンガや絵本を大量に買い込んでいるが，実際には自分が楽しんでいるようである（文字が多すぎて子どもがまだ読めない絵本も多い）。

子どもを持った家族の生活の中心には，子どもがいるようである。こうした意味でも，近代家族は「子ども中心主義」という特徴を持つ。子どもの成長が家族にとっての大きな責務となっていると同時に，「家族愛」の中心には子どもがいるようである。

性別役割分業の規範の圧力

私たち夫婦は，両者ともに「賃労働」を行う共働き夫婦である。家事についても，協働，つまり家庭内で協力し合ってやっている。とはいえ，前述のように，私も妻も家事が得意な方とは言えない。このことは私も妻も認めるところである。しかしながら，自分の家事能力が優れていないことについての語り方が両者で異なっていると思われる。夫である私の場合，家事が不得手であることは，あまり深刻なものとは捉えられず，私自身もそれほど気にしていない。むしろ自分のおかしな家事の方法や失敗談を，喜んで語る傾向にある。逆に，妻の場合は，子どもが渾身の離乳食を「拒否」して，ぶぶぶぶーーっと飛ばし

たときにはショックを受けていた。もちろん，栄養がとれないことも気にかかるが，それにくわえて，料理の腕前を否定されたようで，ちょっと落ち込んでしまう。

　また，私の父母（子どもの父方祖父母）が家にやってくるときは，妻は部屋が散らかっていることをかなり気にして，まったく気にしていない私を横目に，少しでも片づけをしようとする。洗濯物もあわてて畳もうとするのであるが，中途半端かつ乱雑に畳まれた洗濯物の山ができあがる。結局，なぜか妻ではなく夫である私が畳んだということになっている（「オトコだから仕方ないね」）。

　逆に，妻の父母（子どもの母方祖父母）が訪ねてくるときに部屋が散らかっていることを，私はそれほど気にしない。これは，性格の問題なのかもしれないが，「女性が家事をおこたる」ことへの圧力（ジェンダー規範）を妻は感じているのかもしれない。家事のプレッシャーは，やはり女性の方の肩の上にのしかかっているようである。

　では仕事の方はどうだろうか。家事・育児に従事すれば，多かれ少なかれ，その分，独身時代に比べて仕事の量を圧縮せざるを得ない。家事・育児については「協働」し，お互いの仕事には「協力」体制を築いているつもりではある。しかし，お互い自分の仕事が滞り始めたときに，家事・育児と仕事をどのようにこなしていくかは，家族会議が必要になってくる大きな課題である。仕事と家事・育児のいわゆる「二重負担，三重負担」である（セカンドシフト，サードシフト）。これを，性別役割分業の規範の社会的圧力という視点で見てみると，家事のプレッシャーはとくに女性の方により重くのしかかる。また，男性の側も，育児によって仕事にマイナスの影響を出すことへの職場の圧力は小さくないと感じている。たとえば，法律（育児・介護休業法）上は，男性も女性もどちらも育児休暇を取得できることになっているが，男性の育児休暇取得率は女性に比べてかなり低い（厚生労働省「平成25年度雇用均等基本調査」によると，育児休業の取得率は女性83.0％，男性2.0％である）。もちろんこのデータは，男女間の賃金格差や昇進制度の現状，あるいはそもそも育児に従事したくないという意識を持った男性もいることなど，さまざまな要因が絡み合うなかでの結果ではある。けれども，男性が育児に積極的に関わることに対する職場や世間の目には，

いまだに厳しいものがあることが想像できる。

お互いのライフコースのなかで

　私も妻も，母親が（ほぼ）専業主婦という家庭で育った。幼少期を過ごした1980年代は，まだ「終身雇用」「年功序列」「企業内組合」によって特徴づけられる日本型雇用慣行が「当たり前」のものとされていた時代である。企業は，一家全員が生活できる給与を男性の働き手に保障すると同時に，いわば企業に忠誠を誓わせ，夫は企業での労働に従事し，妻は家庭での家事・育児に専念する。この日本型雇用のシステムは，企業だけでなく，家族をも巻き込んで作動していくシステムである。このシステムのなかにいる限り，「食いっぱぐれ」ることはないとされていた。

　妻も私も，この日本型雇用慣行のもとでの労働・家族システムのなかで幼少期をすごしてきた。こうした自分がすごした定位家族のイメージは，自分が形成しようとしている生殖家族にも持ち込まれる。

　持ち込まれるイメージは，もちろん家事に関するものも含んでいる。しかし，専業主婦がまる一日かけてやっている「高い水準の」家事を仕事の合間に済ませようとしても，それは無理である。子どもを保育園に通わせるなど家事・育児機能の一部を「外部化」することはできるが，しかし，家庭内の資源や考え方などさまざまな事情により，すべてを外部化することはできない。そうなると，たとえば洗濯物をきちんと整理する余裕がない（言い訳？）など，家事の水準は自分たちの定位家族で経験した水準とはかけ離れた（低い）ものとなる。皿洗いには食器洗い機を使うなど，かつて普及していなかった機器も利用してはいるが，しかし自分たちの母親のような専業主婦にはとてもかなわない。

　ライフサイクル論は，定位家族と生殖家族が「再生産」されるようなイメージであった。それに対して私たちが経験しているのは，ライフサイクルというよりも，ライフコース論で言う新しく作られていく家族なのかもしれない。これから私たちは，自分の知っているなじみの家族スタイルとは違う家族を作っていくことになる。私たちに求められているのは，すなわち別の家族秩序を構築することである。

私たちが知っているのは近代家族のモデルであるが，必ずしも現代を生きる私たちの状況には合わない。近代家族の影響を受けつつも，それとは異なるかたちで家族秩序を構築していくのは大変なことであると同時に，さまざまな困難と幸せのなか，現在進行形で新しいものを作っていく社会的活動だと言えるのかもしれない。

4　ふりかえる

言うまでもなく，私たちは，過去の人々が長年積み上げてきた社会生活の歴史の流れのなかで生きている。ある時代において生まれた家族生活に関するさまざまな考え方ややり方のなかには，今日まで受け継がれてきたものもあれば，逆になんらかの理由で消え去っていったものもある。これまで消えずに維持されてきた家族生活のパターンには，社会学者も含め，私たちがなかなか気づかないような意味があるようにも思われる（潜在的機能）。しかしながら，長年，受け継がれてきたなかにも，私たちに抑圧的に働くものもある。歴史の流れのなかで残ってきた知恵だからと直ちに是認するのではなく，尊重しながらも批判的に捉えて，ときには状況に合わせて修正していくことが求められるように思われる。

これからの時代の家族は，「近代家族」そのものではないし，かといって「現代家族」のモデルを持っているわけでもない。私たちの時代の家族は，近代家族と現代家族の間隙（すきま）にある。とはいえそうしたことを振り返る暇もなく，私たちの家族・育児生活のドタバタは続く。たしかに，近代家族的なジェンダー規範はいまだ根強い。だが，実際の家族・育児生活のなかでは，そうした規範からふとはみ出したり，突き破ったりする瞬間がしばしばおとずれ，そのようなかたちで，〈オトコの育児〉ないし〈オンナの育児〉は実践される。とすれば毎日のドタバタと試行錯誤のなかで，おのずと「新しい家族像」が生まれてくるのではないだろうか。

実際に家族・育児生活を営んでみると，さまざまな困った出来事に遭遇すると同時に，希望や幸福を感じられる出来事にもたくさん出会うことができる。

そうした希望や幸福を糧にしながら展開される，日々のドタバタと試行錯誤こそが，家族や社会を変容させるささやかな可能性を秘めているのかもしれない。私たちの時代における育児は，家族のありようの「モデルなき時代」のなかで次の時代の「新しい家族」像を作っていく，チャレンジングな営みといえよう。

注
(1) 社会学では，言い訳などをはじめとして，ある行為を説明することで保身を図ったり，その場の秩序をまとめたりする際に用いられる言葉を，「動機の語彙」と呼ぶことがある。
(2) さまざまなメディアが伝えるところによれば，お互いの家事の「ダメ出し」は，夫婦関係を混乱させる一因となるらしい。これに関連して，「家事を単純労働として女性に担わせること」を問題とする言葉であった「家事（家事労働）ハラスメント」が，大手企業のキャンペーンのなかで，「妻による夫の家事へのダメ出し」として用いられたことにより，2014年を中心にいわゆる「家事ハラ論争」が巻き起こった（『朝日新聞』2014年10月23日生活欄，『朝日新聞』2014年11月19日生活欄など）。
(3) 場面と人と行為（どこで・誰が・なにをした）のバランスが取れておらず，なにかおかしい，と感じられる「外面の不整合」については，西川（2003），Goffman（1959＝1974）などを参照。
(4) 近代社会になって生まれ，権力によって利用されたとも言われる「ロマンティック・ラブ・イデオロギー」については，西澤（2008），井上（1973）などを参照。

【キーワード】
近代家族
　社会の近代化にともなって生まれた家族の形態を意味するが，同時に現代においては表象（イメージ）として流通し，必ずしもあるべき家族形態ではない。つまり，近代家族は人類史上において古くからあるものではなく，ある時期において生まれた家族形態であり，現在においては変容しつつあるものである。すなわち，近代家族は伝統家族から変化した家族形態であるが，現代家族に変容する可能性があるものとして捉えられる。「私たちが家族と聞いたときにイメージされがちなもの」として捉えられることもよくある。
　本文中でも述べたように，近代家族の特徴は論者によって違いはあるが，家内領域と公共領域の分離，愛情で結ばれた家族関係，子ども中心主義，性別役割分業，

が多くの論者の認める特徴である。

ライフコース

　ある人の人生の道筋を意味する。単に個人の内面や出来事だけでなく，その背景にある文化や社会の構造との関連で理解されるものである。ライフサイクルの視点が，人や家族を，たとえば「就学，就労，結婚，出産，退職」のような，ある一定の段階を踏むものとして捉えるのに対して，ライフコースの概念は，それぞれの人が人生の中で送る道筋はある決まったものというよりも多様なものであると捉える。そのため，たとえば「失職」や「被災」，「犯罪に手を染める」など，ライフサイクル論ではあまり捉えられなかった出来事も考慮に入れられる。

　とくに近年の日本では日本型雇用慣行の瓦解などを背景に増加してきていると言われる「正社員でない働き方」が1990年代のバブル崩壊以前の労働生活のあり方とは異なるライフコースを生んでいるとして，その様相や是非などについて多方面から議論されている。

　ライフコースの考え方について社会学の歴史をたどると，シカゴ学派社会学の古典のひとつであり，移民の生活史について調査・分析されているトマスとズナニエツキによる『ヨーロッパとアメリカにおけるポーランド農民』にまでさかのぼる。

【ブックガイド】

落合恵美子，1989，『近代家族とフェミニズム』勁草書房。
　諸研究で論じられている産業社会に特徴的な家族のあり方を，あらためて「近代家族」として捉えて論じた本として知られている。近代家族の特徴を，①家内領域と公共領域の分離，②家族成員相互の強い情緒的関係，③子ども中心主義，④男は公共領域・女は家内領域という性別分業，⑤家族の集団性の強化，⑥社交の衰退，⑦非親族の排除，⑧核家族という8つに整理して示している。その後の近代家族についての論争（たとえば核家族は近代家族の特徴と言えるかどうかなど）の土台となることの多い本である。

多賀太，2006，『男らしさの社会学——揺らぐ男性のライフコース』世界思想社。
　男性のライフコースをめぐる意味づけについて，「学校」，「青年期」，「ポスト青年期」，「企業社会」，「仕事と育児」，「第二の人生」などをキーワードにして，少年時代から定年後までの各段階を追いながら論じている。ライフコースのなかで男性が感じている生きづらさというテーマについて考えることの重要性を明らかにした本であると言えよう。

第Ⅰ部　夫婦における〈オトコの育児〉

文献

Ariès, Philippe, 1960, *L'enfant et la vie familiale sous l'Ancien régime*, Plon.（＝1980, 杉山光信・杉山恵美子訳『〈子供〉の誕生——アンシァン・レジーム期の子供と家族生活』みすず書房。）

阿藤誠ほか, 1998, 「晩婚化・非婚化の要因をめぐる実証研究」平山宗宏『少子化についての専門的研究』厚生省心身障害研究　平成9年度研究報告書, 9-58。

Collins, Randall, 1981, *Sociological Insight: An Introduction to Nonobvious Sociology*, Oxford University Press.（＝1992, 井上俊・磯部卓三訳『脱常識の社会学』岩波書店。）

Elias, Norbert, 1939, *Über den Prozeß der Zivilisation: soziogenetische und psychogenetische Untersuchungen*.（＝[1977]2004, 赤井慧爾・中村元保・吉田正勝訳『文明化の過程（上）——ヨーロッパ上流階層の風俗の変遷』法政大学出版局, ＝[1978]2004, 波田節夫・溝辺敬一・羽田洋・藤平浩之訳『文明化の過程（下）——社会の変遷／文明化の理論のための見取図』法政大学出版局。）

Goffman, Erving, 1959, *The Presentation of Self in Everyday Life*, Doubleday Anchor.（＝1974, 石黒毅訳『行為と演技——日常生活における自己呈示』誠信書房。）

Goffman, Erving, 1967, *Interaction Ritual: Essays on Face-to-Face Behavior*, Doubleday Anchor.（＝1986, 広瀬英彦・安江孝司訳『儀礼としての相互行為——対面行動の社会学』法政大学出版局, ＝2002, 浅野敏夫訳『儀礼としての相互行為——対面行動の社会学』[新訳版] 法政大学出版局。）

宝月誠, 2001, 「犯罪社会学——逸脱論——価値観の変化で新しい犯罪が生まれる」『Aera Mook 犯罪学がわかる』朝日新聞社, 106-107。

宝月誠, 2004, 『逸脱とコントロールの社会学』有斐閣。

井上俊, 1973, 『死にがいの喪失』筑摩書房。

西川知亨, 2003, 「ゴフマンの『ドラマトゥルギー論』」中野正大・宝月誠編『シカゴ学派の社会学』世界思想社, 306-314。

西澤晃彦, 2008, 「恋愛」西澤晃彦・渋谷望『社会学をつかむ』有斐閣, 141-154。

落合恵美子, 1989, 『近代家族とフェミニズム』勁草書房。

Sampson, Robert J. and Laub, John H., 1993, *Crime in the Making: Pathways and Turning Points through Life*, Harvard University Press.

第2章

社会規範と社会化
——しつけはママ？——

今村光章

1 けいけんする

　本章では，社会規範と社会化について，とりわけ「しつけ」の意味と養育者の役割について考察してみよう。

　まず，私の家庭の「しつけ」に関するひとつの些細なエピソードから始めたい。わが家では夕食時にはテレビを消す。子どもが小さいときにつくったルールだが，いまも続いている。その方針を決めたのは私で，協力してくれたのは妻である。妻も私も同程度に「食事中はテレビを消して！」と言う。しぶしぶなのかもう慣れたのかわからないが，子どもたちはとにかくテレビを消す。

　この「しつけ」にはわずかばかりだが効果があるとひそかに自負している。夕食中に家族の会話が成立するからだ。わが家の夕食時には，学校の授業や放課後の出来事，次の日や週末の予定を家族で話し合うことがある。時事的なことに関する世間話にも花が咲く。だが，だからといって他の家族よりコミュニケーションが豊富であるとか，仲がよいと胸を張れるわけではない。このルールになんらかの効果があったとしても実証できるわけではない。

　上記のようなテレビに関する「しつけ」の発端は，私が生まれ育った家庭にある。幼稚園児のとき，私はあまりにテレビに夢中になりすぎていて，父親からこっぴどく叱られたことがあった。それをきっかけに「食事中にはテレビを見ない」というルールが出来上がった。いまから思い起こせば，「せめて夕食のときぐらいはゆっくり家族で話をしよう」という私の両親の方針だったに違

いない。そしていま，今度は親となった私が，子どもの頃に受けた「しつけ」をわが子にしている。「しつけ」が伝承されたわけだ。

　ただし，テレビを見ないという「しつけ」の意味合いは薄れている。便利な録画機器が当たり前のように各家庭にある時代である。私が子どもの頃は，食事中に放映されている番組を見ないことは，その番組の視聴自体を我慢することであった。だが，いまでは録画しておけばいつでも見ることができる。我慢の度合いが異なる。このように同じ「しつけ」にみえても，軽重の意味合いが異なっている。

　さて，「しつけ」に限らず，私の子育てをすこしばかり正直に語っておこう。1965年生まれの私には，2016年現在，大学生，高校3年生，中学1年生の子どもがいる。北陸の地方都市の大学に勤めていた頃，長男と次男の子育てをした。当時，私の通勤時間はきわめて短かった。それでも，毎朝8時過ぎに出勤し帰宅は6時以降であった。そうなると，自然に子育ての主な担い手は専業主婦の妻になった。子どもたちの「しつけ」も，もっぱら一緒にいる妻に頼ることになる。「幼少期のしつけはママが主体」という図式が出来上がってしまっていた。

　子どもが幼い頃には，私は子どもたちと一緒にお風呂にはいっていた。それが平日の唯一ともいえる親子の触れ合いの時間であった。その日にあった出来事などを話したり，風呂場のおもちゃで遊んだり，なによりの親子のコミュニケーションの時間を過ごすことができた。父親の帰宅時間が早ければ早いほど育児参加の程度が高くなるというのは道理である。都市部で通勤時間が長かったり，長時間労働で帰宅時間が遅かったりすると，父親の育児参加の機会と時間そのものが限られてしまう。その場合，父親の育児参加は休日に一緒に遊ぶことぐらいになる。

　私も，子どもが幼稚園児のときは，休日には遊び相手という役割を果たしていた。とりわけ，子どもとキャッチボールをすることはとてもうれしかった。だが，総じて，「しつけ」がきちんとできたのか大いに不安になる。もっとできたのではないかという反省も抱く。

2 ひろげる

社会化とはなにか

　社会化とは，人間が，自らが所属する社会のメンバーの大半が身につけている外面的な行動様式ばかりではなく，価値判断や信念，態度など内面的な思考様式も身につけ，社会的な存在になる過程である。社会化は，目に見えるものもあれば見えにくいものもある。どちらにしても，集団や社会からの一方的な価値規範の注入や強制ではなく，個人の意思決定と選択によってなされていく。社会システムは，所属する人間に当該の社会や集団が容認する行動様式と価値観を刷り込む。そのことによって社会システムが安定化するからだ。そして個々人は，自らが社会化することでその社会や集団に適応し，社会集団にとって好ましい存在となる。そのため，この社会化の過程は双方向的で力動的である。

　社会化は，仲間集団，近隣集団，地域社会，学校集団，サークルのような趣味の集まりなど，ありとあらゆる集団において行われる。なかでも，家族集団は子どもの社会化にとってきわめて重要な集団である。

　社会規範とは，ある社会のなかでの法律や道徳，規則，習慣など，個々人の行動を拘束したり規制したりするものである。社会や集団のなかで，ある事項に関して成員たちに期待されている意見，態度，行動の型のことであると言い換えてもいいだろう。その社会に広がる価値体系が内在化されたもので，個々人が遵守することによって顕在化する。広義の社会規範のなかには，慣習，伝統，流行なども含まれる。簡潔に言えば，社会のルールである。そして，社会化とはそのルールを内面化していく過程である。

「しつけ」とはなにか

　では，「しつけ」とはなにか。多くの辞書には，「しつけ（仕付け）」とは，「礼儀・作法を教え習わせること」という動詞としての意味が載っている。親をはじめとするおとなが未成年の子どもを「しつける」という用法で用いられ

ることが多い。それ以外に，「しつけ」には，つくりつけることや，仮り縫い，田植えをする，植えつけるという意味がある。まず，子どものしつけという場合は，第一義は動詞的な意味であるが，次に結果として身についた礼儀作法という名詞としての意味もある。たとえば，「うちの子どもの『しつけ』が行き届いておらず，申し訳ありません」などと親が謝罪するときの「しつけ」は名詞であり，子どもの行動そのものを指す。

「しつけ」には，もともと稲の苗を縦横に正しく曲がらないように植えつけるという意味があった。一説には，田植えのときに，まっすぐに稲を植えることができるようにと田んぼに張った糸を「仕付け糸」と呼んだという説もある。だがそれは一般的ではない。縫い目を正しくするために，仮に糸で縫い押さえる仕付け糸からの転義であるという解釈が一般的だろう。

他方では，「しつけ」とは漢字で「躾」とも表記する。身（体）を美しくするという意味で，この漢字は内容をよく示している。他者が不快な思いをしないよう，迷惑をかけないように，ある社会集団の日常生活で「美しい」と価値判断されるような習慣・価値観・行動形式などを統制する行為やその統制された結果という意味が看取できる。

この「しつけ」はあくまでも子どものためというところから出発する。子どもの将来の生活に役立つ技術を教えるのである。親や他者の都合で恣意的になされる生活の指導は本来的な「しつけ」ではない。無理強いすべきものではない。ほめたり，はげましたりしながら，粘り強く優しく教えていかねばならない。また，子どもの成長，からだの発育やこころの発達に応じて，その発達段階における当面の発達を促進するために行われなければならない。最終的には，自分で判断できるようにしなければならない。厳しく叱りすぎたり，体罰を与えたりするような「しつけ」の方法は回避すべきである。「しつけ」では，その方法も影響を与えるが，「しつけ」る側の人格や性格が大きな影響を与えるとも言えるだろう。

「しつけ」の必要性と特徴

なぜ，このような「しつけ」が必要になるのだろうか。子どもは，おとなや

自分よりも年長の仲間の支えがなければ，自らが所属する社会集団で生きていくことができない存在だからである。そのため，子どもはおとなたちから所属している社会集団で普遍化している一定の生活習慣と行動様式を学んでいく。他者と同じような行動をしないとその社会では生きていけないか受け入れてもらえない。だからこそ，子どもは「しつけ」を受け入れ，それを学ぶ。

　だが，学ぶといっても，乳幼児期の子どもたちが，自分からすすんで自発的に身につけるわけではない。その大部分は，おとなたちから教えてもらわなければならない。こうした行動様式をおとなが子どもに教え，子どもがそれの教えにしたがうときに「しつけ」が成立する。

　たとえば，食事中はテレビを見ないというのは，私たち夫婦の意図的な「しつけ」である。その指示に子どもたちがしたがうとき，「しつけ」が機能する。親が意図せずに習慣で食事中にテレビを消していて，子どもたちが知らず知らずのうちに，その家族の雰囲気を吸収していく場合もあるが，これは「しつけ」とまではいえない。あるいは，テレビがない家庭では，当然ながらテレビを見ないで食事を摂る。こうした場合，テレビを見ないという「しつけ」があるわけではなく，そうした環境に育ったというだけになる。

　そのため「しつけ」には，社会化とは異なるいくつかの特徴がある。まずは，「しつけ」る集団を自分で選ぶことができないという点である。たとえば，仲間集団や企業などの組織あるいは地縁的集団はそこから脱することも入ることもできる。だが，家族はそうではない。社会化と「しつけ」が違うのは，それが主として家族という逃れられない集団において行われる点にある。しかも家族ごとに異なるため，「しつけ」は個別的で多様になる。

　次に，乳幼児期の一定の時期において，子どもが反発したり批判したりすることができない点も特徴的である。子どもにとっては双方向的ではなく絶対的にもみえるだろう。

　かつて，ローレンツ（Konrad Lorenz）は，ある生物にとって，ある一定の時期にある種の特定の刺激によって生じた反応が，その後も比較的長期にわたって継続することを指摘した。つまり，ある一定の行動様式が効果的に定着するのに最適の時期があり，ローレンツはこの時期を「臨界期」と呼ぶ。この考え

を人間にあてはめて言えば，ある時期を逃すと「しつけ」が効果的ではなくなる可能性がある。したがって，「しつけ」の時期を選ぶ必要がある。また，「しつけ」は仕付け糸と同じように，いつか外れてなくなる。人間の場合とその他の生物の場合を混同することはできないが，「しつけ」にふさわしい時期があるというのは定説になっている。

さらに，「しつけ」の方法や根拠は時として非合理的なものも含まれる。多くの成員が所属ししたがう社会の規範を内面化するのではなく，夫婦と親子関係を基盤とする個別的な小集団のなかで「しつけ」が行われる以上，その方法も多様にならざるを得ない。以上の点で，「しつけ」は社会化とは異なる。

「しつけ」の担い手をめぐって

「しつけ」を誰がどのように担うのか。それは重要な問題であるが，意識化されることは少ない。私も結婚して子どもが生まれてから，妻とどの部分の「しつけ」をどの程度まで担うかについて，深く話しあったことはない。自然とどちらかが主導して「しつけ」が成立するものだと受け止めてきた。だが，現代日本で父親の育児参加が求められるなか，自然に任せるとか，判断停止を続けるわけにはいかない。それはなぜか。

ステレオタイプな見方だが，第2次世界大戦以前の家父長制が強力なときは，父親が社会の代表者かつ権威者として，子どもの「しつけ」にあたった。母親ももちろん「しつけ」たがその権限は弱かった。そしてその点が顧みられることも少なかった。1960年頃から，性別役割分業が唱えられ父親は外に働きに出て母親が家事育児を担うようになり，高度経済成長とともに父親の帰宅が遅くなると，母親の育児が主流を占めるようになる。そうすると父親の育児参加が減少した。

昨今では，家父長制はすっかり影をひそめ，性別役割分業もやや古いものになりつつある。父親と母親の役割分担もあいまいになり多様化している。固定的な役割分担の概念が薄らいだ。それでも，夫が主な稼ぎ手になり，家事・育児の大半を妻が担う場合，「子どもの基本的社会化」や，家庭内での基本的習慣の獲得の指導は，もっぱら妻が担うことになる。そこに夫婦間の意思決定の

課題が生じることになる。

　では,「しつけ」は母親がするべきことなのか。父親も参加すべきことなのか。そもそも,どちらが「○○すべき」であるとか,役割分業を決めなくてもいいことなのか。

　それについて考える前に,「しつけ」の基本について次の2点を確認しておこう。ひとつは,早寝早起きや歯磨き,排便などの習慣,見知らぬ人にも挨拶をする習慣などの「しつけ」は,子ども自身が,その所属集団と文化のなかで健康かつ安全に暮らすために行うという点である。食事中にはテレビを見ないという「しつけ」の根拠には,食べ過ぎや早食いによって消化が悪くなるという理由や家族間のコミュニケーションを妨げるという理由があるだろう。もちろんのこと,栄養学的かつ医学的にないしは社会学的に以上の点を実証できるかどうかは別である。としても,「しつけ」の根拠のひとつには,自分を守るということが挙げられるだろう。

　もうひとつの基本は,他者に迷惑をかけたり不快な思いをさせたりしないということが挙げられる。なにが迷惑で不快であるかはその集団によるが,要するに「しつけ」は子どもが帰属する社会集団に適応し受け入れてもらうために行う。

　以上の2つの基本を踏まえるならば,父親と母親のうちどちらが「しつけ」を担うかということは問題ではなくなる。たとえば,家族のなかで,食事を誰がどう担当するのか,当番制にするのか,どちらかが担うことに決めるのか,その日の帰宅時間が早い方が食事を作り遅い方が後片付けをするなどと決めるのかといったことについては,正邪や善悪の基準はない。同様に,どちらが育児すべきかは問わなくてもよい問題なのかもしれない。父親の育児参加と「しつけ」が求められる背景には別の理由がありそうだ。

3　かんがえる

「しつけ」の現状

　「しつけ」は誰がどのように担うべきかという当為論はさておき,実際に誰

が育児を担っているかについてみておこう。まず、父親の育児参加に関する世論調査と私の個別的な育児参加の状況とを照らし合わせてみよう。

時事通信社では、1999年から継続的に、「父親の育児参加に関する世論調査」を実施している。2010年6月の調査では、全国で20歳以上の男女1353人から、面接聴取法で回答を得ている。

この調査によれば、父親の育児参加への積極性については、「積極的」が21.0%、「どちらかというと積極的」の26.4%を合わせた「積極的参加」は、47.4%で、そのポイントは増加傾向にある。これに対して「どちらかというと消極的」10.9%と「消極的」3.5%を合わせた「消極的参加」の14.4%は減少しつつあるという。一般的に、昨今では従来よりも父親は積極的に育児参加を試みていると言える。また、母親の「積極的参加」の割合も増加傾向にある。両親ともに、子育てに熱心に取り組んでいるというデータが示されている。

では、**図序-4**を踏まえて父親の具体的な育児参加状況を見てみよう。選択肢には、「お風呂に入れる」「遊び相手をする」「おしめをかえる」などが並んでおり、約70%の父親が、お風呂に入れたり、遊び相手をしたりしていることがわかる。だが、「おしめをかえる」や「ミルクを飲ませたり、ご飯を食べさせる」は、約40%に過ぎない。くわえて「育児には参加していない」が約18%にものぼる。ただし、育児や「しつけ」に参加したくてもできないという理由もあり、「育児に参加していない」と答えているからと言って、育児に参加したくないというわけではないと解釈できる。つまり、単身赴任のように参加したくてもできない状況もあるのだ。

では、父親が積極的に育児参加しない（あるいは、参加したくてもできない）理由について考えてみよう（**図2-1**）。

父親の育児参加の割合が低い理由として2010年調査では、「仕事で育児をする時間がとれないから」が66.2%ともっとも高い。次いで、「『育児は女性の仕事』と考えているから」が31.9%、「育児参加を後押しする行政支援が少ないから」30.7%、「育児の仕方がよくわからないから」24.3%、「『育児は面倒くさい』と考えているから」14.0%の順である。なお、時系列で分析すると、「育児参加を後押しする行政支援が少ないから」はやや増加傾向にあり、「『育

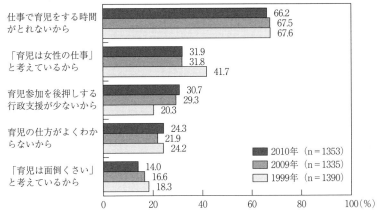

図2-1　男性の育児参加の割合が低い理由

出所：http://www.crs.or.jp/backno/No634/6342.htm 最終アクセス日，2016年1月31日

児は面倒くさい』と考えているから」は減少傾向にある。育児に無関心のままで，参加しないでいることはよくないと感じている父親の心の底が見えるかのようである。なんとかしなければと考えている父親は多い。

　以上のような全体的な状況は，私自身の子育て体験と合致している。つまり，私にはいまだに古い性別役割分業が頭に残っており，父親は外で仕事をするものだという考えがあった。当然のことながら，私は，育児は母親だけの仕事であるとは考えていないし，そのように主張する気持ちもまったくない。だが，私の生活を振り返れば，現実的には，父親の帰宅が遅くなれば，子どもにご飯を食べさせることも少なくなり，おむつをかえる回数も少なくなる。平日の帰宅後は，なかなか育児参加できず，「しつけ」も後回しになる。平日は子どもをお風呂にいれ，休日には子どもの遊び相手になる程度に落ち着く。私の例で示したような父親像ができあがる。

　では，国際的にみるとどうなるのだろうか。

　『平成18年版国民生活白書』には，日本の父親の家事・育児参加時間と欧米諸国における父親の家事・育児参加時間について比較したデータが報告されている。日本の父親が1日家事・育児に費やす時間は合計で0.48時間，そのうち

育児に費やす時間は0.25時間である。それに対し，アメリカの父親は3.26（育児1.13）時間，スウェーデンの父親は3.21（育児1.07）時間となっている。日本の父親が家事・育児に費やす時間は他国に比べれば少ない（内閣府 2006）。残念ながら，日本の父親の育児参加については，世界的な標準には及ばない結果となっている。

父親の育児参加を進めるために

　では，日本の父親の育児参加を進めるためにはどうすればよいのか。積極的に育児参加している父親の背景にはなにがあるのか。

　一例として，夫婦間のコミュニケーションが大切であるという調査報告がある（石暁・桂田 2006）。この研究では，育児期の家族において，まず父親の労働時間が長い場合，子どもの身体的な世話の頻度が少ないことが指摘され，ついで夫婦間のコミュニケーションがよいと父親は子どもの「しつけ」をしたり子どもと遊んだりする傾向があるとされている。父親が，主観的に夫婦関係がよいと感じるときに，育児参加する意欲を持つという報告もある（佐藤 2013）。短絡的だが，父親が「しつけ」に力を入れるためには，夫婦間のコミュニケーションをよくすればよいということになる。そのためには，夫婦が語り合える姿勢と物理的な時間を持たねばなるまい。その実現にも一工夫が必要だろう。

　もうひとつ，父親の育児参加は，子ども期の生育体験の違いによるという研究もある（Field 1978）。つまり，母親が第一の養育者であった場合と，父親が第一の養育者であった場合とを比べると，父親に育てられたと感じる人のほうが，積極的に育児行動を行うというものである。「育てられたように子どもは育つ」というが，育てられたように，親は子どもを育てるともいえるだろう。私のテレビの「しつけ」もそのひとつである。だが，育児体験が引き継がれると判断するのは早計であり，自分の父親は育児に積極的でなかったとしても，積極的に育児をする父親もいるはずである。一概には言えない。それでもひとつの見方として，父親の育児体験を増やすことで，時間はかかるかもしれないが，父親の育児参加が徐々に増えていくと期待できるだろう。

　さて，視点を変えて，なぜ父親の育児参加が促されるのかについても考えて

おこう。少子化対策としてさまざまな施策が実施されるなか，厚生省（当時）は，1999年に「育児をしない男を，父とは呼ばない」というキャッチコピーによって，日本の父親たちがどれほど育児に無関心であるかということを示し，父親の育児参加を促そうとした。その背後には，父親の育児参加を出生率の上昇につなげようとする政府のねらいが見え隠れする。この流れは加速している。流行語大賞をとった「イクメン」という用語を利用し，2010年より「イクメンプロジェクト」が実施され，父親の育児を後押しする制度が整いつつある。

　総じて，現代の日本社会では，仕事ばかりではなく家庭にも目をむけようというキャンペーンが行われ，労働時間を短くして，父親が家庭で育児参加をするようにという行政の支援が行われている。そうすれば母親の育児負担も軽減され，父親と子どもとの絆も保たれる。そしてそれが出生率の上昇に結びつけばなおよい。その意味でも父親の育児参加は求められているのである。

メディアに関する「しつけ」のゆくえ

　冒頭にも述べたように，父親としての私の「しつけ」は，食事中にテレビを見ないということであった。妻と協力して，メディアとの付き合いかたを教えてきた。たまたまではあるが，私の子育ての場合は，父親である私が主導した。だが，両親ともに，今後はさらにメディア関連の「しつけ」を考えなければなるまい。その点に簡単に触れておこう。

　母親がどんなときにスマホを使うのかについて興味深い結果がある。ベネッセ教育総合研究所「乳幼児の親子のメディア活用調査報告書」(2013年)によれば，「親が家事などで手をはなせないとき」「外出先での待ち時間」「移動中」に，子どもたちにスマホを使わせるというのである。乳幼児むけのアプリが増え，幼児までもが簡単に利用できるようになった。だから，子育てや「しつけ」に割くべき時間にスマホを与える。しかし，それがいいことなのかどうか。母親たちだけではなく父親も一緒に考えなければなるまい。

　親が家事で手が離せないときに子どもにスマホを見せる，これは食事中にテレビを見せないのとは正反対の行動である。子どもとのコミュニケーションの時間を奪っているようにも受け取れる。そのことについても夫婦の間で方針を

決めなければならないだろう。

　幼少期のメディアとの付き合いかたのなかで，十分配慮しなければならないのは，スマホもさることながら，テレビとビデオやDVDの視聴，そして，ゲームである。父親が子どもと一緒に見たり，ゲームに興じることで，子どもとのコミュニケーションをとることもできるだろう。だが，そういったメディアに関する一定の「しつけ」をしなければ，子どもたちが生身の人間とコミュニケーションする機会と時間を奪ってしまうことになりかねない。

　私の幼少期とくらべれば時代が激変した。昨今では，テレビに加えて，インターネット，ケータイやスマホなどの情報伝達機器の全盛時代を迎えている。冒頭に述べたわが家のテレビに関する「しつけ」の中身は多少なりとも変化し，テレビにくわえてスマホなども夕食中には使わないということが暗黙のうちのルールになりつつある。食事中にスマホをいじり始める子どもたちを，私が何度かたしなめたことが発端だった。このルールが根付いているかどうかは微妙だが，多少なりとも子どもたちは意識している。テレビに加えてスマホも使わないということになったのである。

　このルールには，食事のときぐらい目の前にいる家族との対面的なコミュニケーションを大切にしようという願いにある。それゆえに，この価値観がそのルールを通じてのちの世代までずっと伝わったとすれば，親としては多少なりとも誇らしいような気持ちにはなる。少なくとも，子どもたちが将来，自分の家庭を持つことがあれば，家族内のコミュニケーションを大切にしてほしいと願う。つまり，この「しつけ」の背景には，家族を大切にしようという私たち夫婦の価値判断が存在する。

4　ふりかえる

　親が育児や「しつけ」の担い手であることや，家族のなかで子どもが育てられていることにどのような意味があるのだろうか。家族の定義はさておくとしても，近代家族においては，その機能がどんどん家族外へと外部化されていった点について確認しておこう。

たとえば，一緒に炊事をしてともに食事をすることは家族の特徴のひとつである。だが，食事をつくるという機能は，外食産業やお惣菜に外部化されている。かつては食事をつくりともに食べることは家族の絆となる行為であったが，現代社会では，個食・孤食というように，ひとりで買って食べることもあり，食を通じた絆のあり方が薄らいでいるようにも見える。食が家族をつなぐ機能ではなくなりつつあるのかもしれない。

　くわえて，洗濯はクリーニング店にまかせることができるようになり，掃除もハウスクリーニング会社が代行する時代である。かつてなら，自分の子どもに勉強を教えていた両親も，塾や家庭教師に頼ることになる。この現象は，家族の機能が少なくなってきたことを示すとともに，家族を家族として成立させる条件が少なくなってきたということも意味する。家事労働というサービスを外部化することができるようになったことで，家族の形が変容してきている。

　しかし，家族のなかに残っている機能もある。社会学者のパーソンズは，近代化によって，多くの機能が社会のあらゆる部門によって担われていくようになり機能分化すると指摘した。そして，現代社会における家族の機能は，「成人のパーソナリティ」の安定と「子どもの基本的社会化」であると把握した。たしかに，家族をつなぎとめておくのは，最初は夫婦の絆である。だが，次に親子間の絆が家族をつなぎとめる。この場合，逆説的だが，おとなが憩う場として機能するばかりではなく，子育てをする場として機能するからこそ，家族という集団や概念が残っているともいえるのかもしれない。

　もとより，育児を家族だけに押し付ける意図はない。だが，皮肉なことに，育児という機能を果たすために家族が生き延びていると捉えることもできるだろう。だとすれば，親が育児に参加するのは，配偶者や子どもたちといった家族との絆を深め，居場所をつくり，家族を保つためなのかもしれない。もっと言えば，「しつけ」は子どものためではなく，ひょっとすると親や家族，社会のためなのかもしれない。

　最後に，母親同様，子育てによって父親が人間的に成長するということを指摘しておきたい。育児や「しつけ」は，自分の価値観の表出であり，それを子どもとともに考え直すことで，自分も成長するのである。赤ん坊は家族に育て

られながら家族を育てるというが，子どもは，親に育てられながら親を育てる。子育ては，父親の人間としての発達支援という大きな意味を持っているのである。

【キーワード】

社会規範

ある社会のなかでの法律や道徳，規則，習慣など，個々の人間の行動を拘束したり規制したりする外的・内的な要素である。社会や集団のなかで，ある事項に関して成員たちに期待されている意見，態度，行動の型でもある。広義の社会規範のなかには，慣習，伝統，流行なども含まれる。ある社会に広がる価値体系が内在化されたもので，個々人が遵守することによって顕在化する。社会規範には，当該の社会の価値や行動様式への同調行動を促す性質がある。つまり，ある人が望ましいとされている社会規範にしたがった行動をした場合，他者からの賞賛や報酬などの利益が与えられる。逆に，ふさわしくないと判断される行動をとった場合，他者から批判されたり非難されたりして不利益を被る。そのため，そうした社会規範から逸脱しないようにという強制力を生じさせ，社会化の根源的なエネルギーとなる。社会化とはこの社会規範を内面化していく過程であるとも言えるだろう。

社会化

人間は，自らが所属する社会や家庭，学校，地域，職場などの大半が身につけている外面的な行動様式ばかりではなく，価値判断や信念，態度，習俗，思考方式などの内面的な様式を身につけていく。社会化とは他者との相互作用を通じて，このように社会に適応して社会的な存在になる過程を指す。社会化は，人間が生きていく限り，一生涯を通じてどのような時期においても，またどのような場所でも行われる。とりわけ，乳幼児期においては，主として家族のなかでしつけとして行われることが多い。なお，社会化と対照的に引き合いに出されるのが，個性化（ないしは，自己実現）である。個人が独自の価値観や行動様式を獲得し，自分らしい自分になる過程が個性化の過程である。一般に，教育の目的は人格の完成にあるとされているが，他者と同じような行動様式をとるという社会化と，他者と違う行動様式をとるようになるという個性化も，相反するように見えるが，重要な教育の目的である。

しつけ

仕付け，または躾とも記す。主として家庭において，未成年の子どもに対して保護者をはじめとするおとなが，その所属する集団において望ましいとされている行

動様式や生活習慣，礼儀作法などを教えること。また，その結果として身についた行動様式や礼儀作法のこと指す。しつけの内容は，そのしつけが行われる社会に依存するが，しつけの方法は，社会のみならず歴史や文化によって大きく異なる。とりわけ，しつけをする側の人間観や子ども観によって左右される。ルソーのように，子どもは本来的に善なる存在であり，社会生活やおかれた環境，おとなによって悪いことを教え込まれなければ，自然に善良なるおとなに成長するという人間観・子ども観に立てば，しつけは温厚な方法で行われる。逆に，子どもは放置すれば悪い行いをするので，積極的に不道徳な行いを矯正しなければならないという性悪説的な立場に立てば，時として，脅しや大声，体罰も含んだ厳しい方法になる。

【ブックガイド】

広田照幸，1999，『日本人のしつけは衰退したか』講談社現代新書。
　社会学的な統計分析と教育学および教育社会学的な視点からしつけを分析した書物である。「昔のほうが，家庭でのしつけがしっかりと行われていた」という一般的な常識を覆し，現在，家庭におけるしつけが強化されていることを指摘している。新書で手軽に読めるが，一般的に常識とされていることがらとは異なった見かたがいくつも示されており，しつけを多角的に，なおかつ根底から考察する大きな手がかりとなる。

正高信男，2002，『父親力』中央公論新社。
　霊長類研究と比較行動学で培われた鋭い分析の目を子育てのなかの父親の役割にむけた書物。父性がやせ細り母子密着型育児の弊害が出ていると指摘し，父親が子どもにできることはなにかを考えることができる。子どもが社会に出て，自己表現できるようになるためには，どのような経験が必要であり，そのためには父親は何をなさなければならないかについて考える手がかりとなる。

文献

Field, Tiffany, 1978, "Interaction behaviors of primary versus secondary caretaker fathers," *Developmental Psychology*, 14 (2) : 183-184. (http://psycnet.apa.org/index.cfm?fa=buy.optionToBuy&id=1978-31589-001#search='Interaction+behaviours+of+primary+versus')

石暁玲・桂田恵美子，2006，「夫婦間コミュニケーションの視点からの育児不安の検

討——乳幼児をもつ母親を対象とした実証的研究」『母性衛生』47(1)：222-229。
内閣府，2006,『平成18年版国民生活白書——多様な可能性に挑める社会に向けて』
　　　中央調査報（646）：5704-5705。
佐藤淑子，2013,「育児期家族の生活と心理」『鎌倉女子大学紀要』20：1-10。

第3章

性別役割分業とケア労働
―― 「男らしさ」「父親らしさ」と育児 ――

阿部真大

1 けいけんする

　子どもが生まれて育児に携わってまず感じたのが，「これは本当にたいへんだ」ということだった。時間が，体力が，すべての資源が子どもに吸いとられていく。『あかちゃんのドレイ』⁽¹⁾という秀逸なタイトルの育児エッセイコミックがあるが，まさしくそのタイトル通りの日常生活が待っていたわけである。

　たとえば食事のときひとつとっても，子どもが動き回らないか気を配ってなくてはならない，子どもの食べるものを切り分けなくてはならない，野菜もちゃんと食べるように誘導しなくてはならない，等々，気が休まるときがない。お風呂やおむつ替え，遊びに関しても，食事と同様に，私の時間と体力は子どもに吸いとられていった。

　私は，核家族のひとりっ子で，独身の期間も長かったこともあり，人をケアするという経験がなく，ほとんどすべての時間を自分のために使って過ごしてきた。つまり，誰かをケアして，その人のために自分の時間を使うという経験がなかった。

　しかし，育児が生活の中心となり，仕事以外で自分のために使える時間がほとんどなくなっても，これはこれで「悪くない」，むしろ「すばらしい」と思えるようになった。本章では，その理由を探ることで，「オトコの育児」について考えたい。

2 ひろげる

映画のなかで扱われる「父親」

　まず，議論の糸口にしたいのが，『そして父になる』（2013年，是枝裕和監督）である。この映画は，子どもの取り違え事件をきっかけに変わりゆく２つの家族の親子関係を描いているのだが，本書の序章でも紹介されていることからもわかるように，現代日本における「オトコの育児」を語る上で外せない作品である。

　この映画では，ふたりの父親にスポットが当てられる。

　ひとりは，福山雅治演じる主人公の野々宮良多。彼は，仕事に対しては熱心であるが，育児にはあまり協力的ではないエリートサラリーマンである。良多は家庭に戻ると，自分の書斎にすぐにむかってしまう。つまり，良多は家庭のなかに，独身時代の生活をそのまま持ち込み，家族にはアンタッチャブルなその領域に閉じこもっている。

　もうひとりは，良多とは対照的な，リリー・フランキー演じるもう一方の家族の父親，斎木雄大である。彼は育児に協力的な昔ながらの「電気屋」の主人なのだが，雄大の生活には，良多のように家族に対してアンタッチャブルな領域がほとんどない。子どもと一緒に仕事をすることもあるし，ひとりだけの領域に閉じこもりっぱなしということもない。

　『そして父になる』というタイトルからもわかるように，この映画は，主人公の良多が雄大の家族と関わることで，徐々に，「一人前」の父親になっていく過程を描いたものである。

「一人前」になるきっかけ

　物語は，良多が，育児を通じてそれまでの「自分」を変えていく過程でもある。映画では，主に２つのきっかけを通して，それが描かれる。

　良多が変わるひとつめのきっかけは，６年間，雄大に育てられてきた血縁上の息子である琉晴（りゅうせい）が，互いに息子を交換し，新しい生活がはじまっても自分

にいつまでもなつこうとしなかったことである。琉晴の気をひくため，良多は自分の殻を破って，これまでとは違う父親，自分とは真逆の雄大のような父親になろうとする。

　映画では，良多の所有するギターの扱い方の描写を通して，彼の変化を示している。物語のはじめの方で，大事そうにデスクの横のスタンドにたてかけてあるギターは，家族には近づけない，良多のプライベートな趣味の象徴である。しかし後半，良多はそのギターを銃に見立て，「バンバン！」と言って琉晴と遊ぶのである。これは，良多が自分の殻を破る，重要なシーンである。

　もうひとつのきっかけは，ラスト近く，デジタルカメラの履歴を見ているときに，良多が育ててきた息子の慶多（両者に血縁関係はない）が，一緒に暮らしていたときに自分を撮った写真を，偶然見つけたことである。本作のクライマックスであるこのシーンで，はじめて良多は涙を流すのだが，それは，慶多と過ごしてきた六年間の愛おしさに，彼がはじめて気づいたためである。その後，彼は慶多のもとに向かい，良多から逃げる慶多を追いかけながら，再びもとの家族に戻りたいと伝え，そして，自分が父親として失格だったことを謝るのである。

　この２つのきっかけを通じて，良多は，「一人前」の父親となっていくのだが，それは，なんでも自分の思い通りにしてきたエリートである良多の価値観に照らし合わせれば，明らかに「負け」と思えるようなことであった。つまり，彼は，自分の思い通りにいかない事態に遭遇し，はじめて人（息子）に「合わせる」ということをする。しかし，私たちは，息子に振り回されながら遊んだり，息子に平謝りする良多の「ぎこちなさ」を見て，彼の「人間らしさ」を感じ，父親としての成長を見るのである。

他者を受け入れること

　良多のこの変化は，「育児」というものの本質を突いている。ケアするということは，ケアする相手に「合わせる」ことである。相手に合わせなければ，ケアすることなどできない。相手に振り回され，それでも合わせながら，ヘトヘトになる。それがケアである。

つまりケアとは，自分の生活のなかに他者を受け入れることである。それによって，「自分ひとりで考え，自分の思う通りにする」という，自分中心の生活は失われる。しかし，そのことを通して，人は「父親」になっていく。他者を受け入れることで人として成長する。『そして父になる』のメッセージは，ここにある。

「父親らしさ」と育児

ただし，それは決して，昔から「父親らしさ」の基準であったわけではないことに注意しなくてはならない。男性が育児をすること，そしてそれに喜びを見いだすことは，これまでの「父親らしさ」の基準からすると，「一人前」の父となるのに不可欠な条件ではなかった。

『そして父になる』がカンヌ映画祭で公式上映され，約10分間にわたるスタンディングオベーションが送られたことが話題になり[2]，ハリウッドでのリメイク作品の製作が検討されていることが伝えられているが[3]，この映画が欧米で受け入れられたのは，子どもに「合わせない」ことこそ，「父親らしさ」の決定的要因と考える近代主義的な文化の変容を経験した社会だからだろう[4]。それは，旧来の「父親らしさ」の再考を迫るものなのである。

映画内で旧来の「父親らしさ」を体現するのが，夏八木勲演じる良多の父，野々宮良輔である。家では威張り散らしていて家事も育児もしない典型的な「昭和のオヤジ」である良輔は，風吹ジュン演じる良多の義母，野々宮のぶ子と友好な夫婦関係を保っている。のぶ子は良輔を献身的に支える，これまた典型的な「昭和のおふくろ」である。

良多には，もうひとつの「父になる」あり方もあった。それは，自分の父親と同じく，育児にまったく関与しない父親になり，これまで通り，自分のペースで，他者を受け入れずに生きるという選択肢である。事件が起こらなければ，良多はそういう父親になっていたであろう。そして，それこそが，一，二世代前の「一人前」の父親のあり方だったのである。

そう考えると，男性の見いだす「育児の喜び」とは，実は，近年の男性が経験しにくかったものであることがわかる（近代社会以前に目をむけると，男性が育

児に積極的にかかわっていたという研究もある)[5]。本章の最初で、父親が育児することの「すばらしさ」の理由について考えたいと言ったが、その理由を教えてくれる「人生の先輩」は、そう簡単には見つからない(少なくとも、私のまわりにはいない)。父親の「育児の喜び」とは、いまだ知られることのない、未知の領域に属するものなのである。

3 かんがえる

女性とケア

「ケアすることの喜び」とはなにか。そのヒントを、近代以降それを主に担ってきた女性から教えてもらおう。

本谷有希子作・演出の戯曲、『来来来来来(らいらいらいらいらい)』(2009年)は、「女の幸せ」とケアの問題を真正面から扱った作品である。この作品を通して、本谷は女性にとっての「ケアすること」の持つ意味を、徹底的に追求する。

『来来来来来』は、田舎のある集落の家に嫁いだりょう演じる主人公の蓉子が、夫に逃げられ、姑にこき使われ、小姑にいびられながらも、必死でその状況をサバイブしていく様子を描くブラックコメディなのだが、この作品は登場人物がすべて女性で、彼女たちは、全員が男性の世話をしつつも、なんらかのかたちで男性に搾取されている。

たとえば、松永玲子演じる小姑の千鶴子は、夫のDV(ドメスティック・バイオレンス)を日常的に受けているし、吉本菜穂子演じる集落の住民であるヒロ子は、「誰とでも寝る」女として知られている(彼女は明らかにセックスワーカーのメタファーとして描かれている)。また、同様に羽鳥名美子演じる集落の住民であるアキは、夫に逃げられ、義理の父親の面倒を見ながら生活しているし(彼女はケアワーカーのメタファーである)、木野花演じる姑の光代にしても、尽くしてきた夫から受けたひどい仕打ちがいまの歪んだ性格を生んだとされている。

本谷は、彼女らを描くことで、家父長的なこの社会の不条理さを描くとともに、そうしてしか、自らの承認欲求を満たすことの出来ない女性の悲しみも同時に描く。この作品の根底にあるのは、女性に「母性的」であることを強いる

社会への，本谷の強い怒りである。

ケアすることと承認されること

しかし，本谷は，本作で，彼女らが「母性」を捨てる，つまりケアすることをやめることで解放され，幸せを手に入れるというラストを用意していない（こうしたかたちで解放されるのは，中盤で，自らが半身不随になることでケア役割から降り，自由を手に入れたことに驚喜する小姑の千鶴子であるが，こうした彼女の姿勢については，好意的に描かれることはない）。本作のラストで，主人公の蓉子は，集会で村の男たちに毒を盛って，全員が腹痛でもだえる隙に，姑の光代とふたりで「駆け落ち」する。きっかけは，車いす生活で認知症となった光代が，それまでの蓉子に対する敵意を捨て，蓉子の頭を撫で，感謝の意をあらわしたためである。蓉子は，これまで人に感謝されたことなどなかったと涙を流し，これがあれば生きていけると，ふたりだけで逃げることを決意するのである。

つまり，本谷は，「女性の幸せ」と「人をケアすること」を切り離しはしなかった（ケアすることをやめることで幸せになる千鶴子は，友人たちに「男前」と言われる。つまり，「男になった女」として描かれる）。しかし同時に，女性は（しばしば誤解されるように）ケアをするだけで幸せというわけではなく，それが承認されてはじめて，本当の幸せと結びつくということを訴えているのである。そのメッセージの裏には，女性のケアを正当に評価せず，当たり前のことのように受けとめている「男社会」への強烈な怒りが込められている（だから，この作品では，最後に，男は全員いなくなる）[6]。

すべての人がケア役割から解放され，「男」のようになることではなく，女性が担ってきたケア役割を正当に評価せよという『来来来来来』の主張は，ケア役割の重要性の認知と固定的な性役割の流動化を求めてきた第2波フェミニズムのDNAを正しく受け継ぐものである。「ケアすることの喜び」[7]を考える際に，それが，「(男性によって)評価されてこなかった」という歴史を無視して考えることはできない。

イクメンは「孤独」ではない？

　こうした事情を踏まえると，往々にして妻によって評価されている「オトコの育児」は，「ケアすることの喜び」を感じやすいものであると言えるだろう。『そして父になる』が『来来来来来』と比較して「ぬるく」，「お気楽に」感じられるのは，その点である。事実，良多の育児は，はじめから尾野真千子演じる良多の妻，野々宮みどりによって評価されている（映画では，育児に携わるようになった良多を微笑みながら見つめるみどりの姿が繰り返し映される）。彼の育児は，みどりや蓉子とは異なり，誰にも感謝されない「孤独な戦い」ではないのである。

「同性からの評価」という問題

　しかし，「イクメン」にも悩みがないわけではない。むしろ男性の場合，問題となるのは異性からの評価ではなく，同性からの評価である。1995年に刊行された『男性学』という本のなかで，上野千鶴子は次のように述べている。

　　家事・育児する男たちは，「女にやさしいフェミニスト」や「女房の尻に敷かれた男」ではない。かれらは必要に迫られ，または妻に強要され，あるいは自分の意思から育児にかかわるが，そこでかれらは家事という「際限のない仕事」の負担を背負うばかりではなく，家事や育児が，直接に人間の生や暮らしにかかわる豊かな営みであることを発見する。だが同時に，シャドウワークを引き受けることで，かれらは女と同じように「二流の労働者」に転落する。「男らしさ」の性別規範から逸脱したかれらには，社会からの制裁が待っている。（上野 1995：2）

　「イクメン」にとって，ケアする喜びを享受するために，戦うべきは「男社会」である。しかしそれが，自分とは異なる異性ではなく，同性であるという点が，女性と異なる点である。
　この点こそ，1979年のアメリカ映画，『クレイマー，クレイマー』（ロバート・ベントン監督）においてはっきりと描かれていたことである。

『そして父になる』では，國村準演じる良多の上司にあたる上山一至は，基本的には理解のある上司として描かれる。良多は，家庭と仕事の両立に悩むことなく，むしろ上山は良多の仕事のしすぎを諌め，良多の育児参加を促す。

しかし，『クレイマー，クレイマー』では，そうはいかない。ダスティン・ホフマン演じる主人公のテッド・クレイマーは，メリル・ストリープ演じる妻のジョアンナ・クレイマーが家出し，自分だけで育児をしなくてはならなくなると，その分，仕事に費やす時間が少なくなって上司から疎んじられ，最後には解雇されてしまう。『クレイマー，クレイマー』は，『そして父になる』より34年も前の映画であるが，それがいまもリアリティを持っているのは，「イクメン」に対する「男社会」の厳しさが，その頃とあまり変わっていないことのあらわれかもしれない。

多くの男性は，良多のように妻からも感謝され，会社でも評価されるような「いいとこ取り」など期待できない。同性からの評価を犠牲にしつつ，異性（配偶者）からの感謝に支えられながら，育児の喜びを享受するのである。それは，異性からの支援があるという点で「オンナの育児」のように「孤独」なものとなることは少ないが，同性から見放される可能性が高いという点で，「オンナの育児」とは異なる，「オトコの育児」特有の困難も抱えていると言えるだろう。

4　ふりかえる

本章では，育児というものが「他者を受け入れる」ことだということ，しかしそれは他者からの評価を得てはじめて本当の「幸せ」につながること，男性の育児に関しては，「男社会」での評価を犠牲にせざるをえないことを確認してきた。

実体験をふりかえって

このことは，私の実際の体験とも符合する。

本章のはじめで，私はひとりっ子で独身生活も長く，人をケアするという経

験があまりなかったと述べたのだが，育児をはじめて人のケアをするようになり，最初に抵抗があったのは，やはり他者を生活のなかに受け入れることだった。私生活のすべてが子ども中心となり，それに振りまわされることとなったのである。

しかし，そうした生活が「すばらしい」と思えるようになったのは，もちろん第一には子どもが可愛いからだったのだが（この点は「オンナの育児」も同じだろう），それにくわえて，妻からの評価と，互いに子育てに励んでいるという連帯感があったからだと思う。つまり，私の育児ははじめから評価されていたのである。その意味で，多くの女性が感じたであろう（そして，育児の喜びを削ぐことになったであろう）「育児の孤独」を，私は経験しなかった。

しかし，その代わりに，仕事面における私の評価は，下降線をたどらざるをえなかった。独身時代，絶え間ないアウトプットを続けてきた私の仕事の量は，育児をはじめることで明らかに減った。私は育児に携わることで，「二流の労働者」となり，同時に，日本社会における「一流の労働者」がいかにケア役割を免除された存在であるかを思い知らされたのである。

「男らしさ」の解体

最後に，これからの「イクメン」のむかう先について考察したい。

「イクメン」は，私がそうであるように，これからも当分は，家庭では感謝されつつも，「男社会」では「二流の労働者」とみなされるかもしれない。しかし，「男社会」に属していることを逆手にとって，その社会での「常識」を少しずつでも変えていくことができるかもしれない。それは，性別役割分業に支えられた「父親らしさ」を解体していくという方向である。

性別役割分業に対する人々の意識に関する統計的なデータを見てみよう。「夫は外で働き，妻は家庭を守るべきである」という考え方に対して，1978年には，賛成（「賛成」と「どちらかといえば賛成」を足し合わせたもの）が72.6%だったのに対し，2007年には44.8%にまで減少している[8]（**図3-1**）。いまだに男性の方に反対の意識は根強いとはいえ，「イクメン」への理解は徐々に広がっていることがわかる。

第Ⅰ部　夫婦における〈オトコの育児〉

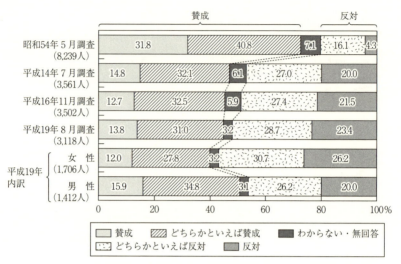

図3-1 「夫は外で働き，妻は家庭を守るべきである」という考え方の経年変化
出所：『男女共同参画ハンドブック』（男女共同参画推進連携会議）

長引く労働時間と深まる溝

　しかし，皮肉にも，このことが，職場における「イクメン」と「非イクメン」との間の溝を深めてしまっている。最後に，今後重要な問題となるであろうこの点について確認しておこう。

　時代の変化により，子どものいる男性は昔のように家庭でなにもしないわけにはいかず，妻に「イクメン」であることを求められることが多くなった。そうなると，育児に携わりたくない「非イクメン」は，以前より，なにもしないでは家にいづらくなる。「できれば家に帰りたくない」と思う男性もいるだろう。彼らは育児ではない，家族の中での「大黒柱」としての自らの役割を誇示するかのように職場に留まり続け，仕事に没頭する。家にいる時間は短くなり，妻との溝はいよいよ深まっていく。社会が「非イクメン」に育児への協力を求めるようになればなるほど，彼らは家庭から離れ，労働時間を延ばし続けるのである。

　このことは，「非イクメン」とその妻との間の溝を深めるだけではない。同

じ職場の「非イクメン」と「イクメン」の間の溝をも深めることにもなる。労働時間の短縮や育児休業の取得に関して,「非イクメン」と「イクメン」の間の意見に大きな隔たりが生じることは想像しやすい。一方は家に帰りたい。一方は家に帰りたくない。真逆のモティベーションで分断される職場で両者が連帯することは難しい。いわゆる「パタハラ」(パタニティ・ハラスメント)は,世代間の価値観の違いのみが要因なのではなく,同世代の男性の分断も大きな要因のひとつなのである。(9)

分断から対話へ

しかし,価値観の違いによる同性間の分断という問題は,女性たちが長年,苦しめられてきた問題でもあり,実は目新しいものではない。有名な「主婦論争」を持ち出すまでもなく,働く女と働かない女の間の分断は,女性の社会進出が進めば進むほど深まっていったのである。

ただし,それは同時に,両者の間の「対話」の歴史でもあった。そして,その「対話」の上に,女性の社会進出は進んでいった。男性に関しては,「イクメン」と「非イクメン」の間の「対話」はまだ始まったばかりである。しかし,その「対話」の先に,〈オトコの育児〉を当たり前のこととするような,新しい社会が待っていると信じたい。

注

(1) 大久保ヒロミ著,講談社,全6巻
(2) 「福山雅治,カンヌで男泣き!『そして父になる』に約10分間拍手」(『シネマトゥデイ』2013年5月19日)http://www.cinematoday.jp/page/N0053106(最終アクセス日 2016年3月24日)
(3) 「ハリウッド版『そして父になる』主演にクリスチャン・ベイルを希望!」(『シネマトゥデイ』2014年3月25日)http://www.cinematoday.jp/page/N0061192(最終アクセス日 2016年3月24日)
(4) 父親の自我の強さが,子どもたちの前に,思い通りにならない「社会」として立ちはだかり,それを乗り越える(「父親殺し」)ことが子どもの成長につながるとするフロイトの理論は,まさしく,こうした近代的な「男らしさ」を前提としている。

(5) 江戸時代の「オトコの育児」について扱った太田（1994）等がある。
(6) こうした本谷の立場は，アメリカの哲学者，エヴァ・フェダー・キテイ（Eva Fedar Kittay）に近い。キテイはその名も『愛の労働あるいは依存とケアの正義論』というタイトルの本の中で，次のように論じている。

　　依存労働がその他の多くの労働と比べてより重要であると主張することと，依存労働は抑圧的なものになり得るため誰かに不正に押し付けるべきではないと主張することとは，必ずしも矛盾するわけではない。（Kittay 1998 = 2010 : 218）

　依存労働＝ケア労働が女性に不平等に割り当てられていることとケア労働が重要ではないと考えることはまったく別である。
(7) 上野千鶴子は，第1波フェミニズムと第2波フェミニズムの違いを以下のように述べている。

　　近代の完成をもとめた第一波フェミニストたちが「女であるまえに人間でありたい」と主張したのに対して，第二波フェミニストたちは「おんな」が「おんな」のままで解放されることを求めて，近代の人間＝男性中心主義を衝いた。（上野 2011 : 5）

(8) 『男女共同参画ハンドブック』は内閣府男女共同参画局のホームページよりダウンロードした（http://www.gender.go.jp/kaigi/renkei/handbook/index.html，最終アクセス日 2016年3月24日）。
(9) パタニティとは父性のこと。渥美（2013）はパタニティ・ハラスメントを「男性社員が育児休業を取ったり，育児のための短時間勤務やフレックス勤務をしたりすることを妨げる行為」としている。

【キーワード】
性別役割分業
　「男は外で働き，女は家庭を守る」という分業のこと。伝統的な価値観と思われがちだが，それを丹念な歴史研究に基づいて近代的なものであることを指摘したのが近代家族論である。こうした知見に基づき，落合恵美子は，「男は公共領域・女は家内領域という性別分業」を，近代家族のひとつの要件とした（落合 1989）。さらにそれは，「家」規範に基づくものなのか「愛情」に基づくものなのかによって

も分けられる。「家」規範に基づく性別役割分業は直系家族を前提としており、女性の労働に老親扶養，介護や「家」の行事等も含むのに対し，「愛情」に基づく性別役割分業は核家族を前提としており，こうした労働は含まない。育児に関して言えば，近代家族を形成する動機において「家」規範の占める割合が減り「愛情」の占める割合が増えるにつれて，「家」を根拠にした親の権威は弱まり，いわゆる「友達親子」化が進んでいった。しかし，このことは一方で「イクメン」の登場の下地をつくったとも言える。

ケア労働

「生産労働」とは，GDP にあらわれるような金銭的な対価を生じさせる労働のことを指すが，世の中のすべての人が生産労働者となって朝から晩まで働いていたとしたら，誰がその労働者の世話を見るのだろうか。または，労働者になる前の子どもたちの，生産労働から退いた高齢者たちの世話を誰が見るのだろうか。彼らを世話する＝ケアする労働こそ「再生産労働」と呼ばれる労働で，社会は生産労働と再生産労働の両者があってはじめて持続可能なものとなる（すべての人が生産労働にのみ従事するような社会は，一世代で終わってしまうだろう）。フェミニズムとは，生産労働を男性が担い，再生産労働を女性が担うという性別役割分業に対して，「影」に置かれ，無償化されてきた再生産労働を担う女性たちによる異議申し立て運動である。

【ブックガイド】

天野正子ほか編，2009，『新編　日本のフェミニズム12　男性学』岩波書店。
　男性学に関する歴史的に重要な論文（エッセイを含む）を再録した論文集であり，日本における男性学の歩みをコンパクトに理解することができる。私がこの本の旧版（1995年発行）とはじめて出会ったのは，大学３年生のときだったのだが，いまあらためて読むと，恋愛やセクシュアリティを扱った論考より，家事や育児，仕事を扱った論考が心に響く，年齢に応じて多様な読み方ができる本である。新編には伊藤公雄の解説をはじめ，追加論文も多数収録。

春日キスヨ，2010，『変わる家族と介護』講談社現代新書。
　本書は「オトコの育児」を扱ったものであるが，同じケア労働である介護も，長らく女性によって担われていたもので，「オトコの介護」もまた，旧来の「男らしさ」を揺るがすものである。上記は日本の高齢者介護研究の第一人者による新書である。第２章「介護を担うシングル息子の孤立と孤独」では，息子による老

第Ⅰ部　夫婦における〈オトコの育児〉

> 親の介護の問題が，第5章「夫が妻を介護するとき」では，夫による妻の介護の問題が論じられている。

文献

渥美由喜，2013,「男性の育休取得が激減…背景に『パタハラ』」2013年8月5日，日本経済新聞，電子版（http://www.nikkei.com/article/DGXNASFK3100C_R30C13A7000000/，最終アクセス日　2016年3月24日）

Kittay, Eva Feder, 1998, *Love's Labor: Essays on Women, Equality, and Dependency (Thinking Gender)*, Routledge.（＝2010，岡野八代・牟田和恵監訳,『愛の労働あるいは依存とケアの正義論』白澤社。）

落合恵美子，1989,『近代家族とフェミニズム』剄草書房。

太田素子，1994,『江戸の親子　父親が子どもを育てた時代』中公新書。

上野千鶴子，1995,「Ⅳ　家事・育児する男たち　解説」天野正子ほか編『日本のフェミニズム12　男性学』岩波書店。

上野千鶴子，2011,『不惑のフェミニズム』岩波現代文庫。

第4章

夫婦のコミュニケーションとレスパイト
―「さわれないもの」の意味―

山田　容

1　けいけんする

「3つの単語」（富岡多恵子）という詩がある[(1)]。

　　わたし／あなた／「わたしたち」
　　「わたしたち」は／わたしとあなたに還元できない
　　だから／わたし／あなた／「わたしたち」
　　（略）
　　わたし／あなた／お互いに口から手をつっこむ／咽喉にさわる／気管にさわる／肺臓にさわる／心臓にさわる（略）
　　抽象名詞のさまざまなものにさわる
　　どうしてもさわれないもの
　　それは　あなた／それは　わたし

　ある小説の中で紹介されていたこの詩に触れたのは，私がまだ独身の20代半ばの頃だった。還元できないのに，さわれないものがあるという関係。そのときにはつかめなかった感覚が，30年の歳月を経て，さらに結婚後20数年の時を重ねたいまなら少しはわかるような気がする。
　結婚後，私たち夫婦にはいくつもの乗り越えるべき事態があった。私の失業と職探し，いくたびかの転居と新しい生活への適応，ときたまの経済的苦境，

そしてなにより育児である。子どもの誕生とともに私たちは親になったのだが，当然のことながら新米の親であり，保育園や学校をめぐる問題，子どものケガや病気は，そのつど私たちをとまどわせ，判断を迷わせた。子どもが長じて発症した難病は，夫婦の深い苦悩となり，小康を得ているいまも心配の種は尽きない。私は児童福祉や子ども論を学んできたが，それらが役立つことはあったものの育児で試されたのは知識ではなく，私たちはできることを模索しながらなんとか対処してきた。とくに現実を受け止めていく術をそれぞれに身につけたことは，夫婦関係の幅を広げていく要因となった。また，子どもの存在を通して社会との接点や関心は広がっていき，子育ては，親も成長させていくことを実感している。

私たち夫婦は，多くの時間と体験を共有しながらも，子どもの成長に連れて，仕事や趣味などそれぞれに個別の経験も積み重ねてきた。個別の世界があることで，関係における直面的緊張が緩和されるだけでなく，会話に多様な視点や情報が持ち込まれ話題を広げている。

子どもをめぐる話題が主要なテーマであった私たちのコミュニケーションは，それぞれの「さわれないもの」に気づかされながら，私たちの関係を作り，それによってまたコミュニケーションのあり方も変化していった。

この章は夫婦のコミュニケーションとレスパイトについて述べるが，夫婦のあり方は千差万別であり，とても一般化できない。だが後に述べるように育児期は多くの夫婦にとって関係の転機といえる時期であり，多くに共通するコミュニケーションの課題がある。レスパイトについては，コミュニケーションのあり方から導かれるものとして触れる。

2　ひろげる

夫婦関係の危機

ヘレン・フィッシャー（Helen E. Fisher）によれば，多くの社会で離婚のピークは結婚から4年である（Fisher 1992 = 1993: 107）。日本においても2008年度（平成20）の段階で結婚から5年未満の離婚は約34％であり，他の5年区分

に比して最も高い（厚労省 平成21年度「離婚に関する統計」の概況 2011）。フィッシャーはこの理由について，人類の種としての繁殖戦略として多様な遺伝子を残せるように，「人の一対一の絆も，もともとは扶養を必要とする子供ひとりを育てる期間だけ，つまり次の子供をはらまないかぎり，最初の４年だけ続くように進化した」（Fisher 1992＝1993：147）と推測している。

　初めての子どもを出産後の夫婦の愛情変化はフィッシャーの説と符合するかのように推移する。妊娠期の「配偶者を本当に愛している実感」は，夫と妻ともに74.3％（同数）であるのに，子どもが０歳，１歳，２歳と成長するにつれて，夫から妻への「実感」は，63.9％，54.2％，51.7％と低下していき，妻から夫へはより著しく，45.5％，36.8％，34.0％と下がっていく（ベネッセ次世代育成研究所「第１回妊娠出産子育て基本調査・フォローアップ調査（妊娠期～２歳児期）」2011。ただしこの推移には次子の誕生が反映されていないためフィッシャーの説の裏付けにはならない）。

　フィッシャーの説の真偽はともかく，離婚の多くが平均的な第１子の誕生期から育児に手間のかかる乳幼児期に重なることには着目すべきだろう。さらに愛情低下だけでなく，裁判所に審判や調停を求める離婚申立も女性からの方が多いこと，結婚の満足度もまた妻の方が低いことから，この時期のストレスは妻（母親）の側により強いことがわかる。

　この産後に訪れる夫婦関係の危機をNHK記者の内田明香らは「産後クライシス」（内田・坪井 2013）と名付け，報道，書籍を通して世に問うたところ，出産・育児に苦悩している母親から大きな反響があった。この番組は2011年度のNHKニュースサイトアクセス数では災害関係を除くとトップであったとのことであり，一定層からは強い賛同を得ていることは確かである。この危機が生じる原因として，内田らは，子育て環境や母親のコミュニケーション力の低下による育児の孤立化，出産にともなう母親の①身体的危機，②精神的危機，③社会的危機が父親に理解されていない上に父親の育児参加度が乏しいことをあげている（内田・坪井 2013：97-100, 52-71）。

　この指摘のように，育児期の夫婦間問題への論調は，母親の育児負担の重さとそれに対する父親の無理解が根強い男性の固定的ジェンダー観への批判とと

もに語られ，その反論もしくは弁明として長時間労働の実態や徐々に進む男性の育児参加傾向を示すといった構成がよくみられる。

追いつめられる男性

たしかにこのような要因，構造は存在しているだろうし，概して父親（男性）は反省と変化が必要なのはいうまでもない。だが，一方でこのような批判に応えようとして「イクメン」をがんばり，追い詰められる男性の実態も報告されている（奥田 2015：58-98）。また裁判所に離婚を申し立てる際の理由は，「性格が合わない」が男性63.5%，女性44.4%と，男女ともに1位となり（平成25年度最高裁判所「司法統計年報」2013），男性もまた夫婦関係に情緒的葛藤を抱えていることがわかる。

贖罪的な「イクメン」であったとしても，それは父親の誠意や努力の現れでもあるのだが，より無理のない育児の協働はどのようなコミュニケーションによって作り出されるのだろう。

3　かんがえる

コミュニケーションとミス・コミュニケーション

まずコミュニケーションという行為そのものについて整理してみる。コミュニケーションとは，図4-1にあるように，なんらかの伝えたいこと（メッセージ）を，送り手が言語，非言語などの記号に変え，音声や文字などさまざまな媒体を通して発信し，受け手がそれを受信，解読する過程である。

メッセージは事実関係などの客観情報と，感情・意向などの主観情報に大別できるが，意味内容を明確に伝えるのは言語であり，抽象度の高い情緒的な側面は非言語に込められて発信されることが多い。

受け手は，メッセージ内容や送り手との関係性，場の状況などを判断して，自身の言動を選択し反応する。受け手がなんらかの反応（反応しないという反応も含め）を選択した時点で今度はメッセージの送り手となり，発信と受信は繰り返されていく。すなわちコミュニケーションは相互作用であって，相互の反

第4章　夫婦のコミュニケーションとレスパイト

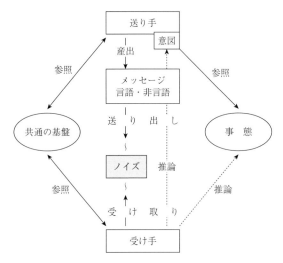

図4-1　コミュニケーションのモデル
出所：岡本編（2011）より筆者作成。

応が次の反応の刺激となり，以降のメッセージ内容やコミュニケーションの展開に影響する。

　コミュニケーション過程においては，必ずと言っていいほどさまざまな要因によってなんらかのミスがうまれる。コミュニケーションにおけるミスは，単なるメッセージ伝達の不調にとどまらず，多くの場合なんらかの情緒的葛藤をもたらす。この状態を指すのにコミュニケーション不全，あるいは最近ではディスコミュニケーションという和製英語もよく用いられる。しかしこれらは明確に定義されている用語ではないので，本章では情緒的葛藤を起こしうるコミュニケーションの不調をミス・コミュニケーションとよぶこととする。

　ミス・コミュニケーションの原因としては，まずは送り手の記号化の問題（誤った言葉やあいまいな表現，言語と非言語が同時に異なる意味を持つダブルメッセージなど），発信時のトラブル（声が小さい，部屋がうるさいなど），そして受け手の解釈の特性など，ノイズと呼ばれる各種の阻害要因がある。

　さらに両者の関係性や事態の経緯，価値観や経験などからなる文脈が大きく影響する。あるテーマに対しそれぞれが否定，肯定の見解をもって話している

場合，とくに互いの文脈に気付かないままであるときは，同じ話をしているようでかみ合わない。メッセージはそれぞれの文脈に沿った解釈や取捨がなされ，それにより互いの文脈が強化されていく傾向があり，いったんズレが生じるとその修正は容易ではない。

　図にある「共通の基盤」もひとつの要因である。これには話題となる事態への体験や知識の共有などの他，メッセージの記号化や交換に関する文化的，社会的な認識の共有も含まれる。社会や集団には明文化はされていないが期待される作法や儀礼，そして承認される表現コードが存在しており，異文化間，世代間のコミュニケーションが難しいのは，これらの共有が乏しいためでもある。

　日本社会は価値や振る舞いなどの共有度が高いハイコンテクスト文化といわれる。同時にコミュニケーションにおいて他者への配慮が重視されるために，婉曲な言い回しや非言語でのメッセージ表出が多用され，受け手には「汲み取る力」が求められる。とくに非言語に込められた情動的メッセージの伝達は受け手の感度によって変化するが，一般に女性の方が繊細な表現形態をとり，女性間では成立するメッセージ交換が男女間では難しいといわれる。

　また，男性は自身の知識，技術，情報を相手に見せる（report）ことで自分のポジションを保持しようとするのに対して，女性は，相手と共有される経験や感情を話題にし，親密さを作りだそうとする（rapport）傾向がある（東 2009：86）。このレポートトーク（report talk）とラポートトーク（rapport talk）は，男女間の会話における齟齬をもたらす要因でもある。

　このように適切にメッセージを伝え合うことはいかなる関係においても難しく，ましてや異性である夫婦間では，後に述べる要因も含め，ミス・コミュニケーションが生じるのは当然のことといえる。

　コミュニケーションは関係性の中で成立するのであり，一方だけの問題に還元できない。したがって夫婦のミス・コミュニケーションにおいても，双方に要因があるといえるのだが，結婚や出産にともなう変化や新たな負担はとくに女性の側に強くのしかかるため，夫にはそれらを考慮したコミュニケーションのあり方を探る必要性があるといえよう。

夫婦の関係性とコミュニケーション

　上記を踏まえ，夫婦のコミュニケーションの基盤となる夫婦関係の特質について結婚をめぐる諸要素から考えてみよう。

　独身者を対象にした「結婚に求めるもの」についての調査では，女性の1位，男性の2位が「精神的な安らぎを得られる」である（ちなみに男性の1位は「自分の家族や子どもがもてる」。国立社会保障・人口問題研究所「第14回出生動向基本調査（結婚と出産に関する全国調査）」2010）。また別の調査では「家族としての絆がえられる」「好きな人と一緒にいられる」「精神的安らぎを得られる」が男女ともに上から3位を占めている（ブライダル総研「結婚総合意識調査　2014」）。さらに「結婚相手の条件として考慮・重視する」こととしては，男女ともにほぼ100％が「人柄」を選択している（同調査）。一方で離婚理由では「性格の不一致」が最多であることはすでに見た通りである。これらの要件は実際の結婚動機として重要な要因になっていると考えられ，すなわち現代の結婚は，人格を評価した相手との情緒的充足を求める「選択された絆」（山田 2001：6）としての性質がある。

　結婚や離婚の背景には，経済状況など多様な要因があるにせよ，今日の夫婦関係の紐帯として情緒性や人格が重視されていることは，夫婦のコミュニケーションを考える上で重要なポイントである。

親密性のためのコミュニケーション

　夫婦のコミュニケーションの基本目的のひとつは親密性の維持にあるといえるだろう。

　日本における結婚の主流は恋愛結婚であり，その割合は約90％を越えている（国立社会保障・人口問題研究所「第14回出生動向基本調査　結婚と出産に関する全国調査夫婦調査」2011）。すなわちほとんどの夫婦が恋愛期を経て結婚しているのであり，恋愛期における関係性を基盤に結婚生活はスタートする。

　恋愛期間は，基本的にロマンスを基調に相互の距離を縮めようとする同調的文脈によるコミュニケーションがなされる。恋愛の延長線上に位置づけられる結婚後も夫婦間の「コミュニケーションやセクシャリティーに基づく親密性」

（山田 2001：17）が追求されることとなり，結婚の主要な目的でもある情緒的充足を求め，親密性の維持が夫婦のコミュニケーションの重要なテーマとなる。

ところが親密性を維持するためのコミュニケーションでは，コミュニケーションそのものが親密性の評価基準となり，コミュニケーションにおけるメッセージ交換は愛情の尺度として解釈され，他の関係においては看過できる言動にも厳しい目が注がれる。とくに妻が専業主婦の場合は，夫との関係がより大きな意味を持つこととなり，夫の言動への関心は高くなる。双方が求める親密度に差があれば，コミュニケーションをめぐる文脈のずれがうまれ，恋愛期に育まれた「わかりあえている」，「わかってくれる」という期待は，現実との落差によって失望や怒りなどの負の感情をもたらし，人格の再評価にもつながる（cf. 飛田 2011）。

夫婦のコミュニケーションには人を傷つけ，支配する手段としての側面もある。信田さよ子が不均衡な力関係にある家族におけるコミュニケーションの抑圧性を懸念するように（信田 2013：53-55），夫婦は，暴力や感情による支配と被支配，あるいは共依存が生じやすい関係である。夫婦は距離が近いゆえに他者とは結び得ない絆を深めるが，近さゆえに深く傷つけ合う関係でもあって，これを「親密さのパラドックス」（中釜 2006：60）といってもいいだろう。

課題解決のためのコミュニケーション

もうひとつの重要な夫婦のコミュニケーションの目的として，課題解決があげられる。

結婚とは，生計や生活，それにともなう家事，育児などをともにする家族の構成者になっていくということでもあり，夫婦間では，互いの育ちの中で形作られた価値や方法を調整しながら，生活習慣，金銭感覚，そして家事などの役割分担について新たな家族としてのスタイルをつくらなければならない。

さらに結婚後はそれぞれの実家，近隣，場合によっては互いの職場，出産後は子どもを預ける園および他児の保護者などと新たな関係を結ぶ。「私たちの」関係は，「私たちだけの」関係ではなくなり，新たな関係における立場によって責務や社交といった課題をこなすことが求められる。つまり夫婦には調整，決定し，遂行する課題が数多くあるのであり，「私たちで」現実的課題に向か

い合う必要に迫られる。
　こうして夫婦間では，親密性維持のためだけではなく，課題解決のためのコミュニケーションが増えていくのだが，この２つのコミュニケーションは不可分であり相乗的に重なり合う。
　課題解決のためのコミュニケーションは，調和にむけての契機となる反面，夫婦の差異を明確にし，双方または一方に変化やなんらかの負担を負わせるため葛藤をはらむ一面があり，先に述べたようにコミュニケーションそのものが親密度の評価過程であるため，いずれかの主題に問題が生じれば他方にも影響し，親密性の確認と課題解決の双方を不調にさせる。

育児期のミス・コミュニケーション
　育児には育児分担や教育方針など夫婦で検討すべき課題は多く，課題解決のためのコミュニケーションがいっそう求められるが，「産後クライシス」が物語るように親密性の維持に影響するミス・コミュニケーションもまたおこりやすい時期である。
　育児をめぐる母親の負担については他章でもふれられているが，近年では父親の育児参加意識は高まりを見せてはいるものの，実際の育児参加は時間的育児といわれるおむつ替え，入浴，遊びなどにとどまり，食材の選択，保育所入所など，判断や管理，調整などからなるマネジメント育児にはあまり関与していない（杉本 2009：71）。すなわち育児の質を決める判断の多くは母親に負わされているのであり，重い責務をひとりで抱える状況は焦燥や孤立感，あるいはストレス回避の行動を招きかねない。子どもは弱き存在でありながら，またそれゆえに母親を精神的にも身体的にも，そして社会的な意味でも拘束する。この状況に主体としての存在感が脅かされると感じる母親がいても不思議ではないだろう。ちなみに児童虐待の加虐者の５割以上が実母であり，これは母親に多くの育児が負わされている証左でもある。
　さらに母親からすればわずかな育児貢献を手柄のように強調する傾向がある父親は「イクメン」として評価されるのに対し，母親は育児の不足を批判されることが多く，これもまた根底的なストレス要因である。産後うつや産後ケア

など男性には実感しにくい負担も含め、育児に関する不均衡を母親がやむを得ない現実として受け止めているとしても、父親にはその差を埋めようとする努力や配慮、あるいは感謝や情緒的ケアを求めるだろう。ただこのような心情は、必ずしも父親にそれとわかるかたちで明示されるわけではない。一般に女性は感情表現が男性に比べて豊富だが、父親（夫）への気遣い、あるいは双方の親族からの期待や抑圧によって率直に伝えられない場合もあれば、自身への愛情を推し量るべく言語化の前の段階で気づきを求める心理もあるだろう。仮に態度や表情など非言語にはこれらの想いが表出されていても、一般に父親（男性）は、これらのサインを敏感に察することが難しい。こうして秘めた感情に気づかれない時間が長いほど父親への不満が積もり、言語化される時点では抑えられた分だけ強い感情をともなうこととなる。

　しかし、おそらく怒りを示したいだけではなく、多くの母親はむしろ現実に立ち向かうべく、改善を図りたいと願っているのだろう。そのためにも父親に自らの感情への関心と受容を求め、承認や評価によってエネルギーの補填や回復を図りたいという意図があるといえよう。

　しかし父親は、母親の感情表出にとまどい回避的で従属的スタンスをとる、または対抗的に怒りをだすこともある。そして職場では通用するロジカルな論理構成での応答は、情緒的側面を軽視、排除しがちであって、かえってミス・コミュニケーションを拡大させる。育児期の危機の根底には、育児そのものと育児をめぐるコミュニケーションの双方に母親の主体的尊厳を傷つける働きがあるのではないだろうか。

成長する夫婦関係とポジティブな反応

　ただしこのような葛藤の時期を経ても、実際に離婚にいたるケースは少なく、2010年において有配偶者離婚率は6％未満である（国立社会保障・人口問題研究所2012年版「人口統計資料集」）。すなわち圧倒的多数の夫婦が婚姻関係を持続しているのであるが、必ずしもすべての夫婦が安定した円滑な関係を築いているわけではなく、たとえば、いさかいが継続していたり、摩擦を避けるための双方または一方の忍従や回避、さらには家庭外に情緒的欲求を満たす関係形成が

第4章　夫婦のコミュニケーションとレスパイト

なされていることも考えられる。これらもまた夫婦のかたちではあるが，情緒的充足を得られるあり方ではないだろう。

ところで，夫婦関係は成長すると言われる。夫婦関係の成長については中釜の紹介する，ディムとグレン（Barry Dym and Michael Lyon Glenn）の「拡大・保証」-「縮小・背信」-「和解」というカップルの関係循環モデルが参考になる（中釜 2006：58, Dym and Glenn 1993）。この循環過程が示すのは，「縮小・背信」後の「和解」の重要性である。夫婦関係に葛藤は避けられないが，その葛藤を越える段階を経て，互いの欠点や弱点，プライドのありかがわかるようになり，互いを刺激する言動への自制が働き，支えるべきポイントなどが理解され，「和解」にいたる段階ではより安定的な関係性がつくられると考えられる。では夫婦の和解もしくは関係の情緒的安定はどうすればつくりだせるのだろう。

きわめて単純な結論になるが，葛藤から和解にいたるにあたり効果的なコミュニケーションの方法は，双方の「ポジティブな反応」である。ポジティブな反応とは，言動レベルにおいては，共感，感謝，評価，賞賛などの肯定的フィードバックが該当するだろうが，必ずしも定式化された言葉掛けにとどまらず，表情などの非言語反応，直接行動なども含まれる。ポジティブな反応は，「フレンドシップの要素」（中釜 2006：64）とも言われ，夫婦関係のみならず，安定したコミュニケーションには共通してみられる応答である。ポジティブな反応は，相手からも同様の反応を引き出し，相互の会話意欲や感情表出を促進するとともに，俎上に載せることができる話題も広げることができる。これにより親密性の維持は保証され，課題解決のためのコミュニケーションもよりしやすくなる。

ポジティブな反応を生み出すのは，本来的な人間性によるところが大きいともいえるが，意識の問題でもある。汐見稔幸は，夫が妻のカウンセラー役となり，子育ての苦悩に対して第三者的視点をもち，カウンセリング的スキルを使用して会話することを勧める（汐見 2008：34-37）。こうした態度と手法は結果的にコミュニケーションをなめらかにする可能性があるとはいえるが，父親を育児の「支援者」としての位置に固定化する懸念とともに，父親自らの問題への対応を難しくさせ，スキルの用い方によっては皮相的な応答になりかねない。

育児に関して母親が父親に求めているのは，「手伝ってくれる人」だけでは

なく,そしておそらくはカウンセラー的役回りでもなく,ともに責任ある立場で育児のことを考える対等なパートナーとしてのかかわりだろう。

パートナーシップとは,目的を共有し,そのための役割を担い合う関係であり,当事者意識によって結ばれる関係であるといってよいだろう。当事者とは,上野千鶴子のケアをめぐる議論から援用すれば「ニーズの帰属する主体」である(上野 2008:17)。ニーズは必要なものの不足と対処すべきことの過剰からなるが,もちろん育児にはニーズが山積している。

いくら父親が育児参加をしていようと,母親を育児ニーズの主体と捉え自らを補助的役割にとどめる場合,育児ニーズは分断され,育児をめぐる会話は母親からの依頼や指示への応答が中心となる。このような関係はパートナーシップが成立しているとはいえず,ポジティブな反応も必然的に乏しい。

父親が自らをニーズの帰属する主体として認識し,育児の当事者としての意識を持って育児参加すれば,マネジメントも含めた育児全体のニーズに関心が及ぶだろう。また当事者間では,それぞれの役割遂行は「人ごと」ではなくなり,その労苦についての想像が働き,ポジティブな反応をともなうコミュニケーションの条件が整う。この意味で当事者性は「パートナーシップの要素」になり,ポジティブな反応の前提となる意識である。

もちろん当事者意識があればすべての価値や方向性が一致するとは限らないし,対立や葛藤は必ず生じる。また単純にポジティブな反応だけでは解決しない問題もある。

しかし当事者意識のある関係では,認識や目的の共有が図られるため検討内容の幅も広がる。たとえば「どちらがするか」あるいは「なぜしないのか」など択一的で責任の所在を追求する議論から,「ではどうするか」,さらに「子どもにとってなにが大事か」,「そのためになにが必要か」など「問い」の段階を変えることができ,葛藤状況を見通す視野は広がるだろう。

当事者としての意識形成は「決意」によるものだけではなく,育児に関するニーズの整理をともに行うことからもつくられていく。「ニーズは顕在化されてはじめて『ニーズの主体になる』」(上野 2008:18)のであり,ニーズの確認は,おのずと「私たち」と社会環境の関連を認識させ,対応の選択肢を2者間

から社会資源へと拡大するとともに，夫婦関係を社会関係の中に相対化させて双方のパートナー意識を高めるだろう。

レスパイト

レスパイトとは一時的な休息を意味するが，根強い母性神話は，母親が育児から離れることに厳しい目を注ぐため，レスパイトに自責の念を抱く母親もいる。もっとも身近な存在である父親が母親のレスパイトに批判的あるいは無関心であれば，なおのことである。しかしレスパイトは，母親から申し出て許可をもらうといった類いのものではなく，父親から恩恵的，報酬的に与えられるものでもない。父親に育児（家事も）含めて当事者としての意識があれば，レスパイトの必要性や必然性も認識され，いわば正当なローテーションとして設定されることになるのではないか。むろん育児を任せられる父親の責任と一定の育児・家事能力が備わっていることで，はじめて安心した休息になる。

4　ふりかえる

コミュニケーションは他者との絆を深め，情緒的充足を実感できる行為であるが，関係を深めるがゆえに軋轢も生まれる。人と近づきたいがこわいという心理はこのコミュニケーションの両側面から起こるものであろう。近年，「コミュニケーション力」の有無が就活，婚活においても重視され，「コミュ力」の乏しさを「コミュ障」など否定的に位置づける風潮がある。この背景にコミュニケーションへのある種の幻想があることはたしかであろう。それはコミュニケーションをすれば伝わる，わかるという確信である。コミュニケーションのこわさも「わかりあえない」葛藤へのおそれといえるかもしれない。

「わかりあえない」ことはコミュニケーションの失敗と捉えられがちだが，果たしてそうなのだろうか。奥村隆は，「わかりあう」ことを目的とするコミュニケーションに疑義を呈し，「わかる」ということは相手への関心を失うことでもあって，「未知の部分がつねにある『コミュニケーション』こそ楽しい」（奥村 2013：13）と述べる。たしかに，「わかる」ということを突き詰めて考え

ると,侵入や支配との近似性も浮かび上がり,安易にコミュニケーションの到達点に置くべきことなのか逡巡する。

「わからなさ」を自覚しつつもつながりを作り出せるコミュニケーションのかたちはないのだろうか。そのひとつの鍵となるのが「弱さ」ではないかと考える。向谷地生良はその福祉実践の経験から人の絆を深めるものとして,互いの「弱さ」を表すことの意義を示している（向谷地 2002：196）。「弱さ」は,それぞれに抱えている「できなさ」や「苦手」でもあり,他者の負担要因にもなるが,同時に他者からの支えと状況への参加を促すのものでもある。

育児は夫婦にとって危機でありながら,関係を再構築する機会でもある。子どもとの直面は親の「弱さ」もまた顕在化させるが,「弱さ」を表明し合い,それを受け止め合う過程は,恋愛感情を越えた情緒的安らぎをえる夫婦のかたちづくりでもあり,そこから恋愛期とはまた異なる同志的な愛着形成ができていくのではないだろうか。

冒頭に掲げた詩は引用部分ですべてではなく,実はきわめて長い詩である。そして最後はこう締めくくられる。

　　誇ってよい哀しみはふたつある
　　あなたと一緒にいるわたくし／あなたがわからない／
　　だからあなたが在るのだとわかるわたくし／
　　だからわたしが在るのだとわかるわたくし／
　　あなたがわからない哀しみ／あなたがあなたである哀しみ

私にはこの意味がいまだ実感できないでいるが,「わからない」という自覚は相手の尊重でもあると考える。夫婦関係は,同じものはなにひとつと言っていいほどなかったふたりが還元できない「私たち」になっていく過程であり,「さわれないもの」「わからないもの」の存在は関係を深めるものにも,遠くするものにもなるのだろう。夫婦のコミュニケーションは「さわれないもの」を持ちながら,ともにいるあり方を見いだそうとする営みなのではないか。

注

(1) 富岡多恵子，1968，『富岡多恵子詩集』思潮社（現代詩文庫）。
(2) 柏木・平山（2003）には，このデータに関する各種調査が記されている。また2013年度の調停離婚の申立は，夫からが1万8345件に対し妻からが4万8479件である（最高裁判所「性別離婚申し立ての動機別割合の推移」司法統計年鑑2013）。
(3) もっとも離婚総件数の内，審判・調整ケースは1割程度であり（他は夫婦間の合意で成立する協議離婚），実際には経済的要因などが複合しているため，これをもって離婚理由の実態とすることはできないが，少なくとも裁判所の介入を求めるほどこじれたケースには，「性格が合わない」と判断された破局が多くあることがうかがえる。

【キーワード】

児童虐待

児童虐待は，児童虐待の防止等に関する法律では，保護者による身体的虐待，性的虐待，ネグレクト，心理的虐待の4種別に分類されている。全国の児童相談所に寄せられた相談対応件数は2013年（平成25）時点で7万3765件であり，虐待種別割合は，心理的虐待38.4%，身体的虐待32.9%，ネグレクト26.6%，性的虐待2.1%である。しかし相談件数や割合は実態を反映したものではなく，認識する側の意識，虐待種別の認識などによって変動する。加虐者は，実母が54.3%，実父が31.6%である。児童虐待の要因は，心理的，病理的問題とされがちであるが，実際には貧困が強くかかわっており，母子家庭，社会的孤立，さらには親子とものさまざまな障害などがつながりあって，虐待状況を作っていることが多い。

レスパイト：Respite

Respite は名詞では「一時休止」「中断」，動詞では「休息を与える」「楽にする」という意味である。レスパイト・ケア(Respite Care)は，障害児・者，高齢者の介護や育児を支援者が一時的に代行し，親や介護者に休息やリフレッシュを提供する意味で使われる。障害者福祉，高齢者福祉領域ではレスパイト・ケアが施設等でのショートステイ（短期入所制度等）として法により制度化されているが，育児に関するレスパイト・ケアは自治体や民間団体での実施にとどまる。虐待の背景に育児疲れも指摘され，今後，制度化が待たれる。

第Ⅰ部　夫婦における〈オトコの育児〉

> 【ブックガイド】
>
> **奥村隆，2013，『反コミュニケーション』弘文堂。**
> 　「よくわかりあう」コミュニケーションについて批判的に検討し，著名な研究者たちがコミュニケーションについてどのように論じていたかをわかりやすくまとめている。難解な理論も平易な文章で整理されており，コミュニケーションについて多角的に学ぶことができる。
>
> **渡辺大地・青柳ちか，2014，『産後が始まった！──夫による，産後のリアル妻レポート』KADOKAWA メディアファクトリー。**
> 　2児の父親が自らの育児経験をもとに書いたマンガとエッセイからなる書籍だが，妻からのコメントも差し込まれ，いかなるすれ違いがどのような影響をもたらすのか，育児をめぐる父親と母親のずれや協働のあり方がリアルに伝わる。著者は育児体験を機に産前産後家事サポート事業を起こした。

文献

東照二，2009，『社会言語学入門』研究社。

ベネッセ教育総合研究所，2011，「子育てトレンド調査レポート第4回 首都圏・地方市部ごとにみる乳幼児の子育てレポート」。

Dym, B. and Glenn, M.L., 1993, *Couples: Exploring and understanding the cycle of intimate relationship*, UK: Karper Collins.

Fisher, Helen E., 1992, *ANATOMY OF LOVE*, W.W. Norton & Company Inc., New York.（＝1993，吉田利子訳『愛はなぜ終わるのか──結婚・不倫・離婚の自然史』草思社。）

飛田操，2011，「親密な関係でのミス・コミュニケーション」岡本真一郎編『ミス・コミュニケーション──何故生ずるのか どう防ぐのか』ナカニシヤ出版。

柏木恵子・平山順子，2003，「結婚の"現実"と夫婦満足度との関連性──妻はなぜ不満か」『心理学研究』第74巻第2号。

向谷地生良，2002，「弱さを絆に──『弱さ』は触媒であり希少金属である」浦河べてるの家『べてるの家の「非」援助論──そのままでいいと思えるための25章』医学書院。

中釜洋子，2006，「夫婦の発達とは」平木典子・中釜洋子『家族の心理──家族への理解を深めるために』サイエンス社。

信田さよ子，2013，『コミュニケーション断念のすすめ』亜紀書房。

岡本真一郎編，2011，『ミス・コミュニケーション――なぜ生ずるか どう防ぐか』ナカニシヤ出版．

奥田祥子，2015，『男性漂流――男達は何におびえているか』講談社 a 文庫．

奥村隆，2013，『反コミュニケーション』弘文堂．

汐見稔幸，2008，『夫婦力――夫の「話し方」で夫婦はこんなに変わる』岩崎書店．

白井千晶・岡野晶子編著『子育て支援制度と現場――よりよい支援への社会学的考察』新泉社．

杉本順昭，2009，『「育児する父親像」の創出―育児に参加する父親は理想的な父親か』．

内田明香・坪井健人，2013，『産後クライシス』ポプラ社新書．

上野千鶴子，2008，『当事者とは誰か――ニーズ中心の福祉社会のために』上野千鶴子・中西正司『ニーズ中心の福祉社会へ――当事者主権の次世代福祉戦略』医学書院．

山田昌弘，2001，『家族というリスク』勁草書房．

Column 1

育児をめぐる「物語」
──ボセイ・フセイ・メーメー

竹内里欧

　母性神話なるものがある。「女性には母性愛が自然に備わっている。母親のみが育児にむいており，母親のみに育児をする責任がある」というような考えである。こうした考えを，エリザベート・バダンテール（Elisabeth Badinter）は，『母性という神話』（Badinter 1980＝1991）で，近代社会に生まれた神話として，また，女性を抑圧するものとして批判した。

　『母性という神話』出版から幾十年後に育児をすることになった私の（出産以前の）不安は，むしろ，私にはボセイなるものがあるんだろうか，ボセイ神話も信じられない，しかし，ボセイ神話なるものに頼れなければどのように育児ができるのだろう，というものであった。息子が生まれてみると，育児（とくに０〜１歳児）は出産以前に想像していたほんわかしたものではなく，毎日が戦場のようである。私と夫は，ボセイ（母性）がフセイ（父性）がと悩む暇もなく，主に罵り合い，たまに励まし合い，ともによれよれになっていった。睡眠不足と疲れでやせ細っていく夫と，なぜかふくよかになっていく私。一見，私が怠けているようであるが，ふたりとも一生懸命育児にかかわっていた，はずである。しかし，息子はなぜだかどんどんパパっ子になる。パパがそばにいなくなると，「パパ」「パパ」とそわそわし始める。それでも，夜の寝かしつけは私が勝って（？）いた（そもそも勝負ではないが）。寝るときは，私（母）が抱っこしないと寝ない。もしかしたらこれがボセイの力というものなのかしらとぼんやり思いながら，寝不足の目をこすりつつ息子の背中をトントンすると，なんだか優しいお母さんになった気分である。夫には，「こうゆう角度で優しくトントンすると寝るのよ」と優越感交じりに説教していたものである。ところが，ある晩，暖かくなってきたのでいつも私が着ていたモコモコした上着（羊のような手触りのため「メーメー」と呼んでいた）を脱いで抱っこしたところ，突然泣きじゃくる息子。いそいそと私（母）の体から離れ，私が脱ぎ捨てた上着にひしと抱きつく。涙声で「メーメー」……。どうやら，寝かしつけに役立っていたのは，「ボセイ」ではなく「メーメー」だったのである。その日以来，息子の育児において，私が勝てる（？）ことはなくなった。このようにして，私の中でボセイの物語はますます力を失ってしまったのである……。

　育児は，先ほども述べたように，毎日が戦場の大仕事である。そうした大仕事を遂行するため，私たちは，母性の物語をはじめとしてさまざまな物語を消費したり，自ら紡ぎ出したりしている。私たちはそうした物語にすがって育児を行っている

ときもあるだろうし，また逆に，そうした物語が煩わしいものに転化したり，不平等を正当化するよう作用したりすることもしばしばである。育児にかぎらず，人間は，なんらかの物語なしには生きていくことが難しい。社会学者の井上俊は，私たちは「しばしば物語によって人生に耐え，世界と和解している」と述べる（井上 2000：156）。人間の生は，「物語」というかたちによって，「意味あるもの」，「認知的につじつまの合う理解可能なもの」，「規範的に正当化しうるもの」，さらに，「誇るに足る価値あるもの」にさえなりうる（井上 2000：194）。井上は，このように，物語が私たちに与える「力」について述べつつ，他方で，物語に含まれる虚偽や自己欺瞞，物語の暴走など，物語のいかがわしさ・危うさについて指摘することも忘れない。物語は，人間の経験に秩序や意味を与えるが，その一方で，人間を束縛する危険性も持っている。

　現代は，家族や育児にかんする従来の意識や規範がゆらぎ，新たな方向性が模索されている時代である。それゆえ，育児をめぐっても，母性神話などの従来からある強固な物語にくわえて，さまざまな新しい物語が生まれている。本書で，その危うさも含めて分析の対象になっている「イクメン」にかんする言説（育児をする男性はかっこいい，男性も育児を楽しむべきだ，など）も，そうした新たな物語のひとつであろう。男性の育児参加率が低い現状では，言説の持つ効果に期待するという面もある。「イクメン」称賛の物語によって励まされる男性も少なくない，とは思う。しかし，母性神話がしばしば女性に抑圧的に働いたように，「イクメン」の物語が新たな抑圧を生み出す危険もある。あるべきかっこいい「イクメン」のイメージを設定することが，「かっこ悪い」父親や男性にとってプレッシャーとなったり，「イクメン」称賛の風潮が，むしろ，従来の性別役割分業意識をひそかに温存してしまう——男性が育児を行うと称賛されるのに対し，女性が育児を行っても当たり前とうけとめられ，特別な称賛はされない——，ということもあるのだ。また，「イクメン」の物語と比べて物語として長い歴史があるはずの母性の物語も，私が「ボセイ」の力だと思っていたものが実は「メーメー」の力であったように，いいかげんなものを含んでいたりする。育児をめぐる物語は，結構アイマイなものだと思って，おつきあいするのがよいのかもしれない。

文献

Badinter, E., 1980, *L'Amour en plus — Histoire de l'amour maternel, XVIIe -XXe siècle*, Paris: Flammarion.（＝1991，鈴木晶訳『母性という神話』筑摩書房．）

井上俊，2000，『スポーツと芸術の社会学』世界思想社．

第Ⅱ部　親子における〈オトコの育児〉

第5章

あそびと身体
——楽しいことのいいとこどり？——

加藤裕康

1 けいけんする

　私の子どもたちはすでに高校生と中学生になった。正直にいうと，子どもが何歳のときにどのような遊びをしていたか，私はもう正確には覚えていない。だから，この章を執筆するにあたって，私がまずしたことは，妻や子どもにどのような遊びをしたか，印象に残っていることを語ってもらうことだった。話を聞くなかで思い出した遊びを，簡単ではあるが，ここに綴ってみたい。

　生まれたばかりの子どもは，音が鳴り回転するベビーメリーをじっとみつめるだけだった。そのうち，ぎこちなく腕を振るようになり，次第にベビーメリーにぶらさがっているおもちゃに手があたり，つかもうとするようになった。子どもが成長すると忘れがちになるが，たとえなにかをつかむという単純な動作であったとしても，体を思い通りに動かすことがいかに難しいことか，あらためて思い出される。かけっこなど身体全体を使う運動ばかりでなく，手を動かすだけでも運動になり，楽しい遊びになりうることがわかる。

　子どもが体を自由に動かせないときは，「いないいないばあ」をよくやった。「いないいない」と言いながら両手で顔を隠し，「ばあ」と顔を出す。子どもが笑うと，周囲の人々の顔もゆるんだ。首が据わり，お座りがきるようになるまでは，「こちょこちょ」と言いながら体をくすぐるようにして遊んだ。子どもに話しかけ，触れ合うと，反応する。子どもが笑うと，こちらも嬉しくなり，自然と笑顔になる。このように他者と交感しながら，子どもは（おとなも）遊

びを楽しんでいるようだった。

　ハイハイができる頃には「高い高い」をしたり，体全体を動かす遊びができるようになった。この時期から1歳頃にかけて，子どもは，あらゆるものに興味関心を持つようになる。ティッシュ箱はすぐに空っぽになり，洗濯物は床一面に散乱した。子どもにおもちゃと日用品という区別はない。すべてが「お仕事」（遊び）だ。おとなにしてみればやってほしくないことも，子どもたちは興味本位でやってしまう。学生時代に食費を削ってまで買いためた音楽CDを子どもに傷だらけにされて，肩を落としたこともあった。それでも，子どもは日を追うごとにできることが増え，成長の過程がはっきりとわかる楽しい時期でもあった。

　子どもが1歳から2歳頃だろうか，自由に歩けるようになると，散歩が大好きになる。歩きながら手を握り「せーの」と掛け声をかけ，子どもを妻と私で持ち上げる遊びも散歩の定番だった。身体を動かし（動かされ），いつもと違う感覚を味わうことが楽しくて仕方のない様子だった。

　2歳から3歳頃には，積み木やブロックで複雑なものをつくることができるようになり，線路を組み立てて列車を走らせるおもちゃなどでも遊ぶようになった。線路の組み立てなどは，子どもよりも父親のほうが楽しんでいたかもしれない。子どもにとって，遊んでくれる父親は，母親とは違う魅力を持つ存在であるようだった。子どもを連れて，川や池でヌマエビやヨシノボリ，ドジョウ，ハヤ，フナなどを捕まえて水槽で飼育した。春にはつくしやヨモギを収穫，初夏にはホタルを観賞し，夏の夜にはカブトムシやクワガタを捕り，秋には木の実を調理し，冬は雪遊びをした。

　4歳から6歳の頃には，ウルトラマンや仮面ライダーといったテレビで放送されているヒーローものに熱を上げた。仮面ライダーの変身ベルトや武器のおもちゃを手にして，兄弟で「ごっこ遊び」をしていた。もちろん父親は，敵役である。また，キャッチボールやサッカーなど，ボール遊びを巧みにできるようになるのがこの頃だった。私自身，いい年になっても昆虫採取や魚取り，あるいは鬼ごっこのような遊びを再発見し楽しむことができたのは，子どもたちのおかげだと，つくづく思う。

このように子どもたちと遊んでいたとはいえ，上の子が3歳になるまで会社員として仕事をしていた私は，育児と家事のほとんどを専業主婦である妻に任せていた。育児・家事といえば，たまにミルクや離乳食を作り，お風呂に入れ，おむつを替え，あとは掃除などをするぐらいで，仕事が忙しいときは休日に手伝うだけだった。それでも，私自身，育児をよく手伝う家庭的な父親であると錯覚できるほど，周囲の父親たちの多くは育児・家事をやっていなかった。2000年前後当時は，男の子育ての重要性が認識され始めていたものの，まだ「イクメン」という言葉もなく，職場でも「子どもの運動会に一度も参加したことがない」というのが自慢話として語られる時代であった。会社を辞めて私が主夫になり，妻が外で働きだしてからは，育児・家事の大半が私の仕事になった。けれども，右往左往するばかりで料理は下手だし，テキパキと家事をこなす凄腕主夫からは遠かった。それでも振り返ってみると，唯一遊びだけは自慢できるような気がする。というか，主夫になる以前は，育児といえば楽しい遊びばかりをしていたのかもしれない。楽しいことのいいとこどりである。

2　ひろげる

楽しいことのいいとこどり

イクメン現象は「楽しい子育て」のイメージを作り上げ，父親の育児参加を促したと考えられる（石井 2013, 山瀬 2012など）。しかし，イクメンといっても，実際にはどこまで育児や家事にかかわっているのだろうか。イクメン現象が顕著になった昨今では，父親の育児参加率は上昇しているのではないかと予想される。実際に，日本小児保健協会が1990年から10年ごとに実施した調査では，父親の育児参加は高まっている（「よくやっている」1990年度36％→2000年度37％→2010年度43％）。2010年度の調査では10年前に比べ，「父親が母親の相談相手，精神的な支えになっている」と感じている者も（65％→70％），子どもと遊ぶ父親も増えていた（「よく遊ぶ」49％→58％，「時々遊ぶ」41％→35％，「ほとんど遊ばない」6％→4％）。

ところが，大和礼子らによれば片働きの父親は子どもと遊ぶことはよくする

が，しつけや世話はたいしてやりたがらない。積極的に育児参加をするものは，共働きの父親であった（大和ほか編 2008）。そもそも日本小児保健協会の調査からは，父親の育児参加が高まり，子どもと遊ぶことも増え，妻の精神的支えになっていることが示されていたものの，アメリカの父親と比較した永瀬伸子の報告では，日本の父親は子どもとほとんど遊んでいないことがわかる（「子どもと毎日遊ぶ」＝アメリカ50.2%，日本10.1%）（永瀬 2011）。石井クンツ昌子は，アメリカの父親と比べ，日本の父親の育児参加は，「楽しい」行動に集中しているだけでなく，毎日子どもの遊び相手をしているものは，アメリカでは50%を超えているのに対し，日本では10%未満であることを明らかにしている（「身体を使って遊ぶ」＝アメリカ58.3%，日本9.7%，「家でおもちゃやゲームで遊ぶ」＝アメリカ50.1%，日本7.8%）（石井 2013）。

　これらの先行研究から見えてくることは，育児に参加する日本の父親は増えつつあるが，アメリカの父親と比べるとまだまだ少ない上，多くの場合，遊びなど育児の楽しい部分に集中しがちであるということだ。それはまさしく「楽しいことのいいとこどり」であろう。とはいえ，遊ぶことさえしない日本の父親の現状を受け止めるなら，遊んでくれる父親はまだましなのかもしれない。大和礼子は，適当に子どもの相手をする父親に対して「本気で遊んでほしい」と不満を持つ母親の声を紹介しているが，いままさに，遊びの量（遊ぶ時間）だけでなく質（どのように遊ぶか）が求められているといえよう。そのことを考えるために，私が体験したエピソードをひとつ取りあげてみたい。

遊びの質

　子どもが3歳と1歳の頃，一度だけ，妻の参加する母親たちの子育てサークルに顔を出したことがあった。そのサークルは，交代で子どもを預けあい，自然の中で草木や土に直に触れ合って遊ぶことを目的にしており，畑を共同で借りて作物を育てることもしていた。

　木々が生い茂る里山をしばらく散策すると，視界が開け原っぱが広がる。2歳から3歳の子どもが，気の合う仲間同士で原っぱを駆け回っていた。その中にひとりだけ，集団から離れて遊んでいる男の子がいた。寡黙で，覇気がなく，

促しても子どもたちの輪の中には入りたがらなかった。できれば我が子の様子を見ながら，みんなで遊びたかったのだが，そちらには別の母親が付いていたので，私は仕方なく，その子の近くにいて様子を見ていた。彼は，特になにかをするわけでもなく，生い茂る草木の中でひとり遊んでいた。私は手持ち無沙汰になり，枝で草を切り倒し始めた。すると，その子が私の真似をし始めた。

　しばらくすると，男の子は私にポツポツとなにか話しかけてくるようになった。声が小さく，はっきりとは聞き取れなかったが，私は彼がつぶやいていることを見逃さずに，何かしら反応することを心がけた。私に慣れてきた頃合いを見計らって，みんなと遊ぶことを提案してみたが，彼は首を振り続けた。草をなぎ倒すことに飽きてきた私は，手頃な枝を拾ってきて即席でブーメランを作り，的を倒してみせた。すると，男の子もブーメランを投げたがった。的を倒すことができたら褒め，倒せなかったら投げ方を教えた。すぐに他の子どもたちが近寄ってきて，自然と一緒に遊び始めた。しばらくすると，私がその場を離れても，子どもたちは自分たちだけで仲良く遊んでいた。その後は時折，そのグループから子どもたちの歓声が聞こえてきた。

　帰り際，サークルの母親たちからまた遊びに来て欲しいと言われた。帰途，妻から聞いた話によれば，寡黙な男の子は，これまでもずっと誰とも遊べずにひとりぼっちだった。ところが今日，初めて楽しそうにみんなと遊ぶ男の子の姿を見て，サークルのメンバー全員が驚いたということだった。「男性の遊び方は違う。これも大事なのかも」などと母親たちは話していたそうだ。母親たちから感謝されたものの，結局，なぜ彼が他の子どもたちと遊びたがらなかったのか，なぜあのときはみんなと遊ぶことができたのか，わからないままだった。

　しかし，ひとつだけはっきりしていることがある。私が彼と会ったのは，そのときが初めてであり，とくに時間をかけて遊んだわけでもないということだ。それにもかかわらず，その短い遊び時間の中で，彼の変化を促すなにかがあったのだとしたら，それは量では捉えきれない質的ななにかだと考えられる。果たしてそれはどのようなものだったのか。「遊び」を糸口にして考えてみたい。

3　かんがえる

自由な活動としての遊び

「文化は遊びのなかにおいて，遊びとして発生し，展開してきた」。そう論じたのは，オランダの文化史家ヨハン・ホイジンガ（Johan Huizinga）である。彼は，人間を理性的な「ホモ・サピエンス」でもなく，創造的な「ホモ・ファベル」でもなく，遊ぶヒトを意味する「ホモ・ルーデンス」という言葉を用いて，人間を「遊ぶ存在」と捉えた（Huizinga 1938＝1973）。

ホイジンガのいう「遊び」とは，なにか遊び以外の目的のために行われるものではなく，遊びそれ自体の面白さのために行われるものである。その遊びは，なににも増して「自由な行動」である。命令され，押しつけられた遊びは，もはや遊びではない。いつでも延期できるし，やめたいときに中止してもよい。体力をつけるためといった「肉体的な必要」や，自立した人間になるためにといった「道徳的義務」から行われるものでもない（Huizinga 1938＝1973）。

このように遊びを捉え直したとき，先に述べた「本気で遊んでほしい」という母親たちの願いが非常に困難をともなうことに気づく。まず，遊びを「育児のため」と考えた時点で，そこにはすでに遊びの性質が失われてしまう。自らが子どもと遊びたいと思えなければ，「本気」で遊ぶことはできない。私の周囲の父親のなかには「子どもが小さいうちはあまり遊べないから面白くない。はやく大きくなってほしい」ともらし，「はやく野球を教えたい」と目を輝かせる者もいた。その気持ちはわからないでもないが，要は自分がうまく楽しめなければ，子どもの目線に立つにしろ「本気」で遊ぶことはできないという遊びの性質を示している。せめて子どもが将棋やオセロなどのゲームができるようになれば，ハンディキャップをくわえて無理せず楽しめるようになるのかも知れない。けれども，妻にせつかれてゴロゴロしたいのを我慢しながら子どもの相手をするのは，あたかも「修行」のようだ。

「育児は育自」とよく言われるように，自己の成長を促すような子育てがひとつの理想とされる。厚生労働省のイクメンプロジェクトが企画するウェブサ

イト「イクメンの星」に掲載された父親のコメントには，育児を「自分自身が親として成長するためのステップ」とか，「子育てに参加していることで，自分自身がすごく成長できた」と，父親の成長と関連づけられた言葉がいくつも見られる。子育てでは，自分よりも，子どもを優先させる。そのなかで自分の成長が感じられるのは大切なことであろう。

 しかしながら，育児のための「遊び」は，すでに「遊び」ではなくなっている。その遊びは遊ぶというそれ自体の目的を離れ，道徳や教育目的，すなわち子どもを育み成長させること，あるいはそれを通して自分が成長することへと目的がすり替わっているように思う。というよりも，むしろ道徳や教育目的の手段として遊びを捉える視点が基本となっているがゆえに，本来の遊びの性質と育児との間に齟齬をきたしていると考えられる。

 このような矛盾は，「本気で遊べ」という要求がなされたときに顕著になる。それを真剣に受け止めてしまえばダブル・バインド状況に陥りかねない。ダブル・バインドとは，矛盾する2つのメッセージが同時に発せられるとき，受け手はどうすることもできず身体を硬直させてしまうような状態を指す。これは，グレゴリー・ベイトソン（Gregory Bateson）が主に親子の病理的なコミュニケーションとして概念化したものであるが（Bateson 1972 = 1986），こうした転倒は，親子の間に限らず育児の現場で往々にしてあり得る。

 イクメン現象が浸透しつつある昨今，父親には，仕事だけでなく家事や育児をする役割も求められるようになり，これまで以上に役割葛藤に陥りやすい状況に置かれていることが予想される。役割葛藤とは，自分に対する複数の他者の期待にズレが生じている状況を指す。たとえば，会社の期待に応えて残業をしてまで働かなければならない（働きたい）私と，家族の期待に応えて早く帰宅し育児を手伝わなければならない（手伝いたい）私との間に葛藤が生じる。しかも，育児は楽しんでするものという風潮が強まり，本気で遊んで欲しいという妻の期待が高まれば，育児や遊びを心から楽しめない自分に対して葛藤が生じてもおかしくはない。山瀬範子が指摘するように，育児が「楽しむもの」「自分が育つもの」であればあるほど，その言説は強迫的となり，男女問わず「育児を楽しめない自分」「成長できない自分」に苦しむことにもなりかねない

(山瀬 2012)。

　日常的なコミュニケーションにおいて，相手に誠実な内面を求めれば求めるほど相手を心理的に追い詰め，自分自身の内面に誠実であろうとすればするほど苦しんでいく。長谷正人は，このような病理的なコミュニケーション，ダブル・バインドから抜け出すために，遊戯的コミュニケーションの可能性を論じた（長谷 1996）。ダブル・バインドは，相手のメッセージを真正面から受け止め過ぎた結果，陥ると考えられる。それに対して遊戯的コミュニケーションは，たとえ矛盾するメッセージであったとしても，メタ・コミュニケーションとして受け取り，自由に演じ遊んでみせる。それはまさに自由な活動としての遊びに欠かせない振る舞いであり，井上俊が言う遊びの距離感覚でもある（井上 1995）。遊びには「余裕」や「ゆとり」の意味が含まれる。自分が担う役割に対して一定の距離が取れず，あまりにも真正面から物事を受け止め過ぎることは，かえって周囲や自分自身を息苦しくさせる。

流動的な遊び

　ホイジンガと同じく，ロジェ・カイヨワ（Roger Caillois）も遊びを「自由な活動」と捉える。カイヨワは遊びに熱中するためには，自発的に，快楽のためになされなければならないという。参加を強要されたと感じてしまえば，それは苦役となる。そして，本人がいつでも「もうやーめた」と立ち去る自由を持てることが，遊びには欠かせない（Caillois 1958＝1990）。

　カイヨワは，遊びを競争（アゴン），運（アレア），模擬（ミミクリ），めまい（イリンクス）の4つに分類している。競争の遊びは，サッカーやテニスなどのスポーツ，チェスや将棋などの勝敗のあるゲームを指し，体力や記憶力，技を駆使して自分だけの力で競うものである。運の遊びは，サイコロやルーレット，宝くじなど偶然や運が勝利を左右する遊びのことである。模擬の遊びは，虚構の世界を一時的に受け入れることで，別の人物を演じるごっこ遊びである。めまいの遊びは，ぶらんこやメリーゴーラウンドなどよろめきを楽しむものである。さらに，気晴らしや気まぐれな遊戯（パイディア）と目標を達成するために努力や技を必要とする競技（ルドゥス）の2つの極を設けて，遊びを多角的

に分析する（Caillois 1958 = 1990）。

　さて，一般的にスポーツは身体を用いた競争のことであるが，カイヨワが論じたように競争（アゴン）の遊びでもある。けれども，一般的な感覚で「スポーツが遊び」といってしまうと違和感を覚えるかも知れない。プロスポーツはもちろんのことアマチュアでも，オリンピック選手や高校球児の熱い闘いは，真剣そのものだからだ。ゆえに，勝負に負けて流す悔し涙も，勝って流すうれし涙も美しく見え，人々の感動を誘う。

　しかし，スポーツ競技が真面目なものとして受け取られるようになったのは，近代以降のことである（Huizinga 1938 = 1973）。スポーツ（sport）の語源はラテン語のデポルターレ（deportare）で，気晴らしや休養，遊びを意味していた。そうしたスポーツが真面目なものとなり，「組織化と訓練が絶えまなく強化されてゆく」と「純粋な遊び」の要素が消えてしまう。そこには「気楽な感じが欠けている」。ところが，「何ら遊びの形式を示していなかったそういう活動が，その活動の付随的な結果として，遊びの性格としか呼びようのない性格を展開させるということがある」（Huizinga 1938 = 1973）。つまり，真面目一辺倒になったかのようにみえるスポーツが，やってみたら楽しくて遊びになってしまうということがある。

　このホイジンガの指摘は，これまでの議論を踏まえたとき重要であるように思われる。なぜなら，子どもと本気で遊べなかった父親が，子どものため，妻のためにとなんとか相手をするなかで，次第に楽しくなり，真剣に遊んでいるということが起こりうるからだ。「遊び—真面目という対照関係は，いつも流動的である」とホイジンガは論じる。ただでさえ子どもと一緒に居られる時間の少ない父親の場合，最初から高い理想を設定し，過度に他者の期待に沿うようにするのではなく，まずは意識して子どもとかかわることから始めてみるのもひとつの方法だろう。

役割と自我，そして身体

　そもそも，おとなが子どもと「本気で遊ぶ」といっても，なにも子どもと真剣に張り合うわけではない。子どもにしてみても，それが遊びであることは十

分に理解している。その意味では、幼児の遊びで特徴的なもののひとつは、ごっこ遊びである。ホイジンガによれば「遊びは、何かイメージを心のなかで操ることから始まる」。子どもは空想が大好きだが、イメージ操作はごっこ遊びにも通じる。たとえば汽車ごっこをした子どもが、本当に自分が汽車になったと錯覚するわけではない。あくまで「ふり」をしているだけだ。しかし、ごっこ遊びをしている間は、本当の汽車のように振る舞わなければ面白くない。

この「ふりをする遊び」をG.H.ミード（George Herbert Mead）は、子どもの初期の自我形成にとって大事な経験であると論じた。子どもは、母親や父親、警察官など自分以外の誰かのふりをして、さまざまな役割を取得する。その役割取得の過程で、自分とは異なる他者の視点を得る。そうして他者の態度を取得することで生じる自我を「客我」（me）と呼ぶ。客我を通じて、他者を想定して行動できるようになることで、野球などチームで行うゲームができるようになる。これをミードは、プレイ段階からゲーム段階への移行と捉えた（Mead 1934 = 1995）。

ごっこ遊びでは、子どもはコロコロと役割を変え、いつのまにか母親から販売員になっていることがある。子どもたちは豊かな発想の中で自由に振る舞うが、スポーツなどのゲームでは、明確に規定されたルールに則って、常に変化する状況に合わせて自分の役割を遂行しなければ競技そのものが成立しない。他者が何をしようとしているのか、自分になにを求めているのかがわからなければ適切に行動することさえできない。これを可能にするためには、他者の態度を取得することで、相手がなにをしようとしているのか理解する必要がある。

ミードによれば、自我は実体ではなく、社会的過程であり、他者との関係の中で形成される。それまでは、ひとりひとりの中に確固とした自我があって、社会生活を営むと考えられていた。しかしミードは、まず社会があって次いで自我が生じると強調する。つまり、誰かと会話し、遊び、仕事をする中で生成し続けるものこそが自我なのである。その自我（社会的過程）は、個人が他者の態度を取得することで生じるのだが、その瞬間瞬間の他者の態度に反応する自我を「主我」（I）、その瞬間に過去のものとなる主我をまとめ上げる自我を「客我」（me）と名付けた。

いわば主我は視野が狭く，先々のことを考えられない自我で，常に自己の行為によって形成される環境に反応するだけである。それに対して客我は他者の望みや自分の行動の結果を想定できる自我である。たとえば，主我は，飛んでくるボールを取るという処理はできるかもしれないが，カバーに入り，走者を挟み撃ちにすることまでは考えが及ばない。自分の経験の中に導かれた主我と客我という別物の自我が存在することで，自己の内部に相互作用が生じ，それ自体が社会的過程となる。人間がひとりで思考し，いったん立ち止まって反省すること（反省的知性）ができるのは，こうした自我の組織化が行われているからである。

　自我は他の自我との関係の中で存在する。ましてや子どもは明確な人格を持たない。誰ともかかわりを持ちたがらない，意固地にも見える子どもが，ふと現れた他者によって関係性を変え，その子の頑なに見えた自我もいつのまにか変化することが理論的にあり得る。寡黙でひとり遊びを好む子が，同世代の子どもたちと折り合わず，ますます孤立する。しかし，それでも側にいてなんらかの反応をするおとな，少なくとも集団遊び（あるいは正しい遊び）を強要しない，ある意味いい加減なおとなの出現によって，彼はおとなたちから禁止されがちな棒を振り回す遊びをひとしきり楽しんだ。むしろ，おとなが率先して棒を振り回し，それを楽しんでいたことは，彼にとってショッキングな出来事だったかもしれない。さらに，そのちょっと変わったおとなが枝でブーメランを作り，ブンブン投げ始めたのである。しかも，それらはすべてひとりでできる遊びだった。彼は，このおとなの態度を取得することで，他者と同じ楽しみを共有し始めた。その遊びにつられて，後から他の子どもたちが集まってきた。彼の周りに自然と輪ができたが，特に嫌がる素振りは見せなかった。彼にとって，あらかじめ出来上がっている集団に後から参加するわけではないということは，心理的な負担を軽減したことだろう。母親の子育てサークルに男性のおとなが出現し，それによって異なる社会状況が生まれ，異なる他者の態度を取得する契機になったと考えられる。

　父親にとってみても，子どもと遊ぶ時間を設けることで「父親」としての自我が形成されると同時に，子どもという他者の態度を取得することで，子ども

の目線に立った振る舞いができるようになる。世間を代表する確固とした理想的な父親がいて，子どもをしつけるのではなく，父親も子どもとの相互作用のなかで形成されていくのであり，そこにはゆるやかな関係性というか間のようなものがあるように思う。

そのゆるやかさは，遊びにおいても同様に見出すことができる。「いないいないばあ」や「こちょこちょ」をするとき，自然と笑みがこぼれ，親子で笑う。このような他者との交感のなかで，無理のない遊びが成立する。市川浩がいうように，私たちは，身体に支えられた感覚を媒介にして他者と同調し，共感する（市川 1992）。最初から「本気で」あるいは「楽しんで」遊ばなければならないと考える必要はなく，私が子どもとかかわるなかで昆虫採取などの遊びの面白さを思い出したように，多くの父親たちは，まさに遊びを「再発見」しているのではなかろうか。

4　ふりかえる

イクメンブームによって，男性の育児が見直されるようになったが，日本の父親たちは，育児において「楽しいことのいいとこどり」をしているといわれてきた。しかも，子どもと遊ぶ時間が圧倒的に少なく，本気で遊ばない父親が問題となっていた。そこでは職場と家庭の間に挟まれ，役割葛藤に陥っている父親の状況も予想された。

私自身，会社勤めから主夫に転身したとき，まだ小さな子どもたちを抱え，育児に家事に右往左往していた。主夫の務めを十分に果たせない私が，それでも役割葛藤に陥らなかったのは，妻が家事や育児をサポートしてくれていたからだった。子育ては気分が乗らないからといってやめることはできない。子育てには，ジレンマが常に付きまとう。小さな子どもを抱え，社会的に孤立しがちな母親（父親）を父親（母親）がサポートすることの意義は大きい。そのサポートは，必ずしも役割を固定してしまうことを意味するわけではなく，互いが支え合うために行うものである。父親，母親の役割葛藤を解消していくためには，家事や育児を相手に任せっきりにしたり，過度に他者の期待に応えよう

とはせず，家事や育児をどのように分担するのか，互いに話し合い折り合いをつけていくことが必要だ。そこで重要なのは，おそらく「折り合いをつける」ことであり，理想を高く掲げて過度に気負う必要はないということだろう。

　子どもと遊ぶ時間が短く，本気で遊べなかったとしても，子どもと経験を共有するなかでいつのまにか楽しくなっていることもある。自我が固定したものではなく，人との関係のなかで常に変化しうる「過程」であるのだとしたら，本気で楽しめるかどうかはともかく，まずは親として子どもとかかわることから始めてもいいだろう。

　あの男の子との遊びのなかで，私自身，最初から楽しんで草をなぎ倒していたのではなかった。しかし，草を切り倒していると，大人気なくも，だんだんと楽しくなる。それに男の子が加わり，ふたりで並んでひたすら棒を振り回していると，一緒に遊んでいる気になってくる。身体の交感が起き，共振し合うようにして遊びの楽しさを分かち合う。

　短い遊び時間の中でもたらされた変化は，量では捉えきれない質の重要性を示唆していた。その遊びの質とはなんであったのか。この場合の質とは，どうやらなにか濃密な体験や質の高さを指すのではなかった。誰とも遊ばず，ずっとひとりでいる寡黙な男の子は，一日中部屋に閉じこもり，ほったらかされているわけではなく，子育てサークルに入って，自然のなかで思いっきり身体を動かすことを母子ともに経験していた。みんなと遊ばないからといって，なにが悪いというわけでもないし，ある種類の遊びを善し悪しで分けて判断することに意味はないように，私には思われた。むしろ大切なのは，母親とは違う遊びを知っている，あるいは母親とは異なる価値観を持つ父親の存在が子どもの自我形成に幅を与えうるということではないか。遊びの質とは，ひとつの価値観にあてはめるのではなく，まさに遊び（余裕）の幅を持たせることのように思う。

　遊ぶことは，おそらく，子育てのためにしなければならないものではなく，いつも自分を他者（子ども）に開いておくこと。それは，教育的な目的のためになされるというよりも，子どもを受け入れる隙（余裕・遊び）を自分のなかに保っておくことなのかもしれない。

第Ⅱ部 親子における〈オトコの育児〉

【キーワード】

遊び

　子どもの遊びの特徴のひとつはごっこ遊びである。ホイジンガが遊びは「本来の」生ではないといったとき，それは想像力を働かせてごっこ遊びをする子どもであっても，常にこれは「本当のふりをしているだけ」という意識を持っていることを指す。とはいえ，遊びは本気でやらなければ面白くない。だから，本気で振る舞うが「これは遊びである」というメタ・メッセージを理解できなければ遊ぶことはできない。そのようなコミュニケーションを身につける中で，子どもたちは次第にゲームをプレイする段階へと進むことができる。また，こうした視点は，教育言説における遊び論でよく展開される，ビデオゲームやテレビ視聴によって現実と虚構を混同してしまうという説が，遊びを根本的に捉え損なっていることを教えてくれる。

身体

　身体は長らくまともに扱う対象とされなかったとブライアン・ターナー（Bryan Stanley Turner）はいう（Turner 1984＝1999）。性衝動など欲望を抱える身体はキリスト教において抑制の対象とされ，欲望を身体，理性を精神に重ねる見方が主流となる。デカルトの心身二元論もこのような背景の下で影響力を持ってきた。こうしたなか社会学において身体が注目されたのは，1980年代のことであったという。社会学における身体は，その背後に文化や政治的な要因が複雑に絡み合って生成する。たとえば，生理的欲求の結果，栄養のあるものを食べるのではなく，なにをどこでどのようにして食べるのか，その行為の意味が問題となる。あるいは，フーコーのように監獄や学校といった欲望を抑圧する装置によって身体が作りかえられていくプロセスを，言説を丹念に踏まえることで明らかにしようとする研究などがある。社会学において身体は生得的なものとして考えないところに特徴があるといえるだろう。

【ブックガイド】

Huizinga, Johan, 1938, *Homo Ludens—Proeve eener bepaling van het spel-element der cultuur*, Tjeenk Willink & Zoon, Haarlem（＝1973，高橋英夫訳『ホモ・ルーデンス』中公文庫。）

　文化が「遊びのなかで，遊びとして発生し，発展してきた」と論じ，取るに足らないと考えられがちな遊びの重要性を指摘したのは，オランダの文化史家ヨハン・ホイジンガである。遊びの重要性を強調する遊び論のなかには，遊びが克己

第5章 あそびと身体

や自制の訓練，あるいは教育や仕事の役に立つと考え，有害な衝動を無害化するといった効用を説くものがある。しかし，ホイジンガはこのような遊びの解釈が一面的に過ぎないことを指摘し，遊びを全体性（無条件に根源的な生の範疇）として捉え直した。古典的名著であるといえる。

井上俊，1977，『遊びの社会学』世界思想社
権田保之助の民衆娯楽論をはじめ，ホイジンガやカイヨワなど古今東西の遊び論を網羅し，社会学的な視点で遊びを理論化している。

松田恵示，2001，『交叉する身体と遊び――あいまいさの文化社会学』世界思想社
身体の捉え方が政治や教育によって変化し，社会的に構築されてきたことを踏まえ，遊びを身体とのかかわりのなかで考察している。

文献

Bateson, Gregory, 1972, *Steps to an Ecology of Mind*, Harper & Row, Publishers Inc. （＝1986・1987，佐伯泰樹・佐藤良明・高橋和久訳『精神の生態学』（上・下）思索社。）

Caillois, Roger, 1958, *Les Jeux et les Hommes, édition revue et augmentée*. Gallimard. （＝1990，多田道太郎・塚崎幹夫訳『遊びと人間』講談社学術文庫。）

長谷正人，1996，「遊戯としてのコミュニケーション」大澤真幸編『社会学のすすめ』筑摩書房。

Huizinga, Johan, 1938, *Homo Ludens—Proeve eener bepaling van het spel-element der cultuur*, Tjeenk Willink & Zoon, Haarlem.（＝1973，高橋英夫訳『ホモ・ルーデンス』中公文庫。）

市川浩，1992，『精神としての身体』講談社学術文庫。

井上俊，1995，「生活のなかの遊び」井上俊ほか編『岩波講座　現代社会学20――仕事と遊びの社会学』岩波書店。

石井クンツ昌子，2013，『「育メン」現象の社会学――育児・子育て参加への希望を叶えるために』ミネルヴァ書房。

Mead, George H., 1934, edited and with an introduction by Charles W. Morris, *Mind, Self, and Society, from the standpoint of a social behaviorist*, Chicago: The University of Chicago Press.（＝1995，河村望訳『精神・自我・社会』人間の科学新社。）

永瀬伸子，2011，「男性のワーク・ライフ・バランスに関する調査――日米比較の結

果」(http://www.dc.ocha.ac.jp/gender/workfam/images/workfamman.pdf, 最終アクセス日　2015年7月11日)。

日本小児保健協会，衞藤隆研究代表，2011,「幼児健康度に関する継続的比較研究」(http://www.jschild.or.jp/book/pdf/2010_kenkochousa.pdf, 最終アクセス日　2015年7月10日)。

Turner, Bryan S., 1984, *The Body and Society: Explorations in Social Theory*, Basil Blackwell. (=1999, 小口信吉訳者代表『身体と文化——身体社会学試論』文化書房博文社。)

山瀬範子，2012,「戦後の家族機能と幼児教育・保育の役割の変遷——育児観と子育て支援」『四国大学紀要』(A)37: 41-46。

大和礼子・斧出節子・木脇奈智子編，2008,『男の育児・女の育児——家族社会学からのアプローチ』昭和堂。

第6章

メディアと文化資本
―― 偉大なキャラクター ――

木島由晶

1 けいけんする

父であることの根源的不安

　育児をしていて多くの人が気になる疑問は,「自分が親になって大丈夫なのだろうか」というものではないだろうか。親には免許というものがないし,子どもが生まれてきた瞬間に,私たちは経験もないまま,立場上「親」になってしまう。もちろん,年配の経験者から話を聞いたり,育児書や育児雑誌を読んだりしながら,どうにか日々の育児をこなすことはできる。けれども,それらの情報はいまのところ母親を対象にしたものが多いから,父として自分の育児が正しいのか,間違っているかを判断する材料には乏しく,結果,自分の言動に確信が持てないまま,「これでよいのか」という疑念が消えることはない。かくいう私がそんな状態である。

　私には2016年現在,4歳の息子がいる。私のパートナーは私よりも遠方の職場に通っているので,保育所への送り迎えは主に私の担当である。必然的に,息子と接する時間も私の方が長くなるのだが,朝も夜もバタバタしているので,生活の世話をするだけで,ほぼ一日が終わってしまう。週末も仕事が入っていることが多く,日曜日に遊びに連れていくこともままならない。余暇の時間に私ができることといえば,肩車などのちょっとしたスキンシップだとか,プラレールでいっしょに遊ぶくらいのもので,子どもに接する時間が不足しているのではと不安になると同時に,息子に対して申し訳ない気持ちになってしまう。

103

「場つなぎ」としての映像メディア

そうした日々の生活のなかで、息子が退屈しないよう、私の代わりに場つなぎの役目を果たしているのが映像メディアである。テレビをつけているうちに、私はご飯の準備をととのえたり、風呂場を掃除してあたためたりする。その間、息子とはほとんど対話もしない（できない）し、場合によっては目も合わさない。にもかかわらず、時々わたしがハッとするのは、とくにこちらが教えているわけでもないのに、息子が「この番組は、○○の提供でお送りします」といったスポンサーのアナウンスなどをいつの間にか覚え、復唱したりしていることだ。なにがツボにはまったのかはわからない。しかし、私のあずかり知らないところで、息子は毎日のようにメディアからなにがしかの言葉や踊りを学んでいて、それを私に教えてくれる。

こうした次第で、メディア抜きには現在のわたしの育児は成り立たない。ただしそれは、決してメディアを育児に活用してきたということではない。家庭環境のなかに、テレビやDVDデッキ、音楽プレーヤー、ゲーム機、スマートフォンなどが点在していて、むしろ私は、育児の邪魔にならないようにするために、それらの機器を頼ってきたところがある。つまり、私にとってメディアとは、私の手が離せないときに、私に代わって息子の相手をしてくれる、都合のよいベビーシッターのような存在としてある。

だからだろうか、私は自分の育児について不安になるのと同じように、家庭の環境に密着している、この手軽なベビーシッターにも不安をおぼえてしまう。「自分が親になって大丈夫か」という疑念が消えないように、「メディアに場つなぎを任せて大丈夫か」という疑念もなかなか消えてはくれない。いったい、私たち父親はどうやって子どもとメディアのかかわりをとりもてばよいのだろうか。途方に暮れる疑問であるが、このことを本章では考えてみたい。

2　ひろげる

子どもと映像メディアとのかかわり

まずは、テレビを中心とした映像メディアと子どものかかわりを、データを

もとに確認してみよう。幼い子どもと暮らす日々の生活のなかで，育児の中心となるフィールドは，家庭のなかでも，とくに居間だろう。居間にはたいていテレビがあるから，幼児の生活世界のなかで，テレビを介した映像メディアの存在は無視できない。

　NHK放送文化研究所が，首都圏に住む生後4ヶ月から就学前までの子どもを対象に行った「幼児生活時間調査」によると（中野 2013），幼児の1日の生活時間（24時間）のうち，睡眠や食事，幼稚園・保育所で過ごす時間などをのぞいた自由時間の平均は，4時間21分である。他方で，テレビの視聴時間は平日（月曜）が1時間39分，休日（日曜）が2時間22分であり，じつに自由時間の半分近くを幼児はテレビに費やしている。

　ビデオ（HDDやDVDも含む）に接する割合も，相当なものだ。同研究所が行っている「国民生活時間調査」と比べると，10歳以上の国民全体の接触率が1割程度であるのに対して（小林・諸藤・渡辺 2011），0〜5歳の間には6割から8割が接触している（中井・西村・菅原 2010）。もっとも，「国民生活時間調査」は2日間の，「幼児生活時間調査」は1週間の接触率を調べたものだから，単純には比較できないのだが，それでも，おとなにとってのビデオ鑑賞が，好きな人だけが鑑賞する趣味である一方で，幼児にとってのそれが，好き嫌いに関係なく接触する日常の経験になっていることはうかがい知れよう。

子どもの成長と視聴内容の変化

　当然，子どもの成長に応じて，視聴する内容は変わってくる。同研究所は，「"子どもに良い放送"プロジェクト」と題して，年に1回，同じ子どもたちを追跡して，テレビとのかかわりがどう変わっていくのかを調べている（中井 2013）。図6-1は，よく見る番組ジャンルの経年変化を示したものだ。これを見ると，3歳までは「幼児向け番組」が圧倒的だが，5歳以降は「アニメ・マンガ」がよく見る番組の中心を占めるようになる。また，この頃から「笑いやコントなどのバラエティ」「クイズ・ゲーム」の割合も伸びはじめ，おとなが見るような番組にも，子どもたちは本格的に接するようになっていく。

　こうした視聴の変化に深くかかわっているのが親である。同調査によると，

第Ⅱ部　親子における〈オトコの育児〉

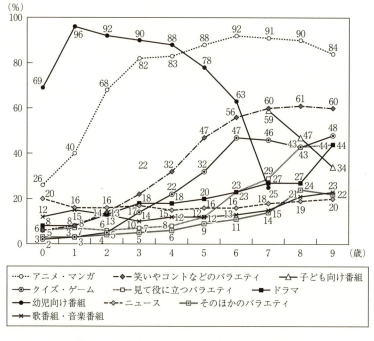

図6-1　子どもたちのよく見る番組ジャンルの変化

出所：中井（2013）

子どもだけでテレビに接触している時間は0～5歳で30分程度であり，その倍以上の時間をおとなといっしょにテレビに接している（NHK放送文化研究所2010）。**表6-1**は，5歳児における視聴率の上位番組を，子どもだけで見る／おとなといっしょに見るという視聴形態のちがいで比べたものだ。ここには，番組内容と放送時間の2つの対照性がきわだっている。すなわち，子どもだけで見る番組は，NHK教育で放映されるアニメが中心で，朝晩2つの時間帯に分かれているのに対して，おとなといっしょに見る番組は，民放局のバラエティが中心で，晩の19時以降に集中している。

テレビ視聴習慣の形成

なかでも大きく影響しているのは，日曜日の過ごし方だ。同調査によると，

第6章　メディアと文化資本

表6-1　子どもだけで見る／おとなといっしょに見るテレビ番組の視聴率（5歳時点）

子どもだけで

順位	局	曜日	時間	番組名	視聴率
①	テレ東	木	19:00	ポケットモンスター DP	15
②	教育	金	08:00	にほんごであそぼ	14
③	教育	火	08:15	いないいないばあ！	14
④	テレ朝	金	19:00	ドラえもん	14
⑤	教育	月	17:30	アニメぜんまいざむらい	12
⑤	教育	木	19:40	味楽る！ミミカ	12
⑦	教育	木	17:50	クインテット	11
⑧	テレ朝	金	19:30	クレヨンしんちゃん	11
⑨	テレ朝	日	08:30	Yes!プリキュア5	11
⑩	テレ東	月	07:30	しましまとらのしまじろう	10
⑩	教育	水	07:50	えいごであそぼ	9
⑩	教育	金	18:00	仮面ライダー電王	9
⑬	教育	火	18:00	アニメおじゃる丸	9
⑬	テレ朝	日	07:30	獣拳戦隊ゲキレンジャー	9
⑬	教育	日	09:30	アニメ忍たま乱太郎	9
⑬	フジ	日	09:00	ゲゲゲの鬼太郎	9
⑬	教育	月	07:00	からだであそぼ	8
⑱	教育	木	18:20	天才てれびくん MAX	8
⑱	教育	水	07:00	おかあさんといっしょ	8
⑱	テレ東	金	07:30	ディズニータイム	8

おとなといっしょに

順位	局	曜日	時間	番組名	視聴率
①	フジ	日	18:30	サザエさん	31
②	フジ	日	18:00	ちびまる子ちゃん	27
③	テレ朝	金	19:00	ドラえもん	23
④	日テレ	月	19:00	ヤッターマン	22
⑤	フジ	金	19:00	クレヨンしんちゃん	21
⑥	テレ朝	日	08:30	Yes!プリキュア5	20
⑦	テレ東	木	19:00	ポケットモンスター DP	18
⑧	日テレ	土	18:00	名探偵コナン	17
⑨	テレ朝	日	08:00	仮面ライダー電王	15
⑨	フジ	水	19:57	はねるのとびら	15
⑨	フジ	土	19:00	脳内エステ IQ サプリ	15
⑫	フジ	月	19:00	クイズ！ヘキサゴン2	12
⑬	日テレ	土	19:00	天才！志村どうぶつ園	11
⑬	フジ	日	09:00	ゲゲゲの鬼太郎	11
⑬	教育	火	08:15	いないいないばあ！	11
⑯	フジ	土	19:57	めちゃ×2イケてるッ！	10
⑯	教育	金	08:00	にほんごであそぼ	10
⑯	フジ	日	19:00	熱血！平成教育学院	10
⑯	フジ	木	19:00	まるまるまる子ちゃん	10
⑳	日テレ	日	19:00	ザ！鉄腕！DASH！！	9

注：2008年1月実施
出所：中井（2013）

4歳頃から平日と休日の視聴時間が逆転して，日曜日の視聴時間が平日よりも長くなる（中井・西村・菅原 2010）。日曜日には子どもやファミリー層にむけた番組が多く編成されているから，子どもたちのゴールデンタイムである朝には，男児は『スーパー戦隊』シリーズや『仮面ライダー』，女児は『プリキュア』などを楽しみ，夜の一家団らんの時間には，『サザエさん』や『ちびまる子ちゃん』といった国民的アニメに触れたあとで，そのまま親とバラエティ番組を視聴する習慣が形成されてくるのだろう。

3　かんがえる

子どもとキャラクターとの出会い

　このように，幼児の生活世界において，テレビは主要な情報源として機能しており，その視聴習慣に親の果たす役割は大きい。ならば父親業として，私たちはどのようにテレビとむきあえばよいのだろうか。このとき注意したいのが，

子どもたちがテレビからなにを発見しているのかという視点だ。教育評論家の斉藤次郎は，幼児がテレビに接しはじめるときの最初の驚きを，次のように表現している。

> 幼児がテレビに関して最初に驚くのは，自分が見ているテレビ番組とすっかり同じものを，となりのカズちゃんも見ている，という事実を発見したときだろう。カズちゃんのうちに受像機があるのを知っていても，カズちゃんと一緒にテレビを見たことのない彼は，自分の好きな『仮面ライダーX』を，カズちゃんも好きだとは思ってもみなかったのだ。そしてこの驚くべき発見を契機として，幼児はテレビとの本格的なつきあいを開始することになる。(斉藤 1975：133-134)

すでにおとなの私たちは，こうした驚きをすっかり忘れてしまっているだろう。しかしふり返ってみれば，私たちもそのようにしてテレビとの交際をはじめていたのであり，その場に居合せてもいないのに，他人と同じものを見ている経験が共有され，積み重なっていくうちに，いつしかその事実の集積は，社会的な共同性，すなわち，私たちが「同じ社会に生きている」という実感を形づくる基盤になっていたのだった。

だとすると，アニメや特撮のキャラクターは，幼い子どもたちの想像力を形づくり，媒介する上で，ひときわ「重要な他者」であるといえよう。近所のお友だち，幼稚園の先生，保護者といった実際に出会う他者とは別に，幼児は映像メディアを介していろんなキャラクターと出会っている。そのこと自体は，私たちが子どもだった頃とそう変わらない。ただし，映像世界のキャラクターは，私たちが子どもの頃よりもいっそう強固に，彼／彼女らの日常を取りまいている。どういうことだろうか。

生活世界におけるキャラクターの接近

日本でそうしたキャラクターが身近に感じられるようになったのは，国産テレビアニメの第一号である「鉄腕アトム」が放映された1963年からである。そ

れまでは静止画だったマンガのキャラクターが言葉をしゃべり，テレビ画面のなかを自在に動きまわりはじめたことで，アニメは多くの子どもたちを魅了し，かつて路地裏の駄菓子屋や貸本屋を中心に育まれていた子どもたちの共同性は，テレビやスーパーの商品棚を通したそれへと移り変わっていった。アニメとお菓子の結びつきが本格化するのもこの頃からで，たとえば明治製菓は1965年に「マーブルチョコレート」のパッケージにアトムを起用し，おまけのシールを付けて販売したことで，大人気商品となった。

さらに1980年代に入ると，テレビの内と外の両方で，子どもたちはキャラクターとのつきあいを深めていく。これを象徴するのが，1983年に登場したファミコン（ファミリー・コンピュータ）と，同年に開業した東京ディズニーランドである。

まず，ファミコンに象徴されるテレビゲーム（video game）は，コントローラーを操作することで，見るだけだったはずのアニメの世界に，自分が入りこむような体験を提供しはじめた。2014年に爆発的なヒットとなった『妖怪ウォッチ』でいえば，主人公の「ケータくん」をあやつり，赤い化け猫の「ジバニャン」や，妖怪執事の「ウィスパー」とともに，「さくらニュータウン」のなかを縦横無尽に冒険できるということである。これはまさしく，「制作に参加できるアニメ番組」(斉藤 1986：7)のような体験をもたらしているだろう。

一方，ディズニーランドに象徴されるテーマパークは，自宅の外でもキャラクターや作品世界に触れられる体験を提供しはじめた。文化社会学者の吉見俊哉によると，テーマパークと従来の遊園地との大きなちがいは，周囲の空間からの閉鎖性・自己完結性を徹底した点にある。ディズニーランドではさまざまな障害物によって，園内からは外の風景が見えず，全体から切り離された世界を構成している。そのため「自分が浦安という町の片隅にいることや東京の郊外にいることを忘れ」，まるで夢の世界の住人になった気分で，さまざまなアトラクションを味わうことができる。この意味でディズニーランドは，「遊園地よりもディズニーのさまざまな映像の世界にはるかに近い」(吉見［1995］2007：77-79)。

こうした流れで，子ども社会の共同性は，商品化された想像世界にますます

多くを負っている。いまやキャラクターはいきいきと動くし，操作もできれば，会いにも行ける。玩具に衣服に食品にと，各種のキャラクターグッズも花盛りであり，行政が率先して「ゆるキャラ」をつくり，親が率先して「キャラ弁」をこしらえたりもする。子どもたちの生活世界は，映像メディアを中心としたテレビ的な想像力に，すっぽりとおおわれているのである。

メディア環境化する世界のなかで

　ここからは，２つのことが指摘できるだろう。ひとつは，子どもを外に連れて行く行為と家でアニメを見る行為との間に，以前ほどの大きな差をみいだせなくなったということだ。仮に子どもたちを家から連れだしたとしても，ディズニーランド，ユニバーサルスタジオジャパン，ポケモンセンター，おもちゃ王国，トミカ博，各種のスタンプラリーなど，今日の娯楽施設にはキャラクターを前面に押し出したものが数多くあり，そうした施設で過ごす体験は，家庭で過ごす映像メディアの視聴体験と地続きでつながっている。

　もうひとつは，直接ふれる経験こそが本物で，メディアを介してふれる経験は偽物とは即断しにくくなったことである[1]。たとえば，頭のなかで「くま」を想像するとき，多くの人が思い描きやすいのは，実在する熊よりも，「テディベア」や「リラックマ」のようなキャラクターのほうだろう。生身の熊には動物園くらいでしか接する機会はないが，キャラクターのクマにはテレビのCMや商店のマスコットといったかたちで，ほぼ毎日のように接している。こうした意味で，今日の子どもたちにとって，たとえば幼稚園の先生とアンパンマンのどちらがより身近な存在なのかという疑問に，簡単に優劣をつけることはむずかしい。

　そう考えると，私たちは子どもとキャラクターとのかかわりを無視することが難しくなる。すなわち，生活世界のメディア環境化がすすんだ現在では，子どもの人間関係のみならず，キャラクターとの関係においても，親は理解を示してそれなりに歩み寄ろうとする姿勢が大切といえそうだ。

映像娯楽は文化資本たりうるか

　しかしながら，ことはそれほど単純ではない。仕事の忙しさなどの事情を抜きにしても，映像娯楽やキャラクターに理解を示し，歩み寄ろうとする姿勢には，個人の意思ではいかんともしがたい部分が残るからだ。このことを理解するには，文化資本という考え方について知っておく必要がある。

　社会学では，収入や不動産といった経済的なものを資本と考えるだけではなく，より幅広く「資本」というものを捉える思考の伝統がある。理解しやすいのは，その人の人脈が資本になるという，社会関係資本の発想だろう。すなわち，人脈が豊かであれば，困ったときに手を差し伸べてくれる人も多いだろうし，さまざまな意味での成功を手にしやすいことが予想される。日本では，進学，就職，昇進などで便宜をはかってくれる人のことを俗に「コネ」と呼ぶが，まさにコネクション＝人と人とのつながりが，人生の転機に役立つ可能性があることを，社会関係資本の概念は示している。

　一方，これとは別に社会学の世界で広く知られている概念が文化資本である。フランスの社会学者，ピエール・ブルデュー（Pierre Bourdieu）によって有名になったこの概念は，平たくいえば，趣味や教養，マナー，センスといったものも資本になるという考え方を指す（Bourdieu 1979＝1990）。具体的には，面接試験における受験者の態度を想像してみるとよいだろう。面接試験では一般に，試験官は書類審査やペーパーテストではつかみにくい，その人の人格や魅力を見抜こうとする。もちろん受験者は，試験官になるべく良い印象を残そうとして，精いっぱい体裁を取りつくろう。しかし，面と向かって試験官と応対するうちに，態度や物腰，言葉づかいなどで，隠しきれない「育ち」が出てしまうことがある。文化資本というのは，要はこの「育ち」に相当する。つまり財の所有（経済資本）や人脈の豊かさ（社会関係資本）とは別に，「育ち」の良さも人生を左右する資本になりうるということである。

　さらにもうひとつ，文化資本の概念で重要なのは，それが「相続」という比喩で捉えられていることだ。つまり，経済資本が親から子へと相続されるように，文化資本もまた，親の持つ資本が子へ継承されやすいと考えられている。たとえば，子どもの成長にとって良いからと，絵本を積極的に読み聞かせる親

は，その親自身が，幼少期に自分の親から多くの絵本を読み聞かせてもらった経験があるのかもしれない。もっといえば，「親の背を見て子は育つ」ということわざが示唆する通り，親がとりたてて意識していなくても，親の持つ価値観や好みといったものは，おのずと子どもに引き継がれる側面があると考えられる。先に「いかんともしがたい部分」と記したのは，そういう意味である。

映像娯楽に対する社会的な不安

さて，そうだとすると，映像娯楽やキャラクターに理解を示すことが，じっさいにはなかなか困難な作業であることが理解されよう。文化資本の考え方を踏まえた場合，日頃からテレビに親しんでいる親ほど，自分の子どもにもテレビを積極的に見せたがると推察されるし，じっさいの調査データをみても，親がテレビの影響を良いと思っていると，子どものテレビ接触時間は多い（NHK放送文化研究所 2010：22）。テレビに限らず，アニメやゲームなどの映像娯楽に対する親の接触体験が，子どもに対する教育方針などのかたちで表れて，さらには，それが日常的な生活習慣として子どもに「相続」されていくものと考えられる。反対に，ふだんからあまり映像娯楽に接してこなかった親にしてみれば，それらに対して「低俗」で「有害」，あるいは「不要」といった印象をぬぐいにくいかもしれない。

現にテレビやアニメ，ゲームといった電子メディアは，子どもに与える良い影響よりも，常に悪い影響のほうを危惧されてきた。テレビゲームに限ってみても，「視力の低下」「運動能力の減退」などの身体的影響以外に，「引きこもりになる」「対人関係が苦手になる」「暴力的になる」「（うまくいかなければやり直せばよいとする）リセット思考を強める」といった精神的影響が心配され続けている。属性ごとにみると，こうした不安は，①ゲームに接した経験が乏しい，②30代以上の，③女性に目立っており，とくに子を持つ母親の立場から心配されていると考えられる（木島 2007：113-134）。以上のことからも——じっさいにどこまで悪影響があるのかは判然としないものの——親が映像娯楽に理解を示すべきといった発想は，いまなお市民権を得ているとはいいがたい。

くわえて，そうであるならば，そもそも映像娯楽は文化資本たりうるのかと

いう根本的な疑問も生じる。当然ながら，文化であればなんでも資本になるわけではない。そこには資本になりうる文化と，なりえていない文化がある。ブルデューの考え方にしたがえば，文化のなかでなにが「正統」とみなされているかは，いわば社会が決めている。すなわち，社会のなかで，より「正統」とみなされている文化に慣れ親しんだ経験が，子どもにとって資本となり，選抜試験などで見えない力を発揮すると考えられており，その意味で，映像娯楽に接触することが，子どもの文化資本の獲得に直接つながっているのかといえば，現時点では疑わしいと言わざるをえない。少なくとも，英会話やピアノの演奏ほどには，その文化的な正統性は人々にとって自明なものにはなっていないだろう。

4　ふりかえる

「見せたくないものまで見えてしまう」問題

　以上，生活世界における映像娯楽の浸透と，それらを文化資本として考えた場合の困難について検討してきた。生活世界のメディア環境化がすすむなかで，テレビに登場するようなアニメ絵風のキャラクターはますます私たちの日常をとりまいている。けれども，映像娯楽には依然として子どもへの悪影響も心配されており，それらに接触する体験が「資本」となるのかどうかにも議論の余地がある。であるなら，映像娯楽を育児に役立てることにも私たちは十分に慎重であるべきだろう。とはいえ，子どもがメディアに接することへの不安をやわらげるという意味であれば，まだ父親は映像娯楽を役立てやすいかもしれない。最後にこの点を検討しておこう。

　そもそも親の立場で考えた場合，テレビのような電子メディアが育児不安を感じさせる要因はどこにあるのか。コミュニケーション学者のジョシュア・メイロウィッツ（Joshua Meyrowitz）によれば，それは「見せたくないものまで見えてしまう」点にあると考えられる。従来からある活字メディアと比べた場合，20世紀に台頭した電子メディアは，場所に制約されずに情報を伝える点に大きな特徴がある。すなわち，それらは人種や性別など，伝統社会において集

団ごと，物理的な境界ごとに分断されてきた情報の垣根を取りはらい，いかなる社会属性を持つ人にもフラットに情報を伝達する。このことをメイロウィッツは，社会学者アーヴィング・ゴッフマン（Erving Goffman）の概念を援用して，「舞台裏」（back region）にかくされていた情報をさらけ出すメディアであると指摘している（Meyrowitz 1985 = 2003 : 334-342）。

　むろん，こうしたメディアの特徴は，長所にも短所にもなりうるもので，メディア自体に罪はない。問題になりうるのは，「子どもの前では猥談をすべきでない」といったように，社会的にタブーとされる規範をおびやかす場合である。現に私たち自身，親と何気なくテレビドラマを見ている間にラブシーンがはじまって，いたたまれなくなった経験はないだろうか。メイロウィッツによると，伝統的な社会であれば，そうした情報は子どもが寝静まった後におとなだけで集まって話すなどして，つまり，時間的・空間的に隔離しておくことが容易だった。だがテレビの場合は，つけてしまえば時空を飛び越え，子どもも簡単におとなが触れる情報に接触できてしまう。

　そしてこの「見せたくないものまで見えてしまう」状況は，メイロウィッツが指摘した1980年代の当時よりも，今日ではさらに拡大しているだろう。インターネットは世界中のあらゆる情報をフラットにつないでいるし，スマートフォンは移動中でもそうした情報に接続できる。こうした意味で，親が見せたくない情報に子どもがうっかり触れてしまうことへの不安から，今後も私たちは逃れられそうにない。

消費社会を生きる父親として

　しかし，こうした観点から見た場合，アニメやゲームのような映像娯楽は，ドラマやバラエティのようなテレビ番組よりも，不安に対処しやすいはずである。もちろんそれは，この手の映像娯楽の多くが子どもにむけて作られており，前もって作品に接してよいとされる年齢が記載されるようになっているからだが，親からすれば，守っておきたい情報のタブーを侵犯されるリスクが相対的に少なく，見せたくないものを比較的コントロールしやすい。レーティングのような年齢指定は，「見せたくないものまで見えてしまう」問題に対する，社

第6章　メディアと文化資本

会的な適応形態のひとつと考えることもできよう。

　それに父親という立場だからこそ，映像娯楽のキャラクターに理解を示し，子どもに配慮しやすい可能性もある。というのも，アニメやゲームのようなポピュラー文化は，一般に女性よりも男性が主要な消費者として注目されてきたし，各種の統計調査をみても，男性の方がそれらを好む傾向にいまもあるからだ（北田・新藤・工藤・岡澤・團・寺地・小川 2013；木島 2016など）。当然，子どもむけのキャラクター市場は男児と女児とで異なる部分が多いから，じっさいには父親が女児の気持ちを理解するのは困難かもしれない。だが若者文化が「新人類」と呼称された1980年代以降，幼少期からアニメやゲームに慣れ親しむことは珍しくなくなってきたから，そうして育ったおとなが父として育児にたずさわることで，子どもとキャラクターとのより好ましい関係を構築していく可能性を期待するのは，それほど的外れではないはずだ。

　社会学では，その人の行動の指針となり，判断の拠りどころとなる個人のことを——準拠集団（reference group）という概念にならって——準拠個人と呼ぶことがある。この準拠個人は，必ずしも親や教師のような，実在する身近な人間である必要はなく，歴史上の偉人でも，架空のキャラクターでも構わない。現時点では，私自身が子どもにとって「よき父親」になれるかどうかがわからないのと同様に，映像娯楽のキャラクターを子どもの「よきベビーシッター」にできるかどうかにも未知数の部分が多い。どちらも課題は山積みだろう。けれども私は，映像娯楽に育てられた世代の端くれとして——アニメの『キャプテン翼』を見て育った子どもがサッカー選手を夢見るような意味で——息子にとって準拠個人になりうるキャラクターを，いっしょに探してみたいと思う。

注

(1)　ジャーナリストのウォルター・リップマン（Walter Lippmann）は，1922年に刊行された著書『世論』において，じっさいに目や耳でふれる真の環境（real environment）と，メディアによって提供されるイメージから構成される擬似環境（pseudo environment）とを区別した（Lippmann 1922 = 1987）。しかし社会学者の藤村正之は，メディアの作りだすものをコピーや偽物と簡単に位置付けられないと

いう現状の状況をふまえ，疑似環境に代えて，メディア環境という概念を提示している（藤村［1998］2007：53）。

(2) テレビ視聴がなかなか育児と見なされにくいのは，従来の学校教育が読書のような活字的な教養をもとにして成り立ってきたことが一因にある。社会学者の佐藤卓己は，「今日なお学校の教室で努力して身につける『活字的教養』が正統とされているため，『テレビ的教養』が世間一般でいわゆる教養として認識されているとはいえない。むしろ，教養と対立するものと考えられることの方が多いだろう」（佐藤 2008：16）と指摘している。

【キーワード】

メディア

メディア（media）は媒介と訳され，CDやDVDのような記録媒体と，新聞やテレビ放送のようなコミュニケーションのための媒体とに区別できるが，録画したテレビ番組をDVDに収めて鑑賞したりもできるので，この両者には重なりあう部分も多い。さしあたりは，情報が人から人へ伝わるさいに介在するものをメディアと考えればよいだろう。

メディアのなかでもとくに，たくさんの人に情報を提供する媒体をマスメディアと呼ぶ。日本ではマスコミ（マスコミュニケーション）とほぼ同義で用いられる傾向にあり，新聞・雑誌・ラジオ・テレビを代表的なマス四媒体と称してきた。20世紀の後半以降，もっとも大衆的なマスメディアとなったのがテレビである。

近年では，新しいメディアであるインターネットの台頭にともない，従来からあるマスメディアの退潮を指摘されることも少なくない。しかし動画サイトで視聴される映像や，Twitterで盛りあがる話題の多くはテレビ番組をもとにしているから，インターネットの文化はテレビと対立するものというより，それを「燃料」にして成立していると考えられよう。

文化資本

文化資本の概念を広く世に示した最大の立役者は，フランスの社会学者ピエール・ブルデュー（Pierre Bourdieu）であり，なかでも，彼の主著『ディスタンクシオン』には，文化資本，ハビトゥス，卓越化などの概念を駆使した体系的な社会学理論が展開されている。

文化資本とは，当該社会において「上品」で「正統」とされる教養や習慣を身につけることが，経済的な資本をたくわえることと同様の資本になりうるという考え方のことであり，教育社会学や社会階層論の分野では，とくに文化的再生産のメカ

ニズムを説明するさいに用いられる。すなわち，経済的に裕福な家庭の子が進学や昇進で有利になるばかりでなく，教養や習慣といった文化資本も親から子へと相続され，生まれ育った家庭環境のちがいが，目に見えないかたちで子どもの進学や昇進に影響を与えているとブルデューは主張した。

ブルデュー理論は難解なことで知られるが，その概要をつかみたい場合は，『ディスタンクシオン』の翻訳をつとめた石井洋二郎の著書，『差異と欲望』（藤原書店，1993年）がみちびきの糸となるだろう。

【ブックガイド】

野上暁, 2015, 『子ども文化の現代史──遊び・メディア・サブカルチャーの奔流』大月書店。

メディアを介した子どもたちの文化を考える場合，マンガとアニメとホビーからなる三角形を思い描くと理解しやすい。本書は，戦後70年あまりの歴史をひもときつつ，子ども文化をけん引する役割が，雑誌主導→テレビ主導→玩具主導の順に力点を変えていく様子を，豊富な例をあげてあたたかく記述している。

佐藤卓己, 2008, 『テレビ的教養── 一億総博知化への系譜』NTT出版。

私たちと映像メディアの関係性については，テレビであれ，インターネットであれ，ゲームであれ，「依存症」などの言葉で「有害」を危険視するものが多い。しかし本書は，かつて「一億総白痴化」と称されたテレビを「博知化」と読み替え，教養としてのテレビのあつかわれ方とその可能性を，テレビ放送の前史から丹念に読みといている。

ひこ・田中, 2011, 『ふしぎなふしぎな子どもの物語──なぜ成長を描かなくなったのか？』光文社新書。

子ども専用の物語が登場するのは近代社会以降であるが，従来，そうした物語は，絵本なら絵本，特撮なら特撮と，それぞれのジャンルごとに個別に検討されることが多かった。けれども本書は，ゲーム，テレビヒーロー，アニメ，マンガ，児童文学といった子どもの物語を網羅的に検討し，その作られ方や内容の変化を丁寧に解説している。

文献

Bourdieu, Pierre, 1979, *La distinction : Critique sociale du judgement*, Paris : Minut.

(＝1990，石井洋二郎訳『ディスタンクシオン』（Ⅰ・Ⅱ）藤原書店。)

藤村正之，1998［2007］，「メディア環境と子ども・若者たちの身体」北田暁大・大多和直樹編『リーディングス 日本の教育と社会10 子どもとニューメディア』日本図書センター，51-67。

木島由晶，2007，「ビデオゲームの現在――ゲームがもたらす遊びの功罪」富田英典・南田勝也・辻泉編『デジタルメディア・トレーニング――情報化時代の社会学的思考法』有斐閣，113-134。

木島由晶，2016，「Jポップの20年――自己へのツール化と音楽へのコミットメント」藤村正之・浅野智彦・羽渕一代編『現代若者の幸福――不安感社会を生きる』恒星社厚生閣，45-70。

北田暁大・新藤雄介・工藤雅人・岡澤康浩・團康晃・寺地幹人・小川豊武，2013，「若者のサブカルチャー実践とコミュニケーション――2010年練馬区『若者文化とコミュニケーションについてのアンケート』調査」情報学研究・調査研究編『情報学環紀要』29：105-153。

小林利行・諸藤絵美・渡辺洋子，2011，「日本人の生活時間・2010――減少を続ける睡眠時間，増える男性の家事」『放送研究と調査』61（4）：2-21。

Lippmann, Walter, 1922, *Public Opinion*, New York: Harcourt, Brace and Company.（＝1987，掛川トミ子訳，『世論』（上・下）岩波文庫。)

Meyrowitz, Joshua, 1985, *No Sense of Place: The Impact of Electronic Media on Social Behavior*, Oxford: Oxford University Press.（＝2003，安川一・高山啓子・上谷香陽訳『場所感の喪失――電子メディアが社会的行動に及ぼす影響』（上）新曜社。)

水越伸・東京大学情報学環メルプロジェクト，2009，『メディアリテラシー・ワークショップ――情報社会を学ぶ・遊ぶ・表現する』東京大学出版会。

中井俊朗，2013，「子ども（0～9才）のテレビ接触―― NHK 放送文化研究所"子どもに良い放送"プロジェクト調査」『新情報』101：28-41。

中井俊朗・西村規子・菅原ますみ，2010，「乳幼児期のテレビ接触を規定する要因――"子どもに良い放送"プロジェクト調査・中間総括報告書から」『NHK 放送文化研究所年報2010』54：295-325。

中野佐知子，2013，「幼児のテレビ視聴時間の減少とその背景――幼児生活時間調査・2013の結果から」『放送研究と調査』63（11）：48-63。

NHK 放送文化研究所，2010，『0～5歳の子どもとテレビ――"子どもに良い放送"プロジェクト調査 中間報告』（https://www.nhk.or.jp/bunken/research/category/

bangumi_kodomo/pdf/kodomo101207.pdf)。
Ontario Ministry of Education, 1989, *Media Literacy: Resource Guide*, Ontario, Canada; Queen's Printer for Ontario. (＝1992, FCT 訳, 『メディアリテラシー――マスメディアを読み解く』リベルタ出版。)
斉藤次郎, 1975, 『子どもたちの現在』風媒社。
斉藤次郎, 1986, 『ああファミコン現象』岩波書店。
佐藤卓己, 2008, 『テレビ的教養――一億総博知化への系譜』NTT 出版。
吉見俊哉, [1995]2007, 「メディア環境のなかの子ども文化」北田暁大・大多和直樹編『リーディングス 日本の教育と社会10 子どもとニューメディア』日本図書センター, 68-87。

第7章

ライフイベントと人生儀礼
―――楽しい行事―――

工藤保則

1 けいけんする

　2013年7月2日に，私は父親になった。京都市内にある病院で子どもが生まれたのである。それからの1年間，子どもに関するさまざまな行事を行った。
　最初は退院まもない生後7日目に「お七夜」をした。お赤飯を買ってきて，子どもをかこみながら，私と妻，そして退院後の妻と子どもの世話をしに来てくれていた妻の母の3人で食べた。なんだかとてもほっとしたことを覚えている。
　「お宮参り」は誕生から1ヶ月後あたりにするものだと聞いた。そうすると8月初旬となる。それでは暑さが子どもに負担になるからと，遅らせることにした。「暑さが一段落してから」といっていたら，秋風が吹き始める9月も下旬になってしまった。妻の両親，姉家族，それから大阪に住む私の親戚とともに上賀茂神社にお宮参りに行った。その後，みんなでランチを食べて祝った。
　「お食い初め」についてはまったくわからなかったので，インターネットでいろいろと調べてみた。生後100日くらいに行うということがわかり，10月中旬に行った。午前中に尾頭付きの鯛をスーパーの鮮魚店に買いに行ったがあいにく置いていなかったので，代用として甘鯛を買ってきた。それを家で焼き，他に赤飯，吸い物，なます，煮しめを用意した。妻の両親も来て，いっしょに祝った。
　「初節句」は，宮参りに来てくれた親戚宅で食事をいっしょにする予定だっ

たが，子どもが風邪をひいてしまい外出は控えることにした。初節句の当日にあたる5月5日は，出産の際にお世話になった助産師さんをわが家に招待し，昼食をともにしながら出産時の思い出話や退院後の育児の話などをした。ベランダでは鯉のぼりがおよいでいた。

　1歳の誕生日は，妻の両親と姉家族，私の親戚，それに助産師さんにも来ていただいて，「初誕生」としてレストランでお祝いの食事会をした。出席者はここまでの行事に参加してくれた人たちである。その人たちは子どもにとって，父母以外でもっとも身近な存在といえる人たちであり，誕生から1歳になるまでいつも気にかけてくれた人たちである。

　このように，1年に何度も子どもの成長を祝うために家族や親族があつまった。子どもの顔を見に来てくれることは，親としてとてもうれしいことである。

　毎年めぐってくる節句や誕生日は年中行事だが，「初節句」や「初誕生」は人生に一度しかなく，人生儀礼といわれる。誕生からの1年間はそういう人生儀礼が何回もある。子どもが生まれる前は，「そんなことするかなぁ」という気持ちだった私だが，「お七夜」「お宮参り」「お食い初め」「初節句」「初誕生」という人生儀礼を一通り行った。小さい子どもの父親である知り合いに聞いてみても，私同様に「『そんなことするかなぁ』と思っていたが一通りした」という返事ばかりだった。

　「そんなことするかなぁ」と思っていた（父）親が，子どもの1年目の人生儀礼をなぜしてしまったのだろうか。人生儀礼には，（父）親にそうさせてしまうなにかがあるようだ。

2　ひろげる

1歳までの代表的な人生儀礼

　生まれたときから死ぬまで，私たちの人生には周囲の人に見守られて行う儀礼がいくつもある。とくに誕生後は，立て続けにある。かつての出産は母子の命がかかっており，無事に生まれても乳幼児の死亡率が高かった。そのため，子どもの健やかな成長を願い，節目節目に儀礼が用意されていたのである。

第Ⅱ部　親子における〈オトコの育児〉

　習慣や慣行などの生活様式のことを習俗というが，習俗のうちでもかわらないもの・かわりにくいものを指してとくに民俗という。つまり，民俗とは「人々の生活文化の本質」と理解することが可能であろう。またそれは，「地域社会における民間伝承」と説明されることもある。かつての生活文化は地域社会と密接に結びついていたのである。人と地域社会とのある種の契約を意味する人生儀礼は民俗の代表的なもののひとつとされ，必ず行われるものだった。

　ここで，1歳までの代表的な人生儀礼について，ごく簡単にその民俗的な説明を行うことにする。

・お七夜……誕生から7日目の夜に行う行事のこと。かつて，生まれたばかりの子どもはこの日まではこの世に存在しているとは認識されず，名前も付けられていなかった。袖のある着物を着せられずにぼろなどにつつまれていた。この世の存在となってしまうと，産神の加護から外されると考えられたからである。乳幼児の死亡率が高かった頃は産後すぐに死んでしまう確率が高かったのでそのようにしたのだが，7日たつと，子どもはこの世の存在と認識され，命名書を神棚に貼りお祝いをした。
・お宮参り（初宮参り）……誕生後初めて行う氏神参りのこと。男児は生後32日目，女児は33日目に行うことが多いが，地域によってさまざまである。モモカマイリ（百日参り）といって100日目あたりに行う地域もある。現在でも父方の祖母が孫にあたる子どもを抱いてお参りすることがあるが，それは産婦の忌みが長かった時代の名残である。お宮参りには氏神に子どもの無事の成長を祈るという目的と，氏神に参ることで氏子にしてもらう，つまり地域社会の一員にくわえてもらうという意味がある。
・お食い初め……生後100日目に初めて本膳（一汁三菜）につかせ，食事の真似事をする儀式。「一生食べることに困らないように」との願いを込めて，赤飯と尾頭付きの焼き物（鯛），なます，煮しめ，お吸い物が用意された。「歯が固く丈夫になるように」ということから歯固めの石と言われる石をお膳に乗せる地域も多かった。赤飯や餅を仲間入りの挨拶として近所に配ったりもしていた。
・初節句……子どもが生まれて初めて迎える節句。もともとは3月は女児，5

月は男児という明確な区別はあまりなかった。節目を機に子どもが地域社会に仲間入りをしたことを表し，人々に今後の加護を乞う儀礼だった。

・初誕生……日本ではかつては数え年で年齢を数えてきた。数え年では，生まれてすぐの子どもも魂があるので1歳とし，年をとるのは正月であった。このように年齢を数え年でいっていたときは個人ごとの誕生日を祝う風習はなかったが，なぜか昔から初誕生だけは誕生日に祝っていた。

現代家庭の人生儀礼

それでは現代の家庭では，どのように人生儀礼が行われているのだろうか。そしてその中での父親のかかわりはどのようなものなのだろうか。そういう関心から，赤ちゃん用品専門店にて販売員から話を聞いてみた。[1]

> 誕生1年目の行事はとてもさかんですね。お店に来ていただく方しかみていないので全体のことはよくはわかりませんが，ほとんどのご家庭でされているのではないでしょうか。
>
> 行事をされる前には，おじいさまやおばあさまも含めたご家族様にはよくお買い物に来ていただきます。そして，いろいろ必要なものについての質問もいただきます。おばあさまは「私はそんなことしていなかったわ。今はそういうこともするのね。それに必要なこういうものも売っているのね」といわれたりします（笑）。おばあさまがされたことと少し違ったりするのでしょうね。そういう世代による違いもありますし，それぞれのご家庭によっても，それぞれ少し違ったやり方をされているようですね。
>
> この頃は，行事の品の買い物にお父さまもいっしょにこられることも多いですね。土日はそういうお父さまが多くいらっしゃいます。たのしそうにお買い物をされていますよ。おむつやミルクなどといった赤ちゃんの日用品の買い物には，お父さまはあまり来られませんが（笑）

とのことだった。また，上にも書いたが，小さい子どもの父親である知人に聞いてみても，みな口をそろえて「『そんなことするかなぁ』と思っていたが一

通りした」というこたえだった。こうみてみると，案外，子どもの1年目の人生儀礼は行われているようである。案外，どころか，積極的に，といったほうが適切かもしれない。

先に述べたように，人生儀礼は民俗として地域社会とかかわりの上に成立していた。「地域社会とのかかわりが希薄になった」といわれて久しい現代社会において，なぜこうも1年目の人生儀礼が積極的に行われ続けているのだろうか。子どもが生まれたからといって，地域社会とのかかわりが急に密になるとは思えない。だとしたら，それに代わる意味があるのではないだろうか。

3 かんがえる

民俗から風俗へ

子どもの1年目の人生儀礼については，民俗的な意味の理解はどうであれ，子どもの誕生を祝い，健やかな成長を願うという本質的な意味はかわっていないだろう。かわったのは「地域社会とのかかわりから家庭の行事・イベントへ」ということではないだろうか。「家族の行事・イベント」になったことにより，かえっていまでも広く行われつづけているようにも思われる。それは別のいい方をすれば，「民俗から風俗へ」ということになるだろうか。風俗とは習俗のうちのかわりゆく・かわりつつあるもののことをいう。社会心理学者の井上忠司が現代家庭の正月行事について「正月の民俗は，めっきりすたれつつある。……風俗の観点からみれば，正月の習俗は，商業主義の波にあらわれながら，ますますさかんになってきているとさえいえるだろう」といっていたことを思い出す（井上＋サントリー不易流行研究所 1993：15-16)。

育児ライフイベントとしての人生儀礼

現代において子どもの1年目の人生儀礼が盛んであることを，地域や民俗という観点からではなく，家族や風俗という観点から考えてみたい。

かつては結婚や出産・育児などは比較的多くの人が体験・経験する出来事だったが，現在ではそれを経験するのはあたりまえのことではなくなってきてい

表7-1 性別生涯未婚率

	1960年	1965年	1970年	1975年	1980年	1985年	1990年	1995年	2000年	2005年	2010年
男	1.26%	1.50%	1.70%	2.12%	2.60%	3.89%	5.57%	8.99%	12.57%	15.96%	20.14%
女	1.88%	2.53%	3.34%	4.32%	4.45%	4.32%	4.33%	5.10%	5.82%	7.25%	10.61%

出所：国立社会保障・人口問題研究所「人口統計資料（2014）」より筆者作成

る。結婚に関しては，50歳時点での未婚率を指す生涯未婚率という統計資料がある。表7-1は1960年以降のその値を示したものである。1960年は男性1.26％，女性1.88％，1980年は男性2.60％，女性4.45％，2000年は男性12.57％，女性5.82％，そして最新の値である2010年は男性20.14％，女性10.61％となっている。その値は急激に高くなってきており，この傾向が続けば，2030年には男性30％，女性20％に達するという予測もある。日本では事実婚が少ないため，法律婚から算出される生涯未婚率がある程度実態に即していると考えると，この先，結婚や出産・育児などを経験することはあたりまえのことではなくなっていくのかもしれない。

結婚や出産・育児を経験することがあたりまえではなくなっていくにつれ，希少性が増し，その機会を十分に楽しもうという人が増え，いろいろな工夫や演出をするようになったとも考えられる。また，現代の風潮として，自分が経験した楽しい出来事をTwitterやfacebookなどのSNSで発信して共有したい／してもらいたいという気持ちが強くなっているように思う。その場合，子どもを承認してもらう相手は地域社会ではなく，友だちや知人，さらにはネット上の見知らぬ人となるのだろう。

赤ちゃん用品専門店での聞き取りから，儀礼の様式も，家庭ごとに少しずつ違っていることがわかる。人生儀礼と聞くと伝統的で統一的な様式に基づいて行われていると思われがちであるが，実際は多様であり，新しい様式も作られているようだ。マニュアル本やインターネットなどの情報から広まり，各家庭でそれらを取り入れ，さらに家庭ごとに創意工夫がされているということなのだろう。インターネットやSNSという新しい環境がかかわってきてはいるが，行事自体には民俗的な「伝統の味」があることがミソかもしれない。それぞれの家族は，伝統の味に各家庭の風味をくわえて行事を行っているといえよう。

親世代と子世代の二世代間の比較を行った民俗学者の松岡悦子は，現代では出産・育児は「格好の消費の機会」と見なされ，「伝統的な儀礼を下敷きにあらたな要素が付け加えられて，家族プラス祖父母の記念すべきイベントとして受け継がれている」と述べている。そのため「儀礼は再活性化され，創出されるから，親世代より子世代のほうが産育儀礼を実施する傾向にある」とも指摘している（松岡　2003：30-31）。

このように，子どもにとっての「人生儀礼」が，いつの頃からか，親にとっての「育児ライフイベント」になったのである。イベントとなったことで，親は子どもの健やかな成長を願うと同時に「自分も楽しまなきゃ」と思うようになったのであろう。

父親と育児ライフイベント

次に，父親が，案外，育児ライフイベントに積極的にかかわっている理由についてもう少し考えてみたい。

母親のほうは，妊娠，出産という自らの体の変化を通して母親になっていくのかもしれないが，父親のほうはそうもいかない。だからこそ子どもの人生儀礼を行うことで，またその計画を立て段取りをすることなどを通して，1年かけて父親になっていこうとするようにも思われる。

子どもの1年目の人生儀礼に積極的にかかわることで，仕事に忙しい父親であっても，それを区切りとして，子どもの成長を確認することができる。それぞれの人生儀礼のときに子どもがどういう様子だったかを確認することができる。また，その儀礼の前は，その後は，というふうに，子どものことを考えるときの区切りにもなる。つまり，人生儀礼や行事は子どもの成長を確認するはっきりした目印になるのである。死亡率が高かった頃の節目節目の成長の確認とはやや意味が異なり，息災な時間が経過したということを確認する。父親は，そのように子どもとかかわりながら，成長を確認しながら，徐々に父親になっていく。人間の子どもは1年の早産であるといわれるが[2]，父親にも「父親になる」ための1年が必要なのかもしれない。子どもの人生儀礼は，そのひとつひとつが父親にとっての節目でもあるのである。

このように 1 年目の人生儀礼には，父親がイベントを楽しむということだけではなく，それを通して，親になる，父親になるという意味もあると考えられる。序章でも述べたが，「〇〇になる」というのは社会学の言葉では社会化という。社会化にとっての人生儀礼の意味を考えるとき，一般的にはまずはその当人における意味を考える。しかし，生後 1 年と小さすぎる場合は，その当人（子ども）にとってというより，親になる，父親になる，というようにまわりにとっての意味が大きいことから，儀礼はそれを催すほうにも大きな意味をもたらすことがわかる。その意味は，子どもが地域の中に生まれ育っていたときは，理解されていたものの，家族の中に子どもが生まれ育つ現在では，少し忘れられがちであるのかもしれない。儀礼がイベント化した現在では，とくにそうであろう。

　父親は，父親としての 1 年の早産であることを実感しながら，子どもの人生儀礼を通して，父親になっていくのかもしれない。

4　ふりかえる

よき思い出づくりへの参加

　子どもの誕生 1 年目の人生儀礼への父親のかかわりについて，もう少しだけ考えてみたい。

　「受動的で，趣味的な育児」しかしないと思われている父親にとって，子どもの人生儀礼への積極的な関与は，多少の汚名返上あるいは名誉挽回の機会となっているのではないだろうか。行事は休日に行う場合が多いので，平日は仕事で帰りが遅い父親であってもかかわることができる。またこの時期の儀礼は食を中心とした「遊び」的要素が強いので，「遊ぶだけで世話はしない」といわれている父親であっても，かかわりやすいのではないだろうか。それどころか「腕の見せどころ」と思っているかもしれない。

　子どものほうは，間違いなく，1 年目の人生儀礼のことは覚えていない。そもそもなにをしているのかも理解していないだろう。もう少し大きくなってから写真や映像を見たり，話を聞いたりして，「こんなことをしてくれたんだ」

と理解するようになるのだろう。自分のために家族・親族が集まってお祝いをしてくれたことを知り，うれしく思うに違いない。それは「現在の幸せを増幅し，できるものなら，その幸せをしっかりと子どもの記憶にのこしてやりたい，という〔親の〕意思」に基づく，ひとつの「よき思い出の相続」（井上＋サントリー不易流行研究所 1993：205）といえるであろう。

　1年目の人生儀礼についての「よき思い出」は，子ども自身にはそのときの記憶がないため，後から得られた「よき思い出」である。だからこそ逆に，親が人生の最初からそういう「よき思い出」を自分のために作ってくれていたことに驚き，その分余計にうれしく思うのではないだろうか。「自分の誕生と節目節目の無事の成長をこんなにもよろこんで祝ってくれたんだ」という感謝の気持ちも強くなるだろう。その気持ちは，子どもがそれからの人生を，自信を持って生きていくためのよりどころになるに違いない。また父親にとっても，人生儀礼という，子どもの最初のよき思い出づくりに楽しみながら積極的に参加し，同時にそのよき思い出の中に自信が存在しつづけることは，他のなににも代えがたいことであろう。

家族らしい家族

　誕生後1年目の人生儀礼だけに限らず，クリスマスやお正月など毎年めぐってくる年中行事も「よき思い出」となりうる。そこで年中行事についても少し述べておきたい。『現代家庭の年中行事』において井上忠司が言うように，年中行事は，伝統的な年中行事，新しい年中行事，人生節目の年中行事，という3種類に分類できる。伝統的な年中行事とは，お正月，お盆，お花見，お月見などである。新しい年中行事とは，バレンタインデー，ホワイトデー，クリスマスなどである。人生節目の年中行事は，誕生日，父の日や母の日などである。現在では，どの種類の年中行事も，家族や友人たちとの関係を確認し合うきっかけとして，盛んに行われている。

　子どもが小さいときは，子ども中心に行事が行われる。上記にくわえ，保育園や幼稚園での運動会，生活発表会，おもちつき大会，お楽しみ会などが家族の行事予定表に組み込まれてくる。毎月なにかしら「子どもの日」があるほど

である。親自身が子どもの頃，いろいろな行事や祝いをしてもらい，「愛されている」という実感を持ったのと同様に，子どもにもできればそれと同じかそれ以上のことをしてやりたいという気持ちから，親は数々の年中行事をアレンジする。繰り返しになるが，それは「よき思い出の相続」となろう。

ところで，「相続」といった場合，ほとんどの人は金銭や不動産といった「資産」を思いうかべるのではないだろうか。それらは，持つ者と持たない者が存在し，格差や不平等の問題と重なってくる。しかし，「よき思い出」という資産の相続とその所有（「よき思い出を持ち続けて成長していくこと」といってもいいかもしれない）においては，格差や不平等はうまれないでほしい。子どもたちが，等しく，多くの「よき思い出」の相続と所有ができる社会である／になることをこころから願うばかりである。

最後に，人生儀礼や年中行事が現代でも盛んに行われている意味を，より広い視点から考えてみたい。

年中行事が盛んに行われているということは，ひるがえせば，盛んに行わないといけなくなってきていると考えられる。人生儀礼や伝統的な年中行事は，そもそもの宗教的・民俗的な意味は忘れ去られ，クリスマスやハロウィンと同じくイベント化，ファッション化している。決まり事や様式にとらわれず，各家庭で自由に気軽に行えるようになっている。親たちはイベントを盛んに行うことによって，「家族である」ことを確認しているようにも思える。

家族の絆を描いた『クレヨンしんちゃん　嵐を呼ぶ　モーレツ大人帝国の逆襲』(2001年)や『ALWAYS　三丁目の夕日』(2005年)といった映画は，公開後時間がたったいまでも幅広い年齢層に人気がある。それは，「家族が家族らしい」から，「家族が家族である」から，ではないだろうか。

イメージとして持っている「家族らしい家族」へのノスタルジーから，私たちは人生儀礼を含めた子どもに関する行事を熱心に行っているのかもしれない。

注
(1) 松岡悦子がいうように，現代では出産・育児は「格好の消費の機会」と見なされているので，その意味での「現場」である。赤ちゃん用品専門店の販売員から話を

第Ⅱ部　親子における〈オトコの育児〉

図7-1　和菓子店のインターネット通販カタログにある，初誕生祝い用の「誕生餅　一升餅」

出所：大和路遊心菓 吉方庵（http://kippouan.com/ 最終アクセス日　2015年12月25日）

図7-2　仕出し料理店のインターネット通販カタログにある，「お食い初めセット（歯固め用の石・儀式の解説書付き）」

出所：季膳味和のお食い初め（http://www.mi-wa.jp/okuizome/ 最終アクセス日　2015年12月25日）

聞くのが適当と考えた。2014年6月に「もうすぐ子どもが1歳になるのですが，その誕生日の行事のときに必要なものはなんですか」というふうに話しかけ，その後，1年目の行事一般につての話を伺った。ちなみに，その係りの方は，1歳の誕生日用の品として「誕生餅＝子どもに背おわせるお餅（背おわせるときに使う紐もセットになったもの）」を勧めてくれた。

　また，当然のことながら，現在では，赤ちゃん用品専門店だけではなく，インターネットでも人生儀礼に関する品は購入できる。図7-1，図7-2に示すのは「誕生餅」と「お食い初めセット」の品の例である。

(2)　動物学者のアドルフ・ポルトマン（Adolf Portmann）は「人間は他の哺乳類と比べ，1年ほど早産である」とし，このことを「生理的早産」といっている（Portman 1944＝1961：62）。

【キーワード】

人生儀礼

　儀礼とは，一般的には一定の形式にのっとった宗教上の礼式のことをいうが，19世紀以降の人類学者らによる調査研究によって，この言葉により深い意義が与えられた。すなわち，儀礼とは，ふだんの生活とは異なった時間・空間の中で行われ，荘厳な雰囲気や喧噪状態をともないながら，象徴的・抽象的な価値や意味を伝える

働きを持つもの，とされたのである。

儀礼のなかでも，誕生，命名，七五三，入学，卒業，就職，結婚，還暦，死などの人生の節目節目に行われる儀礼のことを人生儀礼（通過儀礼）という。また，通過儀礼は人生儀礼だけをいうのではなく，帰属する集団を移行する際の儀礼も含む用語である。

通過儀礼という概念は，ファン・ヘネップ（Arnold van Gennep）が1909年に出版した『通過儀礼』の中で用いたものであり，そこでは，儀礼の過程として「分離の儀礼」「過渡の儀礼」「統合の儀礼」の3区分がよく見受けられるとしている。

ライフイベント

多くの人が一生のうちで経験する出来事のこと。誕生，入学，卒業，成人式，就職，結婚，出産（子どもの誕生），子どもの入学，親の死，還暦，退職，配偶者の死や自分の死などをあげることができるだろうが（これらは上で示した「通過儀礼」に出てきた出来事と重なってくる），現代ではライフコースや価値観が多様化し，「多くの人が経験する」という前提が成り立たなくなっている。結婚や出産・育児だけでなく就職や退職などについても同じことかもしれない。その中で，「自分の誕生」「自分の死」は全員が経験する出来事であるが，全員その記憶はない出来事であるという点でとても興味深い。

ライフイベントは楽しむだけのものではなく，緊張や不安をともなった出来事であったりもする。そのような場合は，心理的に危機的な状態とも考えられるが，それを乗り越えると新たな成長を感じられるようになる。

SNS（ソーシャル・ネットワーキング・サービス）

人と人のつながりをサポート・促進する，コミュニティ型のインターネットサービスのこと。友人や知人の間のコミュニケーションを円滑にする手段や場所を提供したり，趣味・嗜好，地域，「友人の友人」といったつながりを通じて新たな人間関係をつくる機会を提供する，会員制のサービスである。

SNSには，自分のプロフィールなどを会員に公開する機能や，新しくできた友人を登録するアドレス帳，友人に別の友人を紹介する機能，会員や友人に自分のブログを公開する機能，趣味などのテーマを決めて掲示板などで交流できる機能などがある。

日本では2004年頃からサービスが始まり，日本最初のSNSといわれる「GREE」や会員数が1000万人を超えた「mixi」，無料通話アプリとして有名な「LINE」，原則として実名で登録するため相手がどんな人なのか分かったうえで交流する「facebook」，140字以内の短いつぶやき（ツイート）を投稿し情報を共有するサー

ビス「Twitter」が有名である（「facebook」「Twitter」はアメリカ発祥）。SNS において，子どもの人生儀礼や家族の年中行事は定番の話題のひとつになっている。

【ブックガイド】

井上忠司＋サントリー不易流行研究所，1993，『現代家庭の年中行事』講談社現代新書。
　家庭をあたかも劇場のようにみなして，家庭生活をドラマの舞台にたとえて考える「家庭劇場論」という視点から，現代家庭の年中行事について考察したもの。そこで描かれている「家庭の演出」は本章の内容にも通じるものである。また，行事における「食の文化」の重要性も指摘されている。

片瀬一男，2013，『ライフイベントの社会学〔新版〕』世界思想社。
　本章では1歳までの子どものことをあつかったが，その後にも，さまざまなライフイベントが存在し，私たちは，その都度，「社会の中の自分」を考えることになる。多くの人が人生において経験するライフイベントを社会学の代表的な理論を使いながら読み解いた上記の書籍は，私たちが自分の人生について考える際のよき参考書となるだろう。

文献

井上忠司＋サントリー不易流行研究所，1993，『現代家庭の年中行事』講談社現代新書。
近藤珠實監修，2007，『家族で楽しむ――歳時記・にほんの行事』池田書店。
倉石あつ子・小松和彦・宮田登編，2000，『人生儀礼事典』小学館。
松岡悦子，2003，「妊娠・出産――いま・むかし」新谷尚紀ほか編『暮らしの中の民俗学3　一生』吉川弘文館。
Portman, Adolf, 1944, *Biologische Fragmente zu einer Lehre vom Menschen*, Benno Schwabe.（＝1961，高木正孝訳『人間はどこまで動物か』岩波新書。）

第8章

レジャーと公共空間
――おでかけたいへん――

木村至聖

1 けいけんする

　休日の「おでかけ」は家族がふれあうための貴重な機会である。子どもにとっても、家から離れた場所にでかけ、いつもとは少し違う経験をすることは成長のきっかけとなるだろう。書店を見てみると、『こどもとおでかけ』（JTBパブリッシングの『るるぶ』シリーズ）や『家族でおでかけ』（昭文社の『まっぷる』シリーズ）、『こどもとおでかけ365日』（ぴあの『ぴあムック』シリーズ）といったように、子ども連れのおでかけ情報誌が充実している。こうした情報誌には、遊園地やキャンプ場、大きな総合公園や動物園、牧場などさまざまなレジャースポットが紹介されている。

　興味深いのは、こうした都市の郊外にあるレジャースポットばかりでなく、いわゆるショッピングモールに関する情報もそこに数多く掲載されていることである。たしかにショッピングモールなら子どもが交通事故に遭う心配も少ないし、おむつ替えコーナーや授乳室といった設備も充実しており、バリアフリー化が進んでいてベビーカーでの移動もしやすい。さらに、小さい子どもが遊べる屋内遊園地や広場が併設されていることもある。子どもが生まれるまで、私はショッピングモールといえばもっぱら買い物する場所と思っていたが、このようにショッピングモールはいまや家族での「おでかけ」先として、有力な選択肢のひとつとなっているのだ。

　わが家でも、休日にはこうしたショッピングモールをはじめ、動物園や総合

第Ⅱ部　親子における〈オトコの育児〉

公園などに家族で出かけることが多い。だが，わが家には自家用車がなく，しかも私自身は運転が大の苦手である（運転免許の実技試験では3回不合格になった）。幸いにも，私たち家族が住んでいる地域は公共交通機関が発達しているので，ショッピングモールにも動物園にも，バスと鉄道でアクセスできる。そんななかで実感することになったのが，公共交通機関での子ども連れの移動の難しさである。

私の子どもの場合，生まれてすぐの頃は体重も軽いので抱っこひもで連れ出していたが，電車やバスのなかでは，いつなにが原因で泣き出すかわからず冷や冷やしていた。もう少し大きくなってからも，むずがって大きな声を出したり，暴れたりすることがよくあり，言葉が通じない間はいくら注意してもわからないので，手に負えなくなることが何度もあった。しかしより厄介なのは自分で立って歩けるようになってからである。体重も10キロを超えて，抱っこひもではたいへんになるし，おとなしく手をつないでくれるときばかりではなく，自分で歩きたがると思ったら今度は道の真ん中で座り込んでしまうこともある。とくに買い物帰りで荷物がたくさんあると，そうして動き回る子どもを連れて歩くことは至難の業である。

こういうとき，ベビーカーはやはり必須のアイテムである。子どもの身体はしっかりベルトで固定してくれるし，荷物をかけることもでき，最近はかなり軽量化され4〜5キロ程度のものも増えてきている。後述するように，近年，鉄道会社によっては車内でベビーカーをたたまず乗車することが正式に認められるようになった。とはいえ，混雑した車内ではやはり場所をとるため，周囲には非常に気をつかう。たためる場合はたためばよいが，他に荷物がたくさんある場合など，いくらベビーカーが軽量とはいえかえって荷物になり，子どもからも目が離せないのでこれもまた重労働となる。

自分の子どもが生まれるまでも，ベビーカーと荷物を抱えた子連れのママをバスや電車の車内で見かけることはよくあったが，それがこんなにもたいへんなことだったとは，正直なところ想像できていなかった。私自身，これまでも何度か子どもとふたりきりでバスや電車に乗ることがあったが，それはとても心細いことだった。体力的なたいへんさだけでなく，やはり周りに迷惑をかけ

ていないか心配になり、精神的にも気疲れしてしまうのである。

　このように、子ども連れのおでかけでは、なにより「目的地に着くまで」が大きな問題である。とりわけ自家用車のない私のようなケースでは、実際のおでかけの経験を通して、「公共の場」というものについて考えさせられることが多かった。そこで次節では、こうした「公共の場」における「子連れ」の難しさについて、もう少し社会の問題として広げて考えてみたい。

2　ひろげる

ベビーカー論争の原型

　2013年6月、国土交通省はベビーカーを利用しやすい環境づくりにむけて、ベビーカー利用に関する協議を進めるために、「公共交通機関等におけるベビーカー利用に関する協議会」を設置した。2014年3月までに協議会は4回開催され、そのなかでベビーカー利用の現状と課題の確認、および統一ルールのとりまとめが行われた。その成果として画期的だったのは、交通機関内でベビーカーをたたまずに乗車することを基本的に認める指針を示したことであった。

　従来、交通機関内に限らず、日本の「公共空間」とベビーカーは決して相性のよいものではなかった。朝日新聞の記事検索システム『聞蔵Ⅱビジュアル』を利用して、ベビーカー関連記事および読者からの投書欄をさかのぼって調べてみると、1980年代には図書館や博物館といった「公共施設」でのベビーカー利用の問題が持ち上がっていることが確認できる。

　1988年9月18日の「横浜の地区センター、ベビーカーなぜだめなの？」では、35歳の主婦が「ひとこと」欄に寄せた疑問の声とその反響についてまとめている。投書した主婦は、6ヶ月半の娘をベビーカーに乗せ横浜市の地区センターに行ったが、係の人にセンター内でベビーカーは使用できないと言われたという。「9キロもの重い子どもを抱いて図書コーナーで本選びをするのは大変。車いすなら当然入れるのに」というのがその主旨である。市側は、実は規則としてベビーカーの持ち込みを禁止しているわけではなく、手狭な施設に高齢者

から幼児まで多くの来館者があるためベビーカーにぶつかってけがでもしたら，というセンターの側の「配慮」なのだろうと回答している。これに対し，「おぶいひもを使って，本を選ぶ間くらいは我慢すべき」，「子育ての時期は大変だが，それですべてのわがままが許されるわけではない」，「それなしでは動けない車いすと違うのだから，おぶいひもを使うのが当然」，「最近の若い人は我慢が足りない」といった辛口の意見から，「私も同じ経験をしたが，もっと利用者の身になって考えてほしい」といった同情の声まで寄せられたという。

　1989年6月7日の新聞には，佐倉市の国立歴史民俗博物館でベビーカーでの入館を拒否されたという32歳の主婦からの投書があり，同月17日にはそれに対するさまざまな反響の声が掲載されている。ある30歳の主婦は，夫の仕事の都合で訪欧した折に立ち寄ったパリの美術館では無料でベビーカーを貸してくれ，ゆっくり鑑賞することができたという。また別の29歳の主婦は，博物館に限らず，日本の街の構造は小さな子どもを連れている者にとって行動しにくいと主張する。彼女が以前住んでいたカリフォルニアでは，ベビーカーをたたんだり，子どもを乗せたままかついだりするようなことはまったくなかったという。このように，海外（欧米）での旅行あるいは在住経験に照らして，日本でのベビーカーの利用しづらさ，さらには子育てのしづらさを指摘する意見は，現在でもよく見受けられるものである。

　一方ある31歳の主婦は，制限は残念だが，「子連れはとかく迷惑」なので「仕方がない現実」であり，「親のモラル」の問題であると指摘する。また，32歳の主婦は「同じ子供を持つ者として」，「疲れるのは子供を育てる上で当然のこと」であり，子どもは抱いて鑑賞すればよく，あまり社会に甘えるのはどうかと批判的な意見を寄せている。この主婦は，はじめの投書の主婦が車いすでの入館についても言及していることに対して，子どもには鑑賞能力がないのだから車いすの例を持ち出すのはおかしいとも主張している。こうした，子どもはそもそも「迷惑」な存在であり（母）親は周囲に「配慮」するのが「モラル」であるという主張もまた，よくみられる意見の「型」となっている。

　だが見落とすべきでないのは，最初の投書にあった「博物館は母親には無縁の場所なのでしょうか」という嘆きである。子どもを抱けばよいと意見された

とはいえ、投書主は自分自身が博物館で歓迎される存在ではないと感じてしまったのであり、先にあった「子どもには鑑賞能力がない」という意見は、こうした母親の主体性をまったく問題にしていないといっていいだろう。にもかかわらず、「（母）親ならば当然周囲に配慮すべきであり、行動も制限されて当然」という意見は現在でも相変わらず根強い。

ベビーカー利用を批判する言説

さて、ここまで過去の新聞記事（投書欄）から公共施設におけるベビーカー利用の問題について詳しくみてきたが、そこには1990年代から幾度も表面化する（がまったく解決の糸口の見えない）公共交通機関内におけるベビーカー利用をめぐる基本的な論点がすでに登場しているといえる。

朝日新聞には公共交通機関内におけるベビーカーの利用に関して1992年10月、1993年4月、1996年1～2月（以上は鉄道）、1997年4月（バス）に複数の投書のやり取りがみられる。昭和50年代までは10キロ近くあったベビーカーが、徐々に改良を重ねて現在の3～5キロ程度まで軽量化が進む過程で、ちょうど1990年代前半にこうした問題が表面化してきたとみられる。1999年1月には大手私鉄などでベビーカーを広げたままでの乗車が正式に認められるようになった。これを受けて議論が再燃したほか、2002年にはベビーカーでの駆け込み乗車による事故の頻発を受けて、2007年には2006年12月施行のバリアフリー新法を受けて、そして2013年には統一ルール作成を受けてという具合に、数年おきにほぼ同じような同情と批判のやり取りが繰り返されている。ここでは、その主な主張の「型」を分類して紹介することにしよう。

まず、公共施設も含め、公共交通機関内でのベビーカーの使用を批判する言説のもっとも根本的なものは、そもそも「公共」の場では子ども（連れ）は迷惑な存在なのであり、（母）親が周囲に配慮するのが当然だというものである。これを〈「公共性」言説〉と呼ぶことにしよう。この言説によれば、ベビーカーを開いたまま乗車することは「マナー違反」であり、公共の場に相応しい振る舞いの規範に反することになる。申し訳なさそうに気をつかうのなら「大目にみる」こともあるが、基本的には厳然たる規範の存在が前提となっている。

そして，この言説は規範を内面化した親たち自身によるものでもあることに注意しておくべきだろう。つまり子連れの親たちが「周囲の目」を積極的に感じ取り，「迷惑だと思われたくない」「後ろめたい」といった理由で，「ベビーカーは利用すべきでない（たたむべき）」という規範をいっそう強化しているのである。

　こうした「公共性」言説に次いで頻出するものとして，〈「安全性」言説〉がある。これは，公共交通機関においてベビーカーを開いたまま乗車するのは子どもにとって危険である，というものである。これはそもそも公共交通機関内での使用を想定していないというベビーカーメーカーや，欧米のように車内にベビーカー専用スペースが確保されていないという交通機関側のコメントも相まって，現在でも主たる批判言説のひとつとなっている。そしてこの「安全性」言説としばしばセットになるかたちで登場するのが，〈おんぶ言説〉である。これは，おんぶであれば親の両手が自由になるだけでなく，子どもも親のぬくもりを感じて安心する，というものである。

　だが，ふたり以上の子どもを連れていたり，なかなか思うようには歩いてくれない子だったりといったさまざまな事情から，やむを得ずベビーカーを利用する必要があるといった反論もたびたび投稿されている。これに対して最終的に現れるのが，〈「甘え」「言い訳」言説〉である。これは，親なのだからたいへんで当然，ベビーカーに「頼るな」といったもので，最近の（母）親はおしゃれに気を配るばかりだという主張も関連して登場する。そしてこの言説もまた，親たち自身が内面化していることが多い。たとえば，「私もたいへん（だった）」というものや，そうしたたいへんさや行動の制限は「仕方ない」というようにである。

ベビーカー利用を擁護する言説

　ここまでの〈「公共性」言説〉，〈「安全性」言説〉，〈おんぶ言説〉，〈「甘え」「言い訳」言説〉はいずれも公共空間でのベビーカーの利用を批判するものだが，共通点として指摘できるのは，子連れの親の主体性が重視されていない，あるいははじめから排除されているということである。〈おんぶ言説〉や〈「甘

え」「言い訳」言説〉はどちらかといえば精神論的な主張だが,〈「安全性」言説〉はメーカーや交通機関のコメントによっても支持され,また子どもの立場に立っているので反論はしづらい。だが,それでも先の「博物館は母親には無縁の場所なのでしょうか」といったような,(母)親たちの疎外感にはなんら応答するものではない。それは,ベビーカー利用への批判言説のなかでは,結局「甘え」「言い訳」として一蹴さえされてしまうのである。

　これに対して,ベビーカー利用を肯定する言説は,基本的に親の主体性にあくまでこだわるものである。ここでは〈親の主体性言説〉と呼ぶが,それはベビーカーを利用した方が子連れの親の負担は減り,利便性も高いということ,そしてそれによって親が積極的に外出することができるようになるというものである。これはそもそも親の立場から発せられるものなので,先述の〈「甘え」「言い訳」言説〉からすれば自分勝手・自分の都合に映るだろう。だが,そもそも「こんな思いをするなら,育児なんて一度で十分」(2009年9月6日の主婦(38)の投書)というところまで親を追い詰め,そうした思いを「甘え」としてしばしばやり過ごしてきてしまったがために,ベビーカー問題は30年近くにわたりなんの解決も見ずに繰り返されてきたのではなかったか。それは,周囲が手を貸してくれたという「海外」の事例を紹介したり,「少子化対策」という政策的な視点を持ち出したりすることでようやく「意見らしきもの」として取り上げられるが,多くの場合は親たち自身が〈「公共性」言説〉や〈「甘え」「言い訳」言説〉を内面化することで自ら押し殺してきた思いではないだろうか。

　公共空間におけるベビーカー利用をめぐる新聞投書の言説は,大方以上のような「型」によって分類することができるが,そのいくつかには必ずしもここに挙げた「型」に当てはまらないものがある。そのひとつが,先ほどの博物館におけるベビーカー入館拒否についての賛否について29歳の主婦が主張した,「博物館は開かれた公共の施設である以上,子連れの母も,小さい子にも,楽しい場所であるべき」という意見(1989年6月17日)である。ここには,博物館という「施設」を超えて,あるいは母親や子どもといった個々の立場を超えて問題にすべき重要な論点がある。ここではそれを〈「公共性」言説Ⅱ〉と名づ

けよう。すでに紹介した〈「公共性」言説〉は「公共」空間においてしたがうべき規範を前提としてその場にいる人々の行為を制限し，ベビーカーを開いたままでの乗車のような「マナー違反」を排除しようとするものであった。だが不思議なことに，同じ「公共」というロジックを用いつつ，先の主婦の主張は「子連れの母も，小さい子にも，楽しい場所であるべき」という具合に，制限やバリアを解消し，場をさまざまな人々やさまざまな行為に開いていくような志向性を持っているのである。これは一体どういうことなのか。次節ではこのことについて考えてみよう。

3　かんがえる

3つの公共性

　政治学者の齋藤純一は，今日一般的に用いられている「公共性」という言葉の意味合いを3つに大別している。第1は国家に関係する公的な (official) という意味，第2は特定の誰かにではなく，すべての人々に関係する共通のもの (common) という意味，そして第3は誰に対しても開かれている (open) という意味である。その上で，齋藤はこの3つの意味の「公共性」は互いに抗争する関係にあることを指摘しており，なかでもcommonとopenの意味の衝突に注目している（齋藤 2000）。

　この対立軸は，まさにここまで考えてきたような，図書館や博物館といった「公共」施設あるいはバスや電車といった「公共」交通機関の「公共性」についても適用可能である。

commonとしての公共の場

　まず，commonとしての公共性の視点から「公共の場」を捉えれば，そこはすべての人に共通する規範に反する存在や行為は「自分勝手」「マナー違反」として制限あるいは排除する場といえるだろう。

　この共通する規範についてもう少し具体的に考えてみよう。たとえば電車内のような公共空間には，さまざまな人がいる。年齢や性別，職業といった社会

第8章　レジャーと公共空間

的属性だけでなく，時間に余裕のある人／ない人，元気な人／疲れている人，機嫌のいい人／悪い人，手持ち無沙汰な人／用事に夢中な人，といった具合に，その時々の事情やコンディションもさまざまである。こうしたさまざまな人々が一定の時間，車内という閉鎖的な空間に同居しなければならないとき，「なるべく相手に干渉すべきでない」という規範が立ち現れる。社会学の用語ではこれを「儀礼的無関心」(Goffman 1963 = 1980) と呼ぶ。たまたまその場に居合わせただけで相手がどんな気分やコンディションにあるかわからないので，そもそもかかわらないように，視線もなるべく合わせないようにする。こうした規範が働くゆえに，人々はなるべく窓の外を眺めたり目を閉じたり，新聞や本を読んだりするのである。そして今日では，ケータイやスマートフォンでゲームをしたり，その場にいない友達とメッセージのやり取りをしたりして，簡単に自分の世界に没頭することもできる。

　では逆に，こうした規範に反する，あるいは逸脱する行為にはどのようなものがあるだろうか。それはたとえば，車内で大きな声で会話することである。これは単にその声の大きさが不快なレベルであるというだけではなく，勝手に話が聞こえてしまうので，人々が無意識に行っている儀礼的な無関心を困難にしてしまうためである。無関心という規範を守ろうとする人々にとって，それは無神経な行為に映りかねない。ケータイでその場にいない人と話すことも同様である。話している相手の姿や声がない分，余計に気になってしまうのである。車内でのケータイでの「通話」が，制度的な「ルール」というより自発的な「マナー」によって禁止されていることも，これで説明できるだろう。

　このような規範を持つ「公共」空間においては，ベビーカーの子ども連れはただ共有 common のスペースを「余計に」占有してしまうというだけで迷惑がられているわけではないことが想像できる。すなわち，子どもは儀礼的無関心の規範を十分に内面化していないか，そもそも理解できていないため，たまたま居合わせた他人にも容赦なく視線をむけるし，話しかけたり，触ったりすることもあるだろう。そのため，車内の会話や通話の場合以上に，人々は無関心に振る舞いづらくなる。ベビーカーの場合，抱っこやおんぶよりも子どもの身体が親から離れている分，こうした問題がより起こりやすくなる。つまり，

common という意味での「公共」空間におけるベビーカーの利用は、人々の儀礼的無関心という秩序・規範を脅かす可能性があるため、「迷惑」と感じられるのだと考えられる。

open としての公共の場

一方、open という意味での「公共」の視点からも、ベビーカーの利用を考えてみよう。先に触れた通り、この意味での「公共」空間は、誰に対しても開かれた場ということになる。公共交通機関の場合、運賃を払えばという前提がつくことにはなるが、基本的には誰が利用しても構わないはずである。だからこそ先にも述べたようなさまざまな社会的属性、その時々の事情やコンディションにある人々が一定の時間内同じ空間に同居することになるのである。だがそこには、さまざまな事情で規範にしたがうことができない、あるいは難しい人々もいるはずである。疲れ切って居眠りをしてしまい、隣に座った人にもたれかかってしまうかもしれない。どうしてもその場で受けなければいけない電話がかかってきてしまうかもしれない。そして、子どもを連れてしかも多くの荷物を抱えて、長距離移動しなければならないこともあるかもしれない。open という意味での「公共」の場は、規範からのこうした「逸脱」を非難したり制限したりするのではなく、基本的に受け容れようとするものと考えられる。

だが残念ながら、本章で概観してきた公共交通機関内におけるベビーカー利用をめぐる論争は、どうやらこの国では公共空間がもっぱら common の空間として捉えられていることを示しているようである。それは前節でも触れた通り、投書のうちに頻繁にみられる〈「公共性」言説〉に顕著にあらわれている。では、公共空間の open な場としての可能性を拓くためには、なにが必要なのだろうか。

「公私の分離」という規範

この点について考えるにあたり、前節でみた〈「公共性」言説〉以外のベビーカー利用批判言説をもう少し検討してみよう。ここで考察の補助線となる

のは，先に紹介したベビーカー問題に関する最初の投書があったとほぼ同時期（1980年代後半）に話題になった，いわゆる「アグネス論争」というものである。これは，香港出身の歌手アグネス・チャンが子どもを楽屋に連れて来たことに対して，他の芸能人が批判したことを発端とし，やがて週刊誌や新聞紙上で子連れ出勤の是非をめぐる論争に発展していったものである。興味深いのは，ここでの子連れ出勤批判派のレトリックが，ベビーカー利用批判派のレトリックと見事に重なり合うことである。すなわち，同じ女性の立場から発せられるのは〈「甘え」「言い訳」言説〉であり，そして子どもがかわいそうだという主張は〈「安全性」言説〉，〈おんぶ言説〉と重なる。

社会学者の妙木忍によれば，この論争には職場を「公的領域」，家庭を「私的領域」とする「公私の分離」規範と呼べるものが関係している。この時期，男女雇用機会均等法により女性が労働市場へ進出し，公的領域と私的領域の性別による割り当て自体は崩れ始めていたが，職場＝公的領域に進出した女性たちはむしろこの「公私の分離」規範を自ら支持・内面化していった。アグネス論争は，こうした女性どうしの「公私の分離」規範をめぐる対立や葛藤の産物だったのである（妙木 2009）。

そう考えれば，親の主体性を度外視あるいは排除する〈「甘え」「言い訳」言説〉，〈「安全性」言説〉，〈おんぶ言説〉といったベビーカー利用批判言説もまた，当の女性たちによって強化された「公私の分離」規範の産物と捉えることができるだろう。こうして（すべてのではないが）働く女性たち自身もまた子ども＝子育てを「私」的なものとして分離・排除することによって，公共空間のcommonとしての性格はよりいっそう強化されることになったのである。

男性の不在

とはいえ，こうした働く女性たちだけを責めることは当然できない。アグネス論争においても男性の影が薄かったのと同様に，公共の場におけるベビーカー利用をめぐる投書にも男性によるものは圧倒的に少なく，あるものといえばほとんどが反対意見であった。たとえば，ベビーカーはまるで「大名かご」だと嘆く60歳代の男性，満員電車に堂々とベビーカーで乗ってくる親には腹が

立つという40歳代の男性会社員,「なぜベビーカーに頼るのだろう。おんぶ復活を望みたい」という70歳代の男性, といった具合である。また, 具体的なエピソードをみても, ベビーカーの母親を怒鳴りつけたり, 舌打ちをしたりするのも圧倒的に男性である。新聞投書主には比較的主婦や高齢者が多いだろうことを考慮しても, 育児に対する男性の当事者意識の低さがみてとれる。だがこうした子育てへの男性の無関与・無関心こそが, 子育て＝私的領域にかかわるのであれば公的領域で働くのを諦めるべき, あるいは働くのであれば子育ては諦めるべき, といったきわめて限られた選択を女性たちに迫ることになったのではないだろうか。

　子育ては結局誰かがやらなくてはならないものであり, 決して楽しいことばかりではない。子育てを経験すれば誰でもわかることとはいえ, それに対して「たいへんで当然」と切って捨て「我慢」を強いる社会では, 子どもなどいない方がいいと考える人が増えても仕方がないであろう。

　こうしたことから, 公共空間のopenな場としての可能性を検討する必要がある。そのためには, まず「公私の分離」規範を問い直す必要があるし, さらにはやはり男性が積極的に子育てに関与することが重要であると言えるだろう。また, 誰もが事情や条件によっては公共空間の規範に適合しづらい存在になるかもしれない, と気づくことも必要だろう。誰もが高齢者になりうるし, 突発的な事故や病気で身体に障害を負うかもしれない。仕事にだけ専念していればよかった男性も離婚や死別によって子どもの世話をせざるをえなくなるかもしれない。そうした立場に立ったとき, 規範によって行為が制限されて当然とされる社会か, それとも柔軟な規範はあっても状況によって逸脱も受け容れられる社会か, どちらが暮らしやすいだろうか。

4　ふりかえる

　ここまで, 子ども連れでのおでかけのたいへんさ（第1節）を切り口に, 公共交通機関内でのベビーカー利用に関する新聞投書欄の言説を分類し（第2節）, その上で「公」とはなにか, そして「公私の分離」規範について考えてきた

第8章　レジャーと公共空間

(第3節)。「公」的領域,「公共の場」といっても,本来は open と common という異なる可能性を持つが,子育てを「私」的領域として排除する「公私の分離」規範を女性たち自身が内面化することで,もっぱら共通の規範を前提とした common の空間が強化されてきた可能性があると論じた。

　ここで,あらためて本書の趣旨である「オトコの育児」という視点からこの問題について捉え直してみたい。先に触れた通り,子連れで出勤したアグネス・チャンを手厳しく批判したのが,1980年代以降,職場という「公的領域」に進出し,かえって「公私の分離」規範を内面化した女性たちであった。そして,公共交通機関内でのベビーカー利用を投書で非難したのもほとんどが女性たちであった。こうした問題は長らく女性同士の争いとして片づけられ,男性は無関心であった。では,2000年代以降の「イクメン」ブームは,こうした規範にいかなる影響を与えた（あるいは与えなかった）のだろうか。

　考えられる可能性としては,男性が子育てという従来の「私的領域」に進出することで公私の境界がかく乱され,「公私の分離」規範が揺るがされるということがある。ところが,本章で検討してきたベビーカー利用をめぐる新聞投書をみる限りは,相も変わらずベビーカーを利用する「母親」の「甘え」「わがまま」が男性によっても非難され,その一方で男性からの支持の声はほとんどみられないのが現実であった。「イクメン」が本当に増えているのなら,なぜ彼らはこの論争に一石を投じないのだろうか。

　そのひとつの理由として考えられるのが,自家用車の利用である。はじめにも紹介したおでかけ情報誌に載っているイメージ写真などをみると,「パパ＝運転手」ということが暗黙の前提になっている。また,昨今の「イクメン」ブームのなかで表象される父親像のなかには,休日に車を運転して,家族とレジャーを楽しむというイメージがしばしば見受けられる。私の目から見ても,こうした「イクメン」は「男らしい」し,頼もしいと思う。だが,こうした「運転手」である限り,父親たちが「公共の場」における子連れのたいへんさに気づくことはなかなか難しいだろう。なぜなら,自家用車のなかは家族だけの空間であり,いわば家庭＝私的領域の延長だからである。その限りで,父親にとって平日＝仕事＝公的領域と,休日＝レジャー＝私的領域という「公私の

分離」は厳然として維持されてしまうのである。

　かつて、「公的領域」へ進出した女性たちが「公私の分離」規範をかえって補強してしまったように、男性（「イクメン」）による「私的領域」への進出が同じように裏側からその規範を強化してしまうのであれば、結局のところ私たちにとって「公的領域」は生きづらい場所であり続けてしまうだろう。つまり、「公私の分離」規範を問い直すためには、それと複雑に絡み合った、性役割規範（あるいは「男らしさ」／「女らしさ」）についても問い直すことが求められるのではないだろうか。

　もちろん、私には運転できる「男らしい」「イクメン」を批判しようなどという意図は毛頭ない。そうではなく、あくまで「イクメン」イメージのなかにしばしばもぐり込みがちな「男らしさ」が、「公私の分離」という別の規範の問題を見えなくさせてしまう可能性を指摘したいのである。

　子どもを連れて買い物に出かけた帰り、荷物もいっぱいでクタクタになって乗る電車が混み合っている、という状況を私自身何度も経験している。そんなとき、子どもを抱っこしている男性の私にも、ときどき席を譲ってくれる方がいて、何度救われた気分になったかわからない。「男らしいイクメン」がいるように、「男らしくないイクメン」だっていてもいい。そう気づいてから、私は子どもを抱っこしているとき席を譲られたら、「オトコだから」なんて気を張らずに、堂々と（もちろん感謝して）好意に甘えられるようになった。そして、私自身もそんなパパやママを街で見かけたときには、できるだけの手助けをしてあげたいと思うようになった。

　このように、私にとって公共交通機関を家族で利用するという経験は、「公共の場」のあり方だけでなく、子育てにかかわる自分自身の考え方さえも問い直すきっかけとなった。女性たちだけでなく、子育てにかかわる男性たちにとってもまた生きにくい「公共の場」を変えていくためには、もしかしたら男性たちこそが積極的に子どもを連れて「公共の場」におでかけし、自らも内面化しているその場の規範をかく乱してみる必要があるのかもしれない。

【キーワード】

レジャー

　レジャー（余暇）とは，もともと生活時間から労働時間を差し引いた時間のことだが，とりわけこの自由な時間に行われる活動のことを指す場合が多い。人はしばしばこのレジャー活動に疲労やストレスからの回復だけでなく，自己実現や他者との交流といった目的を持たせるようになっている。生涯学習や観光旅行などもその例である。こうした時間や活動は，労働と生産を軸にした近代資本主義社会において長らく逸脱的な要素として扱われてきたが，経済的な豊かさが達成されるなかで見直され，またそれがサービス産業と結びつくかたちで社会のなかで重要な位置を占めるようになっている。

公共空間

　個人に属さない空間であり，人間が他人や社会とかかわり合いを持つ空間のこと。公共圏ともいい，社会学者のユルゲン・ハーバーマス（Jürgen Habermas）や哲学者のハンナ・アーレント（Hannah Arendt）らによって論じられたものがよく知られている。政治学者の齋藤純一は，この「公共」という言葉が official, common, open の三種類の用いられ方をしていることを指摘している（本文も参照）。その用法にもよるが，公園，広場，道路のほか，図書館，学校，駅，病院，レストランなどを含む場合もある。

【ブックガイド】

伊藤公雄，1993，『「男らしさ」のゆくえ──男性文化の文化社会学』新曜社。

　映画や音楽，マンガなどから「男らしさ」の変遷を読み解くことを通して，近代社会が作り出した〈男らしさ〉の神話を解体することを試みた本である。本章では十分に展開することができなかったが，「イクメン」イメージのなかに埋め込まれた「男らしさ」の規範が，（育児にかかわる／かかわろうとする）男性たちの重荷となっているのではないかという発想は，本書から示唆を受けている。

妙木忍，2009，『女性同士の争いはなぜ起こるのか──主婦論争の誕生と終焉』青土社。

　戦後6次にわたって起こった「主婦論争」について，通時的な分析を試みた本である。この章で参照した「アグネス論争」に関する箇所は，本書の第3章で展開されており，性役割規範と「公私の分離」規範についても詳しい分析がある。

齋藤純一，2000，『思考のフロンティア　公共性』岩波書店。

> 本書では，本文中でも考察した「公共空間」の公共とは一体どのような空間なのか，それについて論じることにどのような意味があるのか，哲学者のハンナ・アーレントや社会学者のユルゲン・ハーバーマスらの議論を紹介している。

文献

Goffman, Erving, 1963, *Behavior in public places: notes on the social organization of gatherings*, The Free Press of Glencoe.（＝1980，丸木恵祐・本名信行訳『集まりの構造──新しい日常行動論を求めて』誠信書房。)

伊藤公雄，1993，『「男らしさ」のゆくえ──男性文化の文化社会学』新曜社。

妙木忍，2009，『女性同士の争いはなぜ起こるのか──主婦論争の誕生と終焉』青土社。

齋藤純一，2000，『思考のフロンティア　公共性』岩波書店。

Column 2

「まず，子どものために」という子育て

片岡佳美

　息子が保育園に通っていた頃，保育園では毎月お誕生会があり，その月に誕生日を迎える子どもの保護者らがその会に招待された。平日の11時くらいから13時くらいまでだったと思う。親たちは，仕事をしているから保育園に子どもを預けているのだが，お誕生会に親が来てくれるのを子どもが楽しみにしていると思うと，行かないわけにもいかない。ということで，私も毎年なんとか都合をつけて参加した。行くといつも欠席の親はひとりもなかった。子どもが小学校に上がると，今度は平日の授業参観やPTA活動が定期的にあって，こちらもかなりの出席率であった。

　が，来ているのは，ずらりと母親ばかりである。土日に行われる運動会や発表会では父親の参加率も高いが，こんな平日の比較的小さな行事——あるいは「毎月ある」など，特別性がより低い行事——にはたいてい母親が来る。こうした行事は保育園や学校の事務的な都合で行われているのだから，保護者が意見してやり方を変更していくことも本来可能なはずだし，また，保護者が行く／行かないを選択することも可能である。にもかかわらず，多くの母親たちは参加をあたりまえと見なし，都合をつけて行事にやってくる。彼女らにとっては，自分の都合より，子どものニーズや立場をまず考えてそれに応えることが当然のことになっている。

　しかし，考えてみれば，「まず，子どものため」というのがなければ，そもそも子育てはできないのである。保育園に子どもを預けたなら，迎えに行かないといけない。子どもには，毎日ごはんを食べさせないといけない。弁当も作らなくてはならない。子どもが病気になれば，夜中でも病院に連れて行かなくてはならない。子どもが愛情を求めてきたなら，しっかり抱きしめてやらなくてはならない。親が自分のニーズや都合と対立・葛藤するからと言ってそれらをしなかったら，子どもは育たない，というより生きられない。なぜなら，子育ての最終的な責任を負うのは親だからである。他に代わりはいない。

　ケアされることを必要とする人（依存者）のケアをする人のことを依存労働者と呼んだエヴァ・F・キテイは，依存労働者が依存者に対するこうした責任・義務を果たすために，依存労働者自身も依存者となっていくことに注意を喚起する。子どもに対して最終的な責務を負っていると自覚する母親は，生きていくために必要なコストや責任を自分自身の分だけでなく子どもの分も負うことになる。しかし，彼女に保障される権利，あるいはコストに対する見返りは，二人分ではない。それどころか，彼女が子どもの権利や利益のために自分の権利や利益を犠牲にすれば，彼

女が得るものは一人分にも満たない。結果として，彼女は自律したひとりの個人にはなれない。だが，ケアとは，あるいは子育てとはそういうものなのである。もちろん，楽しみや喜びでもあることは間違いないが，それを行う人の自律性を奪わずには行えないものなのである。

　ところで，冒頭で述べた保育園の「平日のお誕生会」には，ある年からただひとり男性の保護者が来るようになった。後で，その人がシングルファーザーだと知った。彼は子どもが2歳のときシングルファーザーになり，以来，子どもとふたりきりの生活となった。子どもがひとりぼっちで過ごす時間を減らすため，帰宅時間が早い仕事（同時に賃金も上がるという，うまい話ではおそらくないだろう）に転職したという。多くの母親たちと同じように，この父親もシングルになったことで，「まず，子どものため」という責務を負う依存労働者となったということであろう。

　近年，父親の子育て参加を呼びかける声があちこちから上がっている。行政も「イクメン」をプッシュしている。しかし，そこでは，せっかく父親になったのだから子育てを楽しもうとか，夫婦で子育てを平等に分担し妻の負担を軽減しよう（そして，妻に喜んでもらおう）とか，そういう呼びかけが多いように思う。もっとも，そう言わないと多くの男性の関心を引くのが難しいのかもしれない。けれども，ケアの最終的責任者として，自ら依存者になるほどに脆弱になってまで「まず，子どものため」に生きる母親と比べれば，そんな「イクメン」の子育ては中途半端だ。依存労働者＝妻という前提が維持されたままではないか。

　さて，上から目線の偉そうな言葉を並べたところで，自分を反省してみる。私は，子どもと旅行したり遊んだりするのを楽しんでいるが，保育園や学校の平日の行事参加を鬱陶しく思っているし，自分の仕事が忙しいときに子どもがトラブルを訴えてくるのに辟易している。心の持ちようとしては，私が批判した「イクメン」イメージそのものである。男性並みに生きるうちに，依存労働者としての社会化が損なわれたのかもしれない。しかし，そう開き直っていては子どもに十分な福祉が保証されないのを許すことになる。

　子育てでは，「まず，子どものために」生きる誰かがいなければならない。それを認識したとき，その人を社会的に支えるしくみをどう作るかの議論が始まる。男性の子育て参加が，男女ともにこのことを実感する機会になれば，と思う。

文献

Kittay, E. F., 1999, *Love's Labor: Essays on Women, Equality, and Dependency*, Routledge.（＝2010, 岡野八代・牟田和恵監訳『愛の労働あるいは依存とケアの正義論』白澤社.）

第Ⅲ部　社会における〈オトコの育児〉

第9章

中間集団と待機児童
——園における親の成長——

上月 智晴

1 けいけんする

　私たち夫婦には，大学生の長女，高校生の長男，中学生の次女の３人の子どもがいる。結婚してもう約20年になるが，育児休暇を利用しながら，ずっと共働き生活を送っている。いま振り返ると，働くことと子育ての両立がもっともたいへんだったなあと思う時期は，この子たちが乳幼児期だった頃である。その時代の私たちの子育てを支えてくれたのは，保育所，幼稚園等の保育施設である。もう随分昔のような気もするが，まずは，わが子たちが何歳のときからどのような保育施設に通っていたのかを紹介したい。

　長女が初めて保育施設に通ったのは満１歳になった秋。共働きをしていた私たち夫婦は，１年間の育児休暇を利用した後（妻と私とで分け合った），保育所に子どもを預けることを考えていた。しかし，育休が明ける２ヶ月前の８月に福祉事務所に入所申請に行くと，自宅近くの保育所はすべて定員一杯で入園できないと言われた。保育所への年度途中入所が難しいことは認識していたが，複数挙げた希望保育所のどこにも入れないとは思ってもみなかった。

　想像以上の保育所入所の厳しさに戸惑っていたところ，福祉事務所から昼間里親の紹介を受けた。昼間里親とは認可外の保育施設ではあるが，京都市独自の家庭的保育制度で，認可保育所と同じように「保育に欠ける」状況にある３歳未満の子どもを預かってくれた。長女はここで半年を過ごし，翌年４月，第１希望であった認可保育所に入所してその後卒園までの５年間をその保育所で

過ごした。

　長男が初めて保育施設に通ったのも，1年間の育児休暇を利用した後の満1歳のとき。長男は1月生まれで，このときも年度途中だったので，保育所の定員は一杯という状況であったのだが，当時は小泉内閣が打ち出した「待機児童ゼロ作戦」が行われたタイミングで，規制緩和措置（定員の弾力化）により長女と同じ保育所に入所することができた。

　次女が初めて保育施設に通ったのは，長男・長女と違って，満3歳のときである。この子だけが乳児期を家庭で過ごした。なぜ次女のみ3歳まで家庭で過ごしたのかというと，この頃，妻の職場で最大3年間の育児休暇が取れるように期間延長されたことによる。当時，妻の体調がよくなかったこともあり，3年間の育児休暇の取得を選択したのである。この間，長男は「保育に欠ける」状態ではなくなったため，保育所から幼稚園に転園。3歳から5歳までの3年間は幼稚園で過ごした。次女の保育所入所時期も入所の難しい年度途中（2月）であったが，満3歳という年齢になっていたこともあり，比較的入所しやすかった。ただ長男は，このときまだ幼稚園に通っており（卒園まであと2ヶ月），普通であれば保育所への転園措置を取らなければやっていけないところだったのだが，このとき通っていた幼稚園で，この年幸運にも「預かり保育」が始まり，それを利用したり，他の保護者にお迎えをお願いしたりすることで，どうにか卒園までの2ヶ月を乗り切ることができた。

　子どもたちが保育施設に通っていた頃，もっとも大変だったことは毎日の送り迎えである。先に，私たち夫婦はずっと共働きをしてきたと言ったが，お互いに何度か転職をしている。長女が保育所に通っていた時期は，私も妻も公立の保育所に勤務していた。したがって，勤務時間は毎日不規則で，職員会議などがある場合には，早朝から夜遅くまで仕事という日もあった。お互いの勤務表，スケジュールを常に頭に入れながら，今日の子どもの送り迎えはどちらが担当するか，食事はどちらが作るかなど，毎日の家事育児の役割分担を調整，確認しながらの生活はかなり神経を使った。私たち夫婦は，だいたい保育所の送り迎えも，家事・育児も平等に分担していたが，あるとき，妻の勤務先がかなり遠方に変わったときには，毎日の送り迎えのほとんどを私がやらねばなら

ないというときもあった。

　しかし，このたいへんな送り迎えのなかにも，短い時間ではあるが，保育者とはもちろん，同じように園に子どもを通わせている親とのコミュニケーションがあり，励まされたり，勇気づけられたり，親として成長させてもらっていたと感じることがある。

2　ひろげる

中間集団としての保育施設と待機児童問題

　「中間集団」とは，個人や家族など親密な関係にある集団と，全体社会や国家との中間に位置する集団のことで，両者の媒介機能を果たすとされる。地域，学校，企業など社会にはたくさんの「中間集団」が存在するが，保育施設は，乳幼児にとって生まれて初めて参加する「中間集団」であろう。もちろん，同じ年頃の仲間と出会う場所として地域の公園が存在し，同じ場を共有して仲間と一緒に遊ぶこともあるが，その成員間のつながりは弱く，長期的な持続性を認めることも難しい。また，そのような遊び体験・仲間との交流も，乳幼児という段階であることから，親が同伴できる範囲に限定されるだろう。定位家族のなかで育ってきた子どもたちは，保育施設という「中間集団」のなかで，親以外のおとな（保育者・他人の保護者）や，きょうだい以外の子ども（友だち）と出会い，さまざまな価値観にふれたり，家庭ではできないことを経験したりしながら社会化されていく。

　今日，多くの子どもたちが就学前に保育施設に通う時代になっているなかで，待機児童が深刻な問題となっている。待機児童とは，「保育に欠ける」状態にありながら認可保育所に入れない児童のことであるが，実はこの問題は，近年に始まったことではなく，私たち夫婦が子育てをしていた1990年代頃からすでに存在している。1990年代以降，エンゼルプラン，新エンゼルプラン，待機児童ゼロ作戦など，さまざまな子育て支援施策が打ち出され保育施設の定員増等，量的拡大が図られてはきたが，現在も待機児童はなくならず，多様な保育の受け皿が生まれている。前節で見てきたように，共働きをしていた私たちの子ど

ももその受け皿に救われて育った。

ここで、現在、わが国の就学前保育施設には、どのような保育施設があり、それらの利用実態はどのようになっているのか見ておきたい（ただし、2015年度からはじまった「子ども子育て支援新制度」により、これらの保育施設のありようも今後変化していく可能性があることを付記しておく）。

多様な就学前保育施設とその利用実態

幼稚園

幼稚園は文部科学省が管轄する、学校教育法に定められた学校教育機関で、「義務教育及びその後の教育の基礎を培うものとして、幼児を保育し、幼児の健やかな成長のために適当な環境を与えて、その心身の発達を助長すること」（学校教育法第22条）を目的とする。入園対象は「満3歳から小学校就学の始期に達するまでの幼児」（学校教育法第26条）で、1日の教育時間は4時間を標準とするが、2014年時点で、公立幼稚園の59.7％、私立幼稚園の94.2％が「預かり保育」を行っており、その内17時以降の「預かり保育」を行っている園は公立幼稚園で25.2％、私立幼稚園で78.0％存在する（文部科学省「平成24年度幼児教育実態調査」2013）。幼稚園は、もっとも多いときで1万5220ヶ園（1985年）まで増設されたが、その後、少子化の影響を受け年々減少傾向にあり、2014年現在、1万2905園（国立49園、公立4714園、私立8142園）、園児数は155万7461人（国立5614人、公立26万4563人、私立128万7284人）となっている（文部科学省「平成26年度学校基本調査報告」）。

保育所

保育所は厚生労働省が管轄する、児童福祉法に基づく児童福祉施設のひとつで、「保育を必要とする乳児・幼児を日々保護者の下から通わせて保育を行うことを目的とする施設（利用定員が20人以上であるものに限り、幼保連携型認定こども園を除く）」（児童福祉法第39条）で、入所対象は、保護者が就労や病気などの理由によって家庭で保育することが難しい状態にある0歳児（もっとも早い場合は生後2ヶ月）から小学校就学前までの子どもである。保育時間は1日8時間

を原則とするが，2013年時点で11時間以上開所する保育所は全体の76.8％である。認可保育所は，2014年時点で全国に2万4425ヶ所あり，226万6813人の子どもたちが入所しているが，少子化傾向にありながら共働き家庭の増加等を背景に，保育所数，在籍数ともに毎年増加を続けている。

認定こども園

2006年，「就学前の子どもに関する教育，保育等の総合的な提供の推進に関する法律」が制定され，新たな法に基づく保育施設である，認定こども園が誕生した。認定こども園は幼稚園と保育所の両方の機能を兼ね備えた施設であり，保護者の就労の有無に関係なく子どもが入園することができ，「幼保連携型」「幼稚園型」「保育所型」「地方裁量型」の4つのタイプが存在する。管轄は文部科学省・厚生労働省・内閣府となっている。2015年時点で全国に2836園（公立554園，私立2282園）存在する。

認可外保育施設

認可外保育施設とは，都道府県等による認可を受けずに，保育所と同様の保育事業を行う施設の総称で，ベビーホテル，家庭的保育事業（保育ママ），小規模保育所等がある。認可外保育所の中には，自治体が独自の基準を定めて運営している施設もある（たとえば東京都の認証保育所や横浜市の横浜保育室等）。厚生労働省の調べでは2013年時点で認可外保育所に通う子どもは，事業所内保育所に通う子どもと合わせると，26万人以上いる（厚生労働省「平成24年度 認可外保育施設の現況取りまとめ」2014）。2015年からスタートした「子ども子育て支援制度」では，これらの認可外保育施設の中でも一定の基準がクリアされた施設には，公費が給付されることとなった。

親にとっての保育施設

少子化，核家族化，異年齢集団の衰退，地域における遊び場の減少，共働き家庭・ひとり親家庭の増大など，子どもを取り巻く環境が様変わりしていくなかで，幼稚園，保育所等の「中間集団」に求められる役割はかつてないほど大

きなものになっていると思われる。住田正樹らは，昨今では地域社会における子どもの社会化が望めなくなっており，幼稚園・保育所が子どもの社会化の場として期待され，質の高い保育がますます求められると述べている（住田ほか2012：25-30）。

しかしながら，幼稚園・保育所等は，子どもを保育し，その成長発達を促すという機能・役割を果たしているだけではない。幼稚園・保育所等の「中間集団」は，親にとっても他者や新しい集団との出会いの場，育ちの場である。法月泉らは，子育て経験が少なく，同じ年頃の子どもを持つ親同士の付き合いも希薄な社会状況の中で，保育所が親としての発達を支援する貴重な場であると述べ（法月・金田 1997：336），田丸尚美は，子どもの入園が「親にとって育児のステージを一歩上がる転機」（田丸 2012：55）になると，また友定啓子は，園が「大人にとってもすぐれた成長空間」（友定 2007：173）であると述べており，今日の幼稚園・保育所等が，親が親として成長発達する場としても大きな意味を持つことが示唆される。保育施設を「中間集団」と捉えることで，子どもだけでなくおとなも社会化されていく成長の場としての意義が見えてくる。

次節では乳幼児が通う「中間集団」の中でも，日本の保育施設として長い歴史を持つ幼稚園・保育所（以下，両者をあわせて園と略記）に焦点を当て，園と親の関係や，園における親の成長について考えてみたい。

3　かんがえる

支援の対象としての親

2008年に改定告示された「保育所保育指針」の特徴のひとつは，保育所の役割としての親支援の明確化であった。旧「保育所保育指針」第1章総則では「保育所は，児童福祉法に基づき保育に欠ける乳幼児を保育することを目的とする児童福祉施設」とされていたが，2008年改定「保育所保育指針」第1章総則では「保育所は，入所する子どもを保育するとともに，家庭や地域の様々な社会資源との連携を図りながら，入所する子どもの保護者に対する支援及び地域の子育て家庭に対する支援等を行う役割を担うものである」（傍点は引用者に

よる）となった。ここには，2003年改正児童福祉法第18条の４の「保育士とは，……専門的知識及び技術をもって，児童の保育及び児童の保護者に対する保育に関する指導を行うことを業とする者」（傍点は引用者による）という規定が反映されている[(3)]。

また幼稚園も，2008年に改訂された『幼稚園教育要領』において，新しく「家庭や地域における幼児期の教育の支援に務めること」（傍点は引用者による）と地域の子育て支援とともに園の親の支援が明確化されることとなった。これは，2007年に改正された学校教育法において，新たに加わった条文「幼稚園においては……，幼児期の教育に関する各般の問題につき，保護者及び地域住民その他の関係者からの相談に応じ，必要な情報の提供及び助言を行うなど，家庭及び地域における幼児期の教育の支援に努めるものとする」（傍点は引用者による）（学校教育法第24条）が反映されている。

このような法改正の流れを見てみると，園が親を「支援」する役割は，近年生まれたものと思われるかもしれないが，そうではない。実は，園で親を「支援」するという思想は古くから存在する。

たとえば，1840年世界初の幼稚園を創設したフレーベル（Friedrich Fröbel）は「家庭での就学前児童の個別教育は，もはや現代の諸要求にとって十分ではないという確信にもとづいている。したがってこの幼稚園の意図は，家庭及び社会全体にそのために必要な援助の手をさしのべることを目的としている」（小原・荘司 1981：118-119）と主張しているし，また，日本のフレーベルと言われ，わが国の幼児教育思想に大きな影響を与えた倉橋惣三も『就学前の教育』（1931）のなかで「一般家庭の大多数が，都市生活の密集と，家族全員の多忙とによって，我が子の教育を十分ならしめ難き事情においては，単に経済上の貧家庭にのみ，この種の施設の急務があるということではなくなって来た。……家庭の必要に応ずる施設として幼稚園もまたその機能を自覚せざるを得ない傾向が多くなった」（倉橋 1965：421）と述べ，親，家庭にむけての支援が古くから認識されていることがわかる。さらに，このような考えは，戦後，文部省（当時）が幼児教育の手引きとして刊行した『保育要領』[(4)]にも「父母の教育は子どもを立派に育てるために必要なことである。適切な父母教育の計画をた

てることは，幼稚園や保育所の任務の一つである。……方法としては，一般的な講演や講習などのほかに，普通の社会教育よりは，むしろ日々の保育の実際問題を採り上げてやった方がよい」(民秋 2014：54)と踏襲されている。
(5)

連携の対象としての親

　一方，園と親との関係は，「支援」する／されるという関係のほかに，対等平等な立場で「連携」するという関係性がある。この「連携」についても，現在の『幼稚園教育要領』に「幼稚園は，家庭との連携を図りながら，……幼稚園教育の目標の達成に努めなければならない」(傍点は引用者による)(文部科学省 2008『幼稚園教育要領』第1章総則)，また「保育所保育指針」には「保育所は，その目的を達成するために，保育に関する専門性を有する職員が，家庭との緊密な連携の下に，子どもの状況や発達過程を踏まえ，保育所における環境を通して，養護及び教育を一体的に行うことを特性としている」(傍点は引用者による)(厚生労働省 2008「保育所保育指針」第1章総則)と記されているが，このような親，家庭との「連携」という視点は，保育・幼児教育において従来から重視されている。もちろん，どの学校段階であっても，教師(学校)と親(家庭)との「連携」は重要とされているだろうが，おそらく乳幼児期ほど，保育者(園)と親(家庭)との「連携」が重要とされる時期はほかにないと考える。それは対象が幼いがゆえに，家庭・園を通じて子どもの健康状態の把握が強く求められるし，子どもの情緒的な安定(養護)の上にたって教育が行われるという「保育」の特性からしても，常に家庭生活との連続性を意識しながら，園における集団生活を展開する必要があるからである。また，乳幼児は，言葉でのコミュニケーションが未熟なだけに，他の学校段階の子どもに比して，親との直接的なコミュニケーションはたいへん重要となる。
(6)

　保育における親との「連携」は，先進諸外国においても保育の質を高める上で重要な視点となっている。たとえばOECDによる，先進諸国の保育制度に関する調査報告書 *Starting Strong* (2001) には「ECEC職員は親との連携体制をつくらなければならない。これは，知識と情報が随意にやりとりされる双方向の過程を意味する。子ども自身の次には，親が子どもの最初の専門家である。
(7)

親は，教育職員が特定の子どもあるいは特定の集団に必要な教育計画を作るのに，大きな援助ができる」と述べられている（OECD編著 2006＝2011：172）。

　先の「支援」とこの「連携」を明確に区別することは難しい。たとえば，子育て支援の例としてあげられる「子育て相談」は，親（家庭）との連携ツールのひとつである「連絡帳」のやりとりを通じて行われることが多い。「連絡帳」には，園や家庭での子どもの様子や，健康状態，連絡事項などが記されることが多いが，そのなかで，親が具体的な子育ての相談を求めることもあったり，何気ないやりとりのなかで，保育者が親を励ますようにコメントすること（支援）もあるからである。

「送り迎え」時のコミュニケーションと親の成長

　ここでもっとも日常的で対面的な保育者と親の「連携」場面と言える「送り迎え」時のコミュニケーションをとりあげ，園における親の成長について少し考えてみたい。

　柴山真琴によれば，「送り迎え」は「親にとっては，一定の時刻に子どもを園に送り，一定の時刻に子どもを迎えに行くという，子どもの入園によってもたらされる新たな育児行為」であり，幼稚園の場合は「園側から提示された時刻に親が合わせる形」で，保育所の場合は「保育時間と親の勤務時間との折り合いをつける形」でその時間が決まるとされる（柴山 2007：120）。また，「送り迎え」は，親の都合による急な変更が原則許されない「繰延不能育児」（森田・村松 2004：121）である。したがって，この「送り迎え」という育児行為を担当するということは，前節（「けいけんする」）で私が書いたように相当のプレッシャーを感じることになる。お迎え時には，1日の労働の疲労感も加わって肉体的にも精神的にもギリギリの状態で園にむかうこともある。しかしながら，「送り迎え」は単なる子どもの移動・引き渡しではない。そこには，短い時間ではあるが，保育者や同じように子どもを園に通わせている親たちとのコミュニケーションが存在する。

　「送り迎え」における保育者と保護者のコミュニケーションを研究している松尾寛子によれば，保護者は，送迎時の保育者とのコミュニケーションを通し

て，子育ての悩みが解消できたり，増幅を抑えたりできることもあり，送迎時は子育て支援をする上でも非常に重要な役割を果たしているという（松尾 2015）。

　私にも思いあたるエピソードがたくさんある。わが子たちは親に似てか，どの子もたいへん人見知りが強く，園に慣れるのに時間がかかった。入園当初は，朝，園に子どもを送っていって，子どもがその日の着替えの補充や手拭きタオルの用意などをするのを見届け，いよいよ子どもとわかれる段になってもなかなか親から離れようとしないことがあった。まわりの子たちがすぐに親と離れて元気に遊ぶ姿を横目に，集団生活になじめないわが子の性格（自分の子育て？）に落ち込んだ。しかし，保育者たちは，そんなわが子たちに困った顔は一切見せず，「○○ちゃんはとても心が繊細なんですね。お父さんが大好きな証拠。私もお父さんに負けないように○○ちゃんに好かれるように，頑張ります！」と，子どもたちの性格をポジティブに捉えて，子どもの好きな遊びなどを通して，すぐに園生活に慣れていくように導いてくださった。また，お迎えのときも，その日の楽しい保育や子どもたちの嬉しい姿を保育者から聞かせてもらうことで，日中の仕事の疲れが吹き飛ぶことも少なくなかった。毎日の慌ただしい生活の中で，子どもとのふれあいが少なくなっているかなと思われるときでも，「そんなときもあるよね」と，あるべき論ではなく，しんどい気持ちを受け止めてもらうだけで，また明日からの子育てを頑張ろうと思えた。

　「送り迎え」時には，他の親から励まされることもあった。私の子どもが通っていた園の親（とくに父親）たちは，お迎えの時間に少し余裕のあるとき，子どもと遊んで帰ることが多かったのであるが（もちろん家に帰ってから遊んでもいいのだが，家でわが子と2人きりだとすぐに遊びが行き詰まってしまうし，園で遊ぶ方が子どもの友だち関係も見えてくる），しだいに子どもを通して他の親たちとも親しくなり，話をするようになっていった。他の親たちもお迎え時のちょっとした遊びのなかで，自分の子どもだけでなく，他人の子も見てくれているようで，そのときに聞かされるわが子の話がおもしろかったり，嬉しかったりすることがあり，子どもの見方が自分でも豊かになっていくことを感じた。また，たまにお迎え時に子どもがダダをこねて「帰りたくない」と言って困っている

ときに、友だちのお父さんが冗談で「〇〇ちゃん、おっちゃんの家に泊まりに来るか？」などと声をかけてくれたりすることで、子どもの気持ちが落ち着くこともあった（たまに本当に泊めてもらうことも）。園に通うことで、夫婦以外でともに子育てを喜びあえる仲間を得たことは、忙しい生活のなかにも大きな安心をもらったと同時に、たくさんの子育ての感動、おもしろさに気づかせてもらったと思う。

　村山祐一は、子どもの育ちでもっとも大切なことは、子どもが他の子どもたちやさまざまなおとなたちとのかかわりのなかで育っていくことにあり、親はわが子を通して他の子どもや、保育者、友人、知人等、多様なコミュニケーションを行うことで、共感し合ったり、自己を見つめたりしながら、自分らしい子育てのあり方やノウハウを身につけていくことができるようになるという。またそのために日常的な親と保育者の話し合い、伝えあいが大事であり、毎日の送り迎え時のコミュニケーションが重要であることを示唆している（村山 2007）が、まさに私は「送り迎え」時にいろいろなことを学び、励まされ、親として成長したと実感する。

4　ふりかえる

　ところで、父親は、実際どの程度園への「送り迎え」をしているのであろうか。2009年に首都圏および地方の乳幼児を持つ父親約5000人への質問紙調査を行ったベネッセ次世代育成研究所の報告によれば、「幼稚園・保育園への送迎」を「いつもする」「ときどきする」（以下「する」とする）と答えた父親の割合は48.9％と約半数である（ベネッセ次世代育成研究所 2010）。地域、調査規模が違うので単純な比較はできないが、90年代半ばに大阪・京都の5ヶ所の保育所および2ヶ所の幼稚園で行われた吉村恵の調査によれば、父親の「送り迎え」は保育所28.0％、幼稚園5.3％で、この十数年の間で、徐々に父親が「送り迎え」を担う割合が高まってきていることがうかがえる。通園バスの普及等により、特に幼稚園では、「送り迎え」そのものがなくなってきているところもあると思われるが、今後、幼稚園の利用者にも共働き家庭が増えてくることを考える

と，父親の「送り迎え」の割合は増えていくと考えられる。

　しかしながら，「送り迎え」時の豊かな保育者と親と子どものコミュニケーションを保障するにあたって，現在の保育者の人員配置は諸外国と比べても十分でない。保育時間がますます長時間化する傾向にある今日，保育者の勤務形態も複雑になってきており，親との連携や支援が難しくなってきている。保育における保護者の子育て支援，保護者との連携の重要性が増してくるなかでは，職員の配置基準の抜本的な改善が急務であると言えよう。

注
(1) 2015年3月で京都市昼間里親制度は廃止され，同年4月より国の保育事業に組み込まれて小規模保育事業として引き続き運営されている。
(2) この条文は2015年からの子ども・子育て支援新制度を前にして，2014年6月に改正されたものである。改正前の児童福祉法第39条は「日日保護者の委託を受けて，保育に欠けるその乳児又は幼児を保育することを目的とする」と表記されていた。
(3) 2003年児童福祉法改正以前は，「児童福祉施設において，児童の保育に従事する者」を保育士としていた（旧児童福祉法施行令第13条）。
(4) この文部省『保育要領』(1948)の作成委員には，倉橋惣三もメンバーに入っている。
(5) さらにこの後には，「こうした教育が，子供の保護者のみでなく，広く近所の親たちにまで及ぶならば，幼稚園や保育所が，その町や村に存在する意義が一段と大きくなるであろう」と，園の子どもの保護者に対してだけでなく，地域の子育て支援についての言及もあり，興味深い。
(6) 一般に，幼稚園教諭と保育士を総称して「保育者」という。
(7) Early Childhood Care and Education（人生初期の教育とケア）の略。つまり，ECEC職員とは保育者のこと。

【キーワード】

中間集団

　中間集団の発想は，すでにデュルケムのアノミー論のなかでも明確にみられるが，コーンハウザーが用いてから広く一般化した用語とされる。個人や家族など，諸個人が対面的な関係のなかで親密な関係を結ぶ第一次集団と，国家や全国規模に展開

する組織との間の中間にあって，両者を媒介する集団のことで，具体的には地域団体，学校，企業，政党，宗教集団などがあげられる。中間集団は比較的多様な諸個人の社会生活のあり方を可能にしつつ，全体社会の秩序維持に際しての権力行使を抑制するという機能を持つが，中間集団が対外的自律性を失えば社会は画一化し，対内的包括性を失えば人間関係が希薄化し，諸個人は原子化される。コーンハウザーは，大衆社会状況をもたらす社会構造的特質を中間集団の機能喪失の側面から分析した。また，デュルケムは，多元的な中間諸集団の均衡的存在が個人の自由を可能にするとし，その衰退がアノミーを生むと論じた。

待機児童

「保育に欠ける」状態にあって認可保育所の入所を申請しているにもかかわらず，入所できずに待機状態にある児童のこと。国がはじめて待機児童数を発表したのは1995年であるが，2001年に待機児童の定義変更がなされ，①他の入所可能な保育所があるにもかかわらず，特定の保育所を希望している場合，②認可保育所の入所を希望していても，自治体が独自に助成する認可外保育施設（たとえば，東京都の認証保育所・横浜の横浜保育室など）によって対応している場合は，待機児童から除くとされた。待機児童は毎年4月時点で2万人以上報告されており（年度末になるにつれて増加。10月時点でおおよそ4万人以上になる），とくに都市部で多く，全体の8割以上を3歳未満児が占めている。また，厚生労働省の数値には表れない「隠れ待機児童」（保育所に入れないので育休を延長していたり，入所の厳しさから申請をあきらめている人など）が85万人いるとも言われている。

【ブックガイド】

平松知子，2012，『大人だってわかってもらえて安心したい――発達する保育園 大人編』ひとなる書房。

　保育園が子どものためだけではなく，親もともに成長・発達する場であることを日常の保育実践をまとめるかたちで綴られた記録である。本書には，過酷な労働状況の中で子育てどころではない困難な生活を抱えた父母たちの姿もたくさん登場するが，保護者と「向かい合い」ではなく「横並び」の関係を大切に，子どもの最善を願ってともに保育をつくっていこうとする保育者たちの真摯な姿勢に保育の本質を学ぶことができる。

高橋光幸・小黒美月，2011，『「クラスだより」で響き合う保育――子どもと親と保育者でつながるしあわせ』かもがわ出版。

著者のひとり（高橋光幸）は東京の公立保育所に勤務する男性保育者で，2010年度に担任した4歳児クラスの中で発行した1年間の「クラスだより」が紹介されている。「クラスだより」の中には，保育中の子どもの姿はもちろん，随所に父母の感想や保育者の思いが綴られており，子ども・親・保育者の三者が響きあい，つながりあう様子がリアルに伝わってくる。「クラスだより」の発行は年間234号にも及ぶが，その意義について，教育学者のパウロ・フレイレの「対話」の概念等をもとに考察されている。

文献

ベネッセ次世代育成研究所，2010，「第2回乳幼児の父親についての調査」（http://berd.benesse.jp/jisedai/research/detail1.php?id=3219）．

法月泉・金田利子，1997，「親性の発達にみる『保育参加』の効果――3歳未満児保育を中心に」『日本保育学会大会研究論文集』50：336-337．

倉橋惣三，1965，「就学前の教育」坂元彦太郎・及川ふみ・津守真編『倉橋惣三全集』フレーベル館，379-445．

松尾寛子，2015，「子育て支援を見越した保育所における保護者との連携方法について――H県における保育所の送迎方法についての調査とある市における送迎保育ステーション事業について」『神戸常盤大学紀要』8：17-27．

森田千恵・村松泰子，2004，「夫婦の家事・育児分担と妻の感情――夫の分担度が低いケースの分析」『東京学芸大学紀要第3部門　社会科学』55：111-122．

村山祐一，2007，「保育フォーラム　親も共に育つ子育て支援とは――子育て支援施策拡充の視点を考える」『保育学研究』46(2)：163-165．

小原國芳・荘司雅子，1981，『フレーベル全集第5巻　続幼稚園教育学――母の歌と愛撫の歌』玉川大学出版部，118-119．

OECD編著，2006, *Starting Strong II: Early Childhood Education and Care*, OECD Publishing.（＝2011，星三和子・首藤美香子・大和洋子・一見真理子訳『OECD保育白書　人生の始まりこそ力強く――乳幼児期の教育とケア（ECEC）の国際比較』明石書店．）

柴山真琴，2007，「共働き夫婦における子どもの送迎分担過程の質的研究」『発達心理学研究』18(2)：121-131．

住田正樹・山瀬範子・片桐真，2012，「保護者の保育ニーズに関する研究――選択される幼児教育・保育」『放送大学研究年報』30：25-30．

田丸尚美，2012，「幼稚園への入園が子育てにもたらすもの——幼稚園保護者会による『子育てトーク』の実践から」『福知山女子短期大学研究紀要』39：55-60。

民秋言，2014，『幼稚園教育要領・保育所保育指針の変遷と幼保連携型認定こども園教育・保育要領の成立』萌文書林。

友定啓子，2007，「保育フォーラム 親も共に育つ子育て支援とは——幼稚園における保護者の成長支援」『保育学研究』46(2)：172-174。

山瀬範子，2005，「父親の育児参加に関する一考察——父親の育児行為に関する意識を中心に」『九州大学大学院教育学コース院生論文集』5：119-134。

吉村恵，1999，「乳幼児を持つ非共働き家族の家事・育児分担と夫婦関係」『平安女学院短期大学紀要』30：57-64。

第10章

少子化と育児不安
——育児雑誌の世界——

阪本博志

1 けいけんする

　書店の育児雑誌コーナーに足を運んでみると，たいていの書店の育児雑誌コーナーの平台には『たまごクラブ』『ひよこクラブ』(ベネッセコーポレーション，1993年創刊。以下両誌を「たまひよ」と表記)のほか，『妊すぐ』『赤すぐ』(リクルートホールディングス，前者は2005年，後者は2000年創刊)，『Pre-mo』『Baby-mo』(主婦の友社，2002年創刊)といった雑誌が並んでいる。それぞれ赤ちゃんを身ごもっている女性むけと赤ちゃんを育てている女性むけである。これらはすべて15日に発売されている。発売日が同じだということは，競合誌だということである。たとえば，20代の女性むけファッション誌である『MORE』(集英社)と『with』(講談社)は，同じ28日に発売され，書店でも隣同士に並べられる。これら出産・育児雑誌も競合誌であることを理解できよう。

　さらに，こうした出産・育児雑誌が並べられた平台やその近辺には，「たまひよ」から派生した『初めてのたまごクラブ』『1才2才のひよこクラブ』といった雑誌や，『妊活たまごクラブ』『赤ちゃんができたら考えるお金の本』といったムックが並べられていることが多い。育児書コーナーに行けば，育児関係の書籍(「たまひよブックス」)も並んでいる。すなわち，子どもを欲しいと思った段階から，妊娠・出産・乳幼児期(それも時期によって区切られている)へと次々導いていく刊行戦略になっている。

　メディア論を専門とする社会学者の難波功士は，その著書『創刊の社会史』

のなかで次のようにいう。「同じ出版社内で読者を囲い込み，ある雑誌の卒業生たちを別の雑誌へとバケツリレーのように受け渡していく。いわば点として発生した雑誌が，その上下へと線となって伸びていく手法は戦前から存在し，学年誌などはその典型と言えるだろう」（難波 2009：97）。難波はその一例として集英社の女性むけ雑誌を挙げている。本書の読者のなかにも，『Seventeen』→『non・no』→『MORE』と，年齢を重ねるとともに次の雑誌へと移った人がいるであろう。難波のいう「バケツリレー」は，こうしたファッション誌においてよりも，「たまひよ」のような雑誌において細分化が進んでいる。「たまひよ」は創刊された当時，テレビで CM が流れていたこともあり，私もその存在を知ってはいたが，この約20年のあいだにここまで細分化され「進化」を遂げていたとは思わなかった。

　『たまごクラブ』『妊すぐ』『Pre-mo』をひもとくと，妊娠や出産にまつわる情報を伝えるページには読者が登場している。誌面は，色鮮やかなさまざまなマタニティファッションが目をひく。さらに「内祝い」のカタログが付録になっている。こうした衣類や「内祝い」は雑誌のホームページとも連動しながら販売されており，ウェブからの購入も可能である。私も，「たまひよ」の「内祝い」を実際にもらったことがある。

　それでは現在の妊娠・育児雑誌の草分けともいえる「たまひよ」の創刊号はどのようなものだったのだろうか。『たまごクラブ』創刊号の表紙は，にわとりの卵の色を意識したのか，白地に赤い文字で誌名が記載されている。表紙写真は，読者モデルの妊婦さんである。いっぽう，『ひよこクラブ』創刊号の表紙は赤地に白い文字で，生後３ヶ月の赤ちゃんの写真が掲載されている。この両誌が書店の平台で隣り合わせにして積まれている光景は，見た目にもかなり印象的だっただろう。

　『ひよこクラブ』創刊号を開くと，赤い文字で「はじめまして／「ひよこクラブ」は／あなたとつくる雑誌です」と記され，以下の文言が続いている。こうした形式は，『たまごクラブ』も同じである。

　　「赤ちゃんは育児書通りに育ってくれなーい！」赤ちゃんが生まれてはじ

めてわかる育児の大変さ。特に📖（引用者注：初心者マーク）ママには，はじめてだらけ，わからないことだらけ。
そんなとき頼りになるのは同世代の同じママたちではありませんか？
ひよこクラブではそんなママ同士ならではの「役に立つ」「共感できる」情報交換を誌上で行っていきたいと考えています。
全国のママの知恵をあなたに，あなたの体験を全国のママに。お砂場感覚で雑誌に参加して，みんなで『のびのび育児』をしていきましょう。

両誌とも読者の体験や知恵が満載の内容となっている。まさに「同世代の同じ」妊婦・ママの声があふれている。また『たまごクラブ』にはマタニティファッションが，『ひよこクラブ』には両親と幼児による親子ファッションのページがあり，いずれにも読者モデルが登場している。こうした要素は今日まで，競合誌も含めて続いている。

2　ひろげる

少子化と育児不安

社会学者の天野正子が述べるように，近代以降，とりわけ第2次世界大戦後，日本社会において急速に都市化がすすむなかで伝統的な家族自体が近代家族化した。そして，それまで世代から世代へと育児の知恵が伝承されていた，伝承ルートが失われていった（天野 2015：112）。

この近代家族化にくわえ少子化を背景として，育児不安が顕在化した。育児不安研究の第一人者である牧野カツコは，1982年に発表した論文のなかで，「子の現状や将来あるいは育児のやり方や結果に対する漠然とした恐れを含む情緒の状態」と育児不安を定義している。牧野はこう述べる。「最近の若い女性の育児経験の乏しさは，乳幼児をもつ母親の育児に対する不安の増加を推測させられる。都市化にともなう核家族の孤立化や，雇用者家族の増加による夫の日中の不在など，育児責任を一人で背負っている若い母親達が，孤独感や育児不安に陥りやすい状況も多い」（牧野 1982：34）。

「育児経験の乏しさ」は，少子化に由来する。合計特殊出生率は第1次ベビーブーム期には4.3を超えていたが，1950年以降急激に低下してほぼ2.1台で推移し，1975年に2.0を下回った。出生率は1989年に，それまで最低であった1966年（丙午(ひのえうま)）の数値を下回る，1.57を記録した（内閣府 2015：3）。牧野が論文を発表した1982年よりも，現在の親世代は，さらに育児経験がすくないままに子どもを授かっていると考えられる。これ以外に牧野が指摘している当時の「状況」は，近代家族における「家内領域と公共領域との分離」「男は公共領域・女は家内領域という性別分業」（落合 2004：103）にあたる。

育児雑誌の変遷

それでは，都市化・近代家族化・少子化と結びついた育児不安を原因として求められた育児メディアの具体的な様相とは，どのようなものであったのだろうか。家族社会学・教育社会学を専門とする天童睦子は，敗戦後から2000年代にいたる育児メディアの変遷とそこに書かれた文章（言説）の特色・傾向を整理し，次の**表10-1**にまとめている。本節から次節にかけて，この時期区分に沿って育児雑誌を見ていきたい。

天童によると，戦後から1970年代には，育児書の大衆化と育児雑誌の登場期がある。1970年代にはいり，育児メディアに興隆期が訪れた。相次ぐ育児書の出版や育児雑誌の創刊および発行部数の増加は，都市環境における子育ての困難や身近な相談相手の不在のなかではじめて子育てに携わる母親にとって，育児資源としてのメディア（育児にかかわる情報・知識の提供媒体）が一定の役割を果たすものであった。それは，少人数の子どもに最大限の投資をして子どもの身体と教育への配慮を欠かさない「少子化時代の育児戦略」の表出でもあった（天童 2013：24）。

1980年代は妊娠・出産情報誌の登場の時期である。当時「老舗」の主婦むけ雑誌が廃刊・休刊になる状況があったが，出産・育児関連雑誌は例外で，マタニティ雑誌というこれまでにはない出産期むけの雑誌創刊があった（天童 2013：24）。

育児知識の伝達様式について，戦後の育児書ブーム期から1970年代の育児雑

第Ⅲ部　社会における〈オトコの育児〉

表 10-1　育児メディアの変遷と育児言説の変容

時代	育児メディア	育児言説	家庭関係・社会動向
1945-1960年代	育児書ブーム		
戦後-高度経済成長期	『日本式育児法』（小児科医松田道雄 1964）『育児の百科』（同 1967）『スポック博士の育児書』（翻訳書 1966）	科学的育児法 垂直的育児知識 戦前・戦中までの育児方略との断絶・距離	人口転換 出生率低下 近代家族の浸透 都市的ライフスタイル
1970年代	育児雑誌の登場期		
	市販の育児雑誌の登場 『ベビーエイジ』（1969創刊［半年後に月刊］〜2003） 『わたしの赤ちゃん』（1973〜2002） 二大有力雑誌に	母親の育児・しつけ責任の強調 父親の協力的育児への言及 科学的育児法の平易な伝達	性別役割分業の浸透 「子捨て・子殺し」報道の増加 都市型家族の孤立する子育て 身近な相談相手の不在
1980年代	マタニティ雑誌ブーム		
	妊娠・出産情報誌の登場 『マタニティ』（1985〜2003） 『P・and』（1985〜2000） 『Balloon』（1986〜2002） 育児雑誌の細分化・多様化 『プチタンファン』（1981〜2003）	「産む私」の主役化 ヒロイン妊婦 母親の育児不安 母親の悩みの誌上共有 水平的育児知識の伝達媒体	晩婚化・晩産化の進行 男女雇用機会均等法制定（1985） 専業母、母性神話への懐疑
1990年代	読者参加型育児雑誌の興隆		
	共感型の育児雑誌、親子読者モデル、写真、イラストの多用『たまごクラブ』『ひよこクラブ』（1993〜） 旧来型育児雑誌の衰退 インターネットの普及	楽しむ育児・本音の育児 育児の重圧からの解放 「父親も育児」の声の高まり 水平的育児知識の徹底 専門家より隣の子育て	育児休業法施行（1992） 少子化の社会問題化 厚生省「育児をしない男を、父親とは呼ばないキャンペーン」（1999）　少子化対策の登場
2000年代	父親向け育児雑誌の登場		
	父親向け・家族向け育児・教育雑誌 ビジネスマンの父親を意識『プレジデント Family』（2005〜）『日経 Kids +』（2005〜）『edu』（2006〜）『AERA with Kids』（2007〜） 育児雑誌の多様化、ファッション化、スタイリッシュな育児雑誌『Pre-mo』『Baby-mo』（2002〜）	家庭の教育力 家庭責任の強調 父親の育児参加 ファッションとしての子ども・子育て	グローバル化、格差社会 新自由主義、新保守主義 少子化対策・子育て支援の政策化 ジェンダー体制の再編 「男性の育児参加」意識の広がり ジェンダー平等に向けた潮流 家庭の自己責任論

出所：天童（2013：25）に一部加筆

誌の登場期には，垂直的育児知識の伝達が一般的であったと天童はいう。すなわち，医師や学者といった専門家が権威的・学術的知識を平易な表現で母親たちに伝える，垂直的知識伝達の構造である。転換期は1990年代の「読者参加型」育児メディアの興隆にある（天童 2013：24-25）。

それまでの育児雑誌でも平易な表現や読者参加型の誌面構成は用いられていたが，1993年創刊の「たまひよ」の誌面は，イラスト・写真中心のヴィジュアル化に加えて，読者モデル親子の多用に特徴づけられた。そこには専門家による啓蒙的「解説」よりも，隣のママの子育て・失敗談・育児のコツといった，身近な「共感」型の水平的知識の伝達の徹底が見られた。このような「共感型・読者参加型」育児メディアの興隆を支えたのは，都市部を中心に子育てに専念する母親読者であった（天童 2013：25-26）。

1990年代の共感・参加型の雑誌は，身近な育児情報源の役割を果たすだけでなく，母親たちが子育ての悩みを誌上表明し，共有し，それを笑い飛ばすような「本音の育児」を提供するメディアとなって，「悩める母親の感情共有の場」としての機能を強めていった（天童 2013：26）。

1990年代までの育児雑誌の主な読者層は，育児の責務を担う母親を前提としていたが，天童によると，2000年代のビジネスマンの父親むけを意識した育児・教育雑誌の登場によって，それが変化する（天童 2013：26）。

ここまで1990年代までの育児雑誌の変容を概観した。天童による〈垂直型から水平型へ〉という図式は，第1節で紹介した『ひよこクラブ』創刊号の巻頭言からも理解できよう。これらに続く，『プレジデント Family』（プレジデント社，2005年創刊）に代表される，ビジネスマンの父親を意識した2000年代の育児・教育雑誌については，次節で見たい。

育児雑誌とインターネット

表に戻ると，1970年代80年代に登場した育児雑誌がいずれも2000年代初頭に刊行を終えていることに気がつく。これにはインターネットの普及も大きく影響していると考えられる。インターネットの人口普及率は，1997年には9.2%であったのが，1998年13.4%，1999年21.4%，2000年37.1%，2001年44.0%，

2002年54.5％と推移し，2012年には79.5％にいたっている（総務省「通信利用動向調査」）。いっぽう出版科学研究所の推計では，主な出産・育児・教育雑誌の総発行部数は1996年に16誌計1900万部であったのが，2012年には14誌計665万部と約3分の1の部数に減っている。この減少の大きな要因のひとつは，インターネットで情報を得やすくなったことだとされている（「それぞれの育児でいい　創刊20年の専門誌に聞く」『朝日新聞』2013年9月28日朝刊35面）。

それでも，一般社団法人日本雑誌協会が公表している2015年7月から9月までの1号あたりの印刷証明付き発行部数は，たとえば『ひよこクラブ』で14万4567部である。同時期のこれに近い部数の月刊誌としては，『CanCam』（小学館）の14万1667部，『MEN'S NON-NO』（集英社）の12万部が挙げられる。ピーク時より部数が減ったとはいえ，（たとえばホームページと連動してビジネスを展開するといった）ウェブも含む「たまひよ」をはじめとする出産・育児雑誌の存在と影響力は軽視できるものではない。

3　かんがえる

『プレジデント Family』

天童の先の整理によると，2000年代の育児メディアは，父親や家族むけの育児・教育雑誌の相次ぐ創刊に特徴がある。表にあるように，2005年創刊の『日経 Kids ＋』（日経 BP）と『プレジデント Family』がその草分けであり，『edu』（小学館，2006年創刊）『AERA with Kids』（朝日新聞出版，2007年創刊）があとに続いている。これらの育児・教育メディアが既存の育児情報誌と大きく異なるのは，読者層として父親を明確に意識し，「子育てと教育に積極的に参加する父親」像を記事内容に多分に織り込んでいる点である。その背景には，「父親の育児参加」を求める声への対応だけでなく，「家庭の教育力」や家族責任の強調という動向があると考えられる（天童 2013：26）。

『プレジデント Family』はもともと『プレジデント』2005年12月17号の別冊として登場した。月刊化しての創刊号（2006年9月号）の特集1は「マッキンゼー式頭のいい親子の勉強法」，特集2は「全国の有名校は使っている　最強

の教材50選」である。『プレジデント Family』の読者層について，天童と高橋均が2010年3月に同誌編集長に対して行ったインタビューによれば，「40歳前後で，年収800万円以上の，中間管理職として仕事の第一線に立っている父親」が主たる購読層として想定されている（天童・高橋 2011：74）。

　2000年代型の育児戦略をもたらしたひとつの要因には，「格差社会」という言葉が社会でクローズアップされ始めたことがある。グローバル化による競争の激化を肌で感じるビジネスマンとその家族において，子どもの産育と戦略に敏感に反応した親たちのなかには，子どもの「成功」を願い，幼少期からの教育投資，子どもへの関心・配慮・励ましといった感情投資を含む文化資本の導入戦略に駆られる層が登場した（天童 2013：26）。

　もちろん，すべての家族が格差社会を生き抜く戦略を企図し，それを可能にするような経済的・文化的資源を保持しているわけではない。つまり，2000年代型育児メディアの記事から浮上する戦略とメッセージにおいては，育児知識の伝達が，特定の社会階層の家族に偏って配分され，受容され，獲得されている。これは，社会階層の新たな固定化と不平等の再生産の一面である（天童 2013：27）。

　天童はここまでの育児メディアの変遷と再生産戦略の変化を，次の3つにまとめている。それは，①垂直的育児知識の伝達から読者参加型の水平的知識の共有へ，②母親むけ育児メディアから父親むけ教育メディアへ，③育児に協力する父親像から積極的に育児に関与する「父親の主体化」へ，である（天童 2013：27）。

『プレジデント Baby』

　以上2000年代にはいって登場した，ビジネスマンむけ子育て雑誌の代表といえる『プレジデント Family』について概観したが，同誌は中学受験を視野に入れた教育雑誌であり，赤ちゃんや幼児をテーマにした育児雑誌ではない。そこで以下，こうした年齢層をテーマにした『プレジデント Baby』を紹介する。

　『プレジデント Baby』は「0歳からの教育マガジン」というサブタイトルで『プレジデント』の2010年11月13日号別冊としてはじめて刊行された。続い

て，2巻（同誌2011年4月15日号別冊），3巻（同誌2011年7月15日号別冊），4巻（『プレジデントFamily』2011年10月号別冊），5巻（『プレジデントFamily』2012年1月号別冊）と刊行された。さらにその後，過去の記事の再編集に新規の記事をあわせた「プレジデントムック」として，2012年からは毎年4月に刊行されている。ムックの表紙にはいずれも「0歳からの知育大百科」の文字が大きく踊る。このように，「ムック」になってからの『プレジデントBaby』は雑誌の別冊であった頃の編集方針を基本的には踏襲していると考えられる。なかでも一貫する記事内容は，次の3つに類型化できる。

『プレジデントBaby』の特徴

第1に，『プレジデントFamily』が中学受験をひとつのテーマとしているのに対し，『プレジデントBaby』が扱うのは，有名幼児教室・有名幼稚園・有名保育園であることである。

「ぜんぶ公開！　有名幼児教室のしつけ方」が特集された1巻では，6ヶ月から3歳児までを対象とした幼児教室「どんちゃか」の教室が紹介され，「どんちゃか」の先生が，母親の30の疑問に答えている。

さらに1巻では，久保田カヨ子氏（「脳科学研究のパイオニア」である久保田競(きそう)京大名誉教授の妻）が自由が丘で主宰する育脳教室「くぼたのうけん」と，横峯吉文氏（プロゴルファー横峯さくら氏の伯父）が鹿児島県志布志市で「ヨコミネ式教育法」をとりいれ運営している3つの保育園が紹介されている。

後者の記事のなかでは，仕事の都合で鹿児島市から志布志市に引っ越し長男（取材当時は小学5年生）をヨコミネ式の保育園に通わせていた男性の，次のようなコメントが紹介されている。「鹿児島市内に住んでいたとき預けていた保育園は，本当にただ預かってくれるだけ。不満はありましたが，仕事を持つ身ではそれだけでもありがたかったので文句は言えませんでした」。この，「本当にただ預かってくれるだけ」の保育園に「不満」がある，すなわち「預かってくれるだけ」では満足できず，そこに付帯価値を求めるということが，この雑誌の読者の関心とも重なっていると考えられる。

保育園に求められている付帯価値とはなにか。3巻・4巻・5巻の巻頭にあ

る「ちまたで噂の英才保育園を訪問」というレポートからも，それは子どもの才能の育成ということは明らかであろう。

　第2に，脳へのこだわりである。それは，「知能が上がる母乳，幼児食」（2巻）「ママの言葉で子どもの頭はよくなる」（3巻）「知能が上がる運動メニュー」（4巻）「子どもの脳がひらめくお部屋」（5巻）といった特集タイトルに象徴される。

　3巻の特集「ママの言葉で子どもの頭はよくなる」では，胎児の大きなイラストが掲載され，「ママの声はいつ頃からおなかの中まで届くのか」というところから解説がなされている。

　4巻の特集「知育が上がる運動メニュー」では，「どうして運動をすると頭がよくなるのか」が解説され，具体的な運動の内容やその効果について紹介されている。運動の効果については，運動をしているときの脳の血流やセロトニンの分泌が絵で示され説明されている。運動が勧められているのは幼児だけではない。「ちびっ子の体に触って，動かして，脳をどんどん刺激しよう」と題した記事では，3ヶ月から1歳半までの赤ちゃんの月齢別に「体を使った親子遊び」が紹介されている。

　ムック第1弾である2012年の号の巻頭記事「脳の機能別，0歳からの発達プロセスを解説します」は，胎児の段階から解説がなされているが，ここでは胎児と赤ちゃんの脳の写真までもが掲載されている。このように『プレジデントBaby』では，脳に対する一貫した関心が見られる。

　第3に，この本で説かれている父親の位置である。それは，5巻の記事「赤ちゃんの性格は，父親が寝る場所で変わる」における解説に書かれた次の理想に集約されていよう。「家族の関係は，母親が扇の要。生活は母親中心に回り，父親は背後から支援する役回り」。

　1巻で2歳1ヶ月の「息子がお父さんを嫌がる」という母親の困りごとに対し，上記「どんちゃか幼児教室」の先生は，「お父さんにも努力が必要。そもそも男親は家にいる時間が少ないだけでなく，子どもの嫌いなチクチクのひげも生えていて子どもが怖がったり，不利な要素が多い」という。

　同じ1巻の記事「インフルエンザから身を守ろう　家族で『免疫力アップ』

入門」にはこう書かれている。「いまの子どもがなかなか外で遊ばず，体が鍛えられない原因のひとつに，多忙なお父さんの生活があると思います」「毎晩遅くに帰ってきて，朝は早くから仕事に出かけなければならない。そんな生活では子どもと遊ぶ時間などつくれません」「忙しすぎるお父さんの生活が，本人だけでなく妻や子どもにもストレスを与えているのです」。

この本の読者層の家族における父親は，先に紹介した『プレジデントFamily』の読者層のビジネスマンと重なりがあろう。そうすると通勤時間も含めて父親が仕事に忙しいことは十分考えられる。「男は家にいる時間が少ない」「多忙なお父さんの生活」という文言はそれを反映していよう。

4　ふりかえる

ここまで，近代家族化・少子化に由来する育児不安を背景とした育児雑誌の登場とその変遷を，天童の整理に沿って概観した。その上で3つに類型化した『プレジデントBaby』の記事内容からは，次のふたつが浮かび上がる。

まず，第1と第2のものについて考えたい。先に，2000年代型育児メディアの記事に，社会階層の新たな固定化と不平等の再生産の一面を見ることができるという，天童の議論を紹介した。計量社会学者の吉川徹は，『プレジデントFamily』の商業的成功から，大卒再生産家族がいかに大きな「新規市場」になっているかを知ることができるという。吉川は，高度経済成長期から昭和の終わり頃までを「昭和の学歴社会」と呼び，それ以降を「平成の学歴社会」とする。成熟学歴社会とされる後者においては，大卒／非大卒フィフティフィフティという比率が親世代と子世代の間で受け継がれ，同じかたちで繰り返されていく。この状況を吉川は「学歴分断社会」と表現している。ここでは，高卒学歴の親のもとに生まれた子どもが高卒となり，大卒学歴の親のもとに生まれた子どもが大学に進学する（このケースが上記の「大卒再生産家族」である）。しかも，学歴社会が成熟してくるにつれて，（親が高卒で子どもが大卒というケースよりも）親が大卒で子どもも大学に進学するケースが増えることが予想されるという（吉川 2009）。この議論をもとに，『プレジデントBaby』の第1と第2の

第10章　少子化と育児不安

記事を捉えなおすと，英才保育園や脳への関心にこたえる記事中に，「学歴分断社会」の先端的状況を見ることができる。

　次に，第3のものについて考えたい。天童は，『プレジデント Family』のような雑誌によって「育児に協力する父親像から，積極的に育児に関与する『父親の主体化』へ」という変化があると論じていた。しかしながら，より年齢が下の子どもをテーマにした『プレジデント Baby』の記事において父親は，「忙しすぎるお父さんの生活が，本人だけでなく妻や子どもにもストレスを与えているのです」と語られていた。ここにまず，「男は公共領域・女は家内領域という性別分業」との関連をみることができる。さらに牧野は，父親（夫）も子育てに責任があると考えて妻と協力しあうかどうかは，妻と子どもの双方に影響を与えると述べている（牧野 1988：27）。記事の「妻や子どもにもストレスを与えている」という文言は，牧野の「妻と子どもの双方に影響を与える」という言葉と重なりあう。また「忙しすぎるお父さん」という文言からは，先ほど紹介した牧野の次の指摘が想起されよう。「都市化にともなう核家族の孤立化や，雇用者家族の増加による夫の日中の不在など，育児責任を一人で背負っている若い母親達が，孤独感や育児不安に陥りやすい状況も多い」。これらの牧野の議論を踏まえると，上記の妻の「ストレス」とは，「育児不安」と考えられる。

　牧野は，母親の育児不安の軽減に影響を与えるふたつの要因を挙げている。それは第1に，父親の育児参加や育児への責任感である。第2に，母親自身の社会的な人間関係の広さである。このなかには，たとえば深いつき合いのできる人がいることや，子どものことで相談したり話したりできる人の数が多いことなどが含まれる（牧野 1988：27, 28）。

　〈オトコの育児〉のありかたと，母親の育児不安との間に密接なつながりのあることが，研究者の議論においてだけでなく，（もともとは育児不安を背景に誕生した）育児雑誌の記事においても関係づけられているのである。

　以上，『プレジデント Baby』を例に検討してきたが，本書の読者のひとりひとりも実際に書店に出向き，興味を持った雑誌を手にとってみてほしい。そしてそのなかで母親・父親がどのように語られどのようなものとして描かれて

いるのかを考えてみてほしい。そこから，その雑誌における〈オトコの育児〉が浮かびあがってくるだろう。

【キーワード】

少子化

　少子化とは，「出生力が人口の置換水準を持続的に下回っている状態」である（大淵・高橋 2004：i）。置換水準とは，人口を一定に保つのに必要な出生率であり，そのときの死亡率によって異なる。現代の先進国の置換水準は2.1以下に下がっている（大淵 2004：1-3）。それに対し，日本の合計特殊出生率は1975年に2.0を下回り，1989年には，それまで最低であった1966年（丙午）の数値を下回る，1.57を記録した。2005年には過去最低の1.26まで落ち込んだ。2013年は1.43（前年比0.02ポイント上昇）と，微増傾向が続いている（内閣府 2015：3）。これらを背景に，2003年に「少子化社会対策基本法」が制定された。この第7条では少子化に対処するための施策の大綱を定めることを政府に義務づけており，これまで2004年・2010年・2015年に大綱が策定されている。また第9条では「少子化の状況及び少子化に対処するために講じた施策の概況に関する報告書」を国会に提出することを政府に義務づけており，2004年から毎年『少子化社会対策白書』が提出されている。

育児不安

　牧野カツコは，1988年に発表した論文「〈育児不安〉の概念とその影響要因についての再検討」において，育児不安を「子どもや子育てに対する蓄積された漠然とした恐れを含む情緒の状態」と定義している。牧野は自身ならびに他の論者の研究を整理し，育児不安を低める重要な要因として，夫（父親）の協力と母親の社会的な人間関係の広さを指摘している。後者には，近所づき合いが広いこと・深いつき合いのできる人がいること・子どものことで相談したり話したりできる人の数が多いこと・自分の趣味の時間を持っていること・社会活動や学習のために外に出る機会があること，などが含まれている（牧野 1988）。

【ブックガイド】

天童睦子編，2004，『育児戦略の社会学——育児雑誌の変容と再生産』世界思想社。
　天童睦子らによって1997年から2002年にかけて行われた調査研究を土台に刊行された，育児雑誌研究の決定版といってもよい書物である。天童や執筆者のひとり高橋均は，本書刊行後も育児雑誌研究の成果を発表し続けており，あわせて参照

するとよいであろう。

牧野カツコ，2005，『子育てに不安を感じる親たちへ――少子化家族のなかの育児不安』ミネルヴァ書房。
　牧野カツコが，自身の育児不安研究の知見をわかりやすく解説した書物である。タイトルにあるように乳幼児を持つ親が読者対象とされているが，家族社会学・子ども社会学の初学者の基本図書としてはもとより，将来家庭を築きたいと考えている大学生への著者からのメッセージとしても読むことができる。

文献

天野正子，2015，「育児書――『親と社会』を映す鏡」天野正子・石谷二郎・木村涼子『モノと子どもの昭和史』平凡社ライブラリー，106-133。

吉川徹，2009，『学歴分断社会』ちくま新書。

牧野カツコ，1981，「育児における〈不安〉について」『家庭教育研究所紀要』2：41-51。

牧野カツコ，1982，「乳幼児をもつ母親の生活と〈育児不安〉」『家庭教育研究所紀要』3：34-56。

牧野カツコ，1988，「〈育児不安〉の概念とその影響要因についての再検討」『家庭教育研究所紀要』10：23-31。

内閣府，2015，『少子化社会対策白書　平成27年版』日経印刷。

難波功士，2009，『創刊の社会史』ちくま新書。

落合恵美子，2004，『21世紀家族へ――家族の戦後体制の見かた・超えかた［第3版］』有斐閣。

大淵寛，2004，「日本の少子化・世界の少子化」大淵寛・高橋重郷編著『人口学ライブラリー1　少子化の人口学』原書房，1-14。

大淵寛・高橋重郷，2004，「はしがき」大淵寛・高橋重郷編著『人口学ライブラリー1　少子化の人口学』原書房，ⅰ-ⅳ。

天童睦子，2013，「育児戦略と見えない統制――育児メディアの変遷から」『家族社会学研究』25(1)：21-29。

天童睦子・高橋均，2011，「子育てする父親の主体化――父親向け育児・教育雑誌に見る育児戦略と言説」『家族社会学研究』23(1)：65-76。

「それぞれの育児でいい　創刊20年の専門誌に聞く」『朝日新聞』2013年9月28日朝刊35面。

第Ⅲ部　社会における〈オトコの育児〉

総務省ホームページ（http://www.soumu.go.jp/）
一般社団法人日本雑誌協会ホームページ（http://www.j-magazine.or.jp/）

第11章

集合意識と医療化
―― 気がかりいろいろ ――

高山龍太郎

1 けいけんする

　45歳の私には，1歳になる娘が1人いる。今でも強く印象に残っているのが妻の出産である。

　「初産は予定日よりも遅れる」とどこかで聞いていた。だから，出産予定月に入っても，のんびり構えていた。ところが，予定日の3週間ほど前のとても寒い冬の朝に，陣痛の兆候のなかった妻が，突然，破水をした。ちょうど，里帰り出産のために妻を実家へ送り届ける日だった。無事に破水は収まり，妻も痛みはないようだった。頼りにできるところは妊婦健診を受けていた病院しか思いつかなかったので，急ぎ車で向かう。病院で診察を受けると，即入院となった。しかも感染症の危険があるので，実家への移動は難しいという。頭は混乱していたが，この病院で産むほか選択の余地はなかった。破水をしたので，早く産んだほうがいいということになり，陣痛促進剤を点滴することになった。陣痛室で横たわる妻のもとに，点滴の器具と胎児の心音をスピーカーで聞く機械が運ばれてきた。じきに，妻は陣痛でうめき出した。

　担当になった助産師さんは，チャキチャキした感じの人だった。まったく心の準備のできていなかった私は，気持ちも挙動もフワフワしていたことだろう。こういうときは，専門家によるはっきりとした物言いが心を平常に戻してくれる。入院した産科病棟のスタッフは女性ばかりで，みなさん実にテキパキと仕事をされる。それが家族の安心になることを実感した。陣痛で食欲のない妻に，

「これから体力が必要だから」と、病院食のご飯を箸で口に運び、半ば強引に、二口、三口と食べさせてしまう助産師さんの姿に「さすがだなあ」と感心させられた。

　初日は陣痛が十分に強まらず、私はいったん自宅に帰った。2日目の夜は、病院でマットと毛布を借りて、妻のかたわら私も陣痛室に泊まった。翌日の出産にむけて仕切り直しとなったが、陣痛促進剤の点滴を止めてもすぐには陣痛が収まらず、夜が更けても妻はかなり痛そうだった。夜勤の助産師さんが懐中電灯を持って何度も様子を見に来てくれた。痛がる妻に楽な姿勢を教えてくれたり、腰をさすってくれたりする。そして、機器に異常がないか確認して、陣痛室を出て行く。私はそれを見守るだけだった。

　入院から3日目のお昼頃、妻は分娩室に入った。前日くらいに分娩に立ち会うかどうか助産師さんにたずねられた。立ち会う場合は講習を受ける必要があるという。血を見るのが苦手な私は、分娩室の外で妻の母と待つことにした。カーテン越しに、痛みに耐える妻のうなり声のような悲鳴が聞こえてくる。そうした妻を励ましながら指示を出す助産師さんの声も聞こえてくる。その一方で、ナースステーションのラジカセからは、懐かしい1980年代ポップスが流れている。雑多な音を私は目をつむって聞いていた。分娩室では、助産師や医師など10名ほどのスタッフが妻の出産に関わってくれている。

　1時間あまり経って、無事、娘が生まれた。私が分娩室に招き入れられたときには、室内はすっかりきれいに片付けられていて、分娩の形跡は残っていなかった。助産師さんたちが娘の身長や体重を測定したりして身体の状態を確認している。妻は、生まれたばかりの娘を抱いて、実習で分娩を見学していた看護学生と一緒に写真を撮ったりしていた。

　仕事を終えたスタッフは順々に帰っていき、静寂が戻る。昼食がまだだったので、病院のコンビニで弁当とケーキを買ってきて、出産が終わったばかりの分娩室で、娘、妻、妻の母と簡単な祝宴をひらく。出産の興奮のままに、かしましい食事となった。食事を終えて分娩室を出ると、妻が3日間すごした陣痛室はすでに掃除が終わり、次の人を待つ準備がすっかり整っていた。

2 ひろげる

出産の場所の変化——自宅から病院へ

　私の娘は病院で生まれたが，妊娠や出産に医療がかかわることは，歴史的に必ずしも自明ではない。実際，1947年には97.6％の子どもが「自宅・その他」で生まれた。しかし，その数は1960年には半数を切り，1975年には1.2％にまで落ちた。それに対し，1975年には，すでに病院と診療所で生まれた子どもは91.6％となった。2014年の内訳は，病院53.4％，診療所45.7％，助産所0.7％，自宅・その他0.2％である（人口動態統計）。つまり，出産に医療がかかわるようになったのは，ここ50年ほどのことにすぎない。

　半数以上の人々が農業に従事する20世紀初めの日本における出産は，地域共同体のできごとであり，自分たちでなんとかすべきことがらだった（松岡 2014）。出産の場所も自宅である。妊婦は陣痛が始まるまで農作業をし，おなかが痛いとなると，近所の女性たちが妊婦の家に集まってくる。産婆（後の助産婦，助産師）が到着する頃には，消毒や清拭などに使うお湯がすでにわかされ，集まった人がわいわい騒いでいるし，赤ん坊が生まれればみんなで喜ぶ。出産後しばらくは，村中の人々が食物やおむつ用のさらしなどを持って，産婦の家を訪問する。産婦の家も料理やお酒で来客をもてなす。かつて日本の村にはユイと呼ばれる相互扶助の慣習があったが，出産もそうしたもののひとつだった。

　かつて病院で生まれる子どもはごく少数だったので，1930年頃の大学病院では，学生の分娩実習のための妊婦が足りず困っていた。大学病院に勤める医師の妻ですら自宅で分娩する時代であり，分娩と3日間の入院を無料にしても大学病院には人が来なかったという（松岡 2014）。しかし，状況が変わり始める。工業化とともに都市に暮らす人が増え，1925年には市部人口が2割を超えた（国勢調査）。くわえて1929年の世界大恐慌は深刻な経済不況をもたらした。こうして，1920年代半ば以降，都市の貧困層のなかから病院にて無料で産まざるをえない人たちが現れ始めた（松岡 2014）。働くところと住むところが分離し，

核家族で、しかも近所づきあいの薄い都市では、村の慣習のように自宅で産むことが難しくなったからである。

20世紀半ば以降、病院で生まれる子どもが増えてくると、医療による出産の管理が強まる。かつては夜中の出産が多かったが、病院で陣痛促進剤が使われるようになると、昼の2～4時の出産が増えたという（松岡 2014）。病院が出産時刻を管理する理由のひとつは、スタッフの多い昼間のほうが、緊急事態に対処しやすいからである。子どもが出てきやすいように膣口と肛門の間の会陰を切る手術も、1970年代には初産の多くで行われるようになった。この会陰切開という手術は、「正常なお産」における主導権を助産師から産科医へ移行させたと言われる（安井 2013）。病院では会陰を切ろうとする産科医と切らずに出産させたい助産師がもめることもあった。縫合した会陰はしばらく強い痛みをともなうため、見かねた助産師たちはドーナツ型のクッションを考案した。また、帝王切開も実施率が高まっていった。たとえば東京大学附属病院では、1927～45年にはわずか0.625％だった帝王切開の実施率が、1946～55年には2.17％、1956～61年には4.07％と増加する（松岡 2014）。全分娩数で見ると、各年9月中の帝王切開の実施率は、1987年には一般病院9.9％、一般診療所6.5％だったが、2014年には一般病院24.8％、一般診療所13.6％へ増加している（医療施設調査）。とはいえ、諸外国とくらべると、日本は帝王切開の実施率が低いほうである（松岡 2014）。

自然なお産と立ち会い出産

医療の場における出産が増えるにつれ、「病院での出産は安全かもしれないが、妊婦がないがしろにされている」と感じる人も出てくる。こうして1970年代後半になると、「自然なお産」をめざす動きが一部で現れる。たとえば、1978年に『朝日新聞』で「お産革命」という記事が29回にわたって連載されたが、その第1回目には「夫婦が協力しての『無痛出産法』によって、生まれたばかりの赤ちゃん」と題された写真が紙面を飾っている。その写真は、後述するラマーズ法による出産直後のものであり、へその緒がついたままの赤ちゃんが、疲れ気味ではあるものの満足げに横たわる母親のお腹にだっこされ、大仕

事を終えた妻の首に満面の笑みの夫が腕を回すというものだった(『朝日新聞』1978年10月24日)。

夫も一緒に分娩室に入って子どもの誕生を見守る立ち会い出産は，いまでこそめずらしいものではなくなった。しかし，1978年当時は日本のほとんどの病院ではまだ認められていなかった。連載には，記者の友人が立ち会い出産を求めて病院と交渉したエピソードが紹介されている。その友人は戦時中の混乱のなか父親の立ち会いのもと産婆の手を借りて小さな産院で生まれた。そのときの様子を父親から次のように聞かされていた。

「この人のどこに，あんな力が潜んでいたかと思うほど，僕の手を砕けるぐらいきつく握りしめてねえ。母となる女の，痛み，苦しみ，強さ，偉大さ，そりゃあ，たいしたもんだったよ」……「生まれちまったのをハイっと見せられるのと，女房が産むのを見るのとでは，大違いも大違い，そりゃあ厳粛なもんで，男の責任，親となる身の責任を知る大事なチャンスだと思うよ，なッ？」(『朝日新聞』1978年11月11日)

しかし，この記者の友人は，結局，立ち会い出産をあきらめている。しつこくお願いして病院側の気を悪くしてはいけないと思ったからである。1981年にテレビ局が病院を対象にしたアンケートによれば，分娩室へ「絶対に入室させない」という回答が40.6％もあった時代だった(松岡 2014)。

この時期に「自然なお産」や立ち会い出産の代名詞になったのが，ラマーズ法である。女性解放運動ともかかわりを持つラマーズ法は，1970年代後半に日本に紹介された(松岡 2014)。フランスの産科医フェルナン・ラマーズが実践した分娩法で，妊婦は事前に出産のしくみを学び，分娩時の呼吸法とリラックス法を練習する。陣痛が来たら呼吸法で痛みを和らげ，陣痛が止むとリラックス法で身体を休ませる。これによって会陰切開などはせずに自然な分娩をめざす。夫婦で出産準備クラスに通って一緒に勉強し，夫が出産に立ち会うことが約束事のようになっていた。「ヒ・ヒ・ヒ・フーッ，ハ・ハ・ハ・フーッ」という独特の呼吸法を聞いたことがあるかもしれない。ラマーズ法による出産を

はじめて目のあたりにした先述の記者は，次のような感想を記している。

> 体のどこにも，血が，一滴もついていなかった。それまでに見た各種の病院分娩法は，すべて会陰などの切開を伴ったから新生児はみな，血まみれの顔で産声をあげた。……ああ，そうだったのか，氷河時代から今の今まで，基本的にどこも変わっていない人間の誕生とは，本来，こんなにきれいな姿だったのか，と思った。（『朝日新聞』1978年11月25日）

助産師への期待

2014年，全出生数のうち99.1％の子どもは病院と診療所で生まれた。ところが，分娩を取り扱う医療施設は減っている。すなわち，1963年に1万2910ヶ所あった産婦人科・産科の病院・診療所は，2014年には4830ヶ所になっている（医療施設調査）。出産しようにも病院が見つからず，「お産難民」といった言葉さえ現れた。産院不足をもたらす要因として，長時間労働を強いられる産科医の不足もある。産婦人科医・産科医の数は，1994年の1万1391人をピークに減少し続け，2006年には1万74人にまでなったものの，2014年には1万1085人にまで回復している（医師・歯科医師・薬剤師調査）。

こうした事態を受けて，「正常なお産」は助産師が扱うものとなりつつある（安井 2013）。分娩は医師と助産師のみに認められている。私の娘も助産師さんに取り上げてもらった。助産師になるには看護師と助産師の両方の免許が必要で，2014年末現在，全国で3万3956人の助産師が働いている（衛生行政報告例）。この数は，保健師・助産師・看護師・准看護師の合計人数の2.2％だが，産科医の約3倍にあたる。なお，助産師は女性しか取得できない免許である。

1970年代に「自然なお産」という妊婦のニーズに対応したのは，助産婦が開業する助産所だった。しかし，2014年の助産師の働く場を見ると，ほとんどが病院（65.0％）もしくは診療所（21.5％）で，助産所はわずか5.3％にすぎない（衛生行政報告例）。そこで，厚生労働省が2008年より推進しているのが院内助産所と助産師外来である。院内助産所とは緊急対応のできる病院等での分娩を助産師の主導で行うものであり，助産師外来とは正常経過の妊産婦の健康診断

と保健指導を助産師が行うものである。いずれも産科医の負担を軽くする目的で始められたが、産婦側の利点として可能な限り自然に出産できることがあげられる。

一方で助産所の数は減少傾向にある。2014年末時点で助産所は全国に2822ヶ所あるが、そのうち分娩をあつかうところは400ヶ所にすぎない（衛生行政報告例）。しかし、病院勤務の経験のある比較的若い助産師が助産所を開業して、新しい出産のかたちを模索する動きもある。助産所での出産は「産む場所や体位を自由に選ぶことができる」「産む側の意思が尊重される」「出産直後からの母子同室」「母乳育児の推進」などが特徴で、妊産婦の満足度が高く、ある助産所では開所10周年を祝うためにそこで出産した母親たちが子どもを連れて各地から集まったという（安井 2013）。妊娠・出産から育児にいたる長きにわたる信頼関係を醸成しやすいのが助産所だと言える。

高齢出産の増加

私の妻も該当したが、35歳以上での高齢出産（高年齢出産）は母体や胎児に問題が生じやすいと言われ、妊娠満22週以後の死産と生後1週未満の死亡を合わせた周産期死亡率も高い（母子衛生研究会 2015）。難産の可能性が高いという見解もあり、帝王切開になることも多いという。2500グラム未満の低出生体重児の割合も増加し、場合によっては新生児集中治療室（NICU）に入院せねばならないこともある。

日本は少子化で、1949年に269万6638人だった出生数は2014年に100万3539人にまで減っている（人口動態統計）。そのなかで例外的に出生数が増えているのが高齢出産である。高齢出産は1980年には6万6296人だったが、2013年には27万7403人と約4倍に増え、出生数全体の約4分の1になった。第1子に限っても、1割弱は高齢出産である（母子衛生研究会 2015）。2014年の女性の平均初婚年齢は29.4歳、第1子を産む平均年齢は30.6歳で、晩婚化・晩産化の影響が考えられる（人口動態統計）。

高齢出産増加の一因として、不妊治療（生殖補助医療）の発展がある。不妊とは、妊娠を希望し避妊せずに性交していても、1年以上、妊娠しない状態を

指す（日本産婦人科学会の定義）。不妊症となる可能性は約10％あり，男女のどちらにも同じくらい原因があるという。治療法には，薬物療法やホルモン療法などで自然妊娠をめざすほか，精子を人工的に子宮内に送り込む人工授精や，卵子と精子を採取して体外で受精させてから子宮に移植する体外受精といった方法もある。ヒトの体外受精の技術は1969年にイギリスで開発され，1983年には日本初の体外受精児が東北大学病院で誕生した。日本産科婦人科学会の報告書によると，体外受精で生まれた子どもは2012年には3万7953人（約27人に1人）にのぼり，1983年からの累計では34万人を超えている（『日本経済新聞』2015年2月6日）。学校のクラスに1人はいる計算になり，体外受精は身近なものになっている。

　高齢出産の増加とともに増えているのが，胎児に病気や障害がないかという気がかりである。そのため関心を集めるようになったのが出生前診断である。検査は希望者のみに行われ，費用も妊婦が負担する。出生前診断にはいくつか種類があるが，大きく分けると，流産等の危険のある羊水検査とその心配のない血液検査の2種類になる。なお，妊婦健診で一般的に行われる超音波（エコー）検査も，胎児の身体のかたちに現れる病気や障害が判明する点で，出生前診断に含める考え方もある。出生前診断の目的は病気や障害を持つ胎児を早期に発見することで，妊娠中に胎児を治療したり，リスクの高い出産や出産後の手術にそなえて設備の整った病院へ転院したりすることにある。しかし，胎児のうちに治療できる病気はまだわずかであり，生まれても根本的な治療ができない病気も多い。

3　かんがえる

集合意識と医療化

　前節では，出産をめぐる状況の変化を見てきた。本節ではそれらを社会学の発想法——「医療化」を用いて考察してみよう。「従来は医療の問題として考えられていなかった事柄が，医療専門職（医師）が中心となって取り扱うべき事柄（つまり「病気」や「障害」）とみなされていく現象を『医療化（medicalization）』

という」(中川・黒田編著 2010：64)。近代化の過程を通して，医療化はさまざまな領域で生じてきた。医療化をはじめて本格的に研究した P. コンラッドと J. W. シュナイダー (Peter Conrad and Joseph W. Schneider) は，医療化の事例として「精神病」「アルコール依存症」「アヘン嗜癖」「非行，多動症，児童虐待」「同性愛」「犯罪」を取り上げている (Conrad and Schneider 1992＝2003)。

　前節で見てきたことは，すなわち，出産の医療化である。20世紀半ばまでは，自宅で生まれる子どもが圧倒的多数だった。しかし，1970年代以降は，逆に病院で生まれる子どもがほとんどになる。その25年の間に，出産の生理的なしくみが大きく変化したとは考えにくい。したがって，変わったのは社会の意識の側である。すなわち，1970年代に，医療が出産を扱うことを「あたりまえ」(常識)とみなす「集合意識」(É・デュルケム) が成立したと言える。つまり，医療化とは，なにを医療の対象にするかという定義をめぐる人々の意識の変化によって生じ，こうした社会的な定義に基づいて医療的な処置が正当化されるようになることである。

　医療化という発想法の面白さは，医療の利点だけでなく，その欠点にも目配りする点である。先に紹介したコンラッドは，次のように述べる。

　　医療化は道徳的非難の減少，あるいは新しいケア形式の提供を通して肯定的な展開をもたらしたケースもあったが，社会問題が個人を対象とした臨床的介入の問題へと変容させられたり，医療の管轄権をその専門的知識技能を超える範囲にまで拡張させたりすることによって，否定的な展開をもたらすこともあった。(Conrad and Schneider 1992＝2003：1)

　冒頭で述べたとおり，陣痛前に破水した妻を見て慌てた私は病院に大いに助けられた。身体にかんする気がかりや困りごとが医療の対象になることは，人々に安心をもたらす。実際に出産の安全に対する医療の貢献は大きく，出生1000人あたりの周産期死亡率は，1950年の46.6人から1975年には16.0人まで下がり，2013年にはわずか3.7人となった (ただし，1950年と1975年の数値は，妊娠28週以後の死産と生後1週未満の死亡で集計)。また，出生10万人に対する妊産婦

死亡率も，1899年の449.9人から，1950年176.1人，1975年28.7人にまで下がり，2013年には3.5人になっている（母子衛生研究会 2015）。

　しかし，医療が行う処置には不快なものが含まれる。診察のために服を脱ぐことは恥ずかしい。手術は身体に傷をつけることであり，痛みをともなう。薬は副作用をもたらすこともある。入院は移動の自由を制限する。診断は身体の特徴に基づいて人を分類することでもある。もしこれらの行為を一般の人が行えば，人権侵害になりかねない。それが医療に許されるのは，医師がこれらの行為を患者の利益に変える確かな知識と技術を持ち，なおかつ，常に患者の最善のために最大限の努力をするという人々の信頼があるからである。医師の免許は，こうした信頼を制度的に保障するものである。

　したがって，医療への信頼が揺らぐと，医療化の欠点が目につくようになる。1970年代後半に「自然なお産」を求めた人々は，病院での医療的な処置が安全な出産のためと言いつつも，実は病院側の都合によって行われているのではないかという疑念を抱いていた。このように医療化の持つ負の側面に異議を申し立てる動きを「脱医療化」と呼ぶ。この脱医療化も医療化と同様に社会的な定義の問題であり，集合意識の変化をともなう。

　医療化と脱医療化は正反対の動きである。しかし，両者は相互排他的なものではなく，同時に進行することもある。前節で見た助産師への期待がそれにあたる。助産師は，医師とは異なり，会陰切開などの手術は行えない。したがって，助産師の役割が増すことは，出産の脱医療化と考えられる。ただし，助産師の活躍する場の多くは，助産師自身が開業する助産所ではなく，医師が中心の病院や診療所である。また，既述の通り，ほとんどの子どもは病院と診療所で生まれている。つまり，近年の出産の脱医療化は，医療と決別する方向ではなく，医療のなかで進んでいる。

　脱医療化の一方で，さらなる出産の医療化も進んでいる。不妊治療や出生前診断などの医療技術の進歩は，神の領域とされていた受精卵や胎児を医療の対象にした。かつては胎内の子どもの状態はほとんどわからず，トラウベというラッパのような木製の器具で胎児の心音を確認したり，妊婦の腹囲や子宮最上部から恥骨までの長さを測って胎児の成長を確認したりするくらいしか手だて

がなかった。後述の通り，出生前診断については急速な医療化に社会の対応が追いついていない面があり，そのため妊婦が悩み苦しむという状況も生まれている。このように医療化には光と陰の2つの側面がある。なにを医療の対象とし，なにを対象としないかは，きわめて社会的・政治的なことがらである。

気がかりと医療の間

　集合意識や医療化は，人々の意識や行動が蓄積された結果として構築されるマクロな社会現象である。なにを医療の対象とするかをめぐる人々のやりとりは，もちろん日常生活のミクロな場面にもある。人々が身体に感じる気がかりは，すぐに医療の対象になるわけではない。妻にくらべると，私は病院にかからないほうである。とはいえ，子どものこととなると，そうも言っていられない。「大丈夫だとは思うけど，念のため病院に連れて行く」と言われれば，うなずくほかない。子どもの身体の気がかりは，こうしたおとなのやりとりを経てはじめて医療の対象になる。このように，人が健康状態を自ら定義して適切な対処を見つける過程を「病気行動」（E. サッチマン）という。

　気がかりが医療の対象になるかどうかを決める要因には，ひとつは，医療に対する個人の意識や事情があるだろう。病院で他人に身体を探られるのが苦手という人もいれば，単純に忙しくて病院に行くのが面倒だという人もいる。人間には本来自然治癒力が備わっているから，できるだけ自然に任せたほうがいいと考える人もいよう。2つは，周りの人々との相談である。相談を受けた人が医療に好意的であれば病院に行くことを勧めるだろうが，そうでなければ医療以外の方法を提案されるかもしれない。「そのくらいのことは，昔は病院に行かずに治した」と言われて，病院に行きづらくなることもあるだろう。3つに，集合意識のあり方がある。育児書の多くは医師が監修している。これは，子どもの身体に関する気がかりは医療の管轄であるという集合意識を示している。しかし，出産を例に見てきたとおり，集合意識のあり方は時代とともに変わる。4つは，お金の問題である。日本は国民皆保険制度によって安い金額で医療を受けられる上，子どもの医療費には自治体からの補助金もある。これは，治療費を払えない親が子どもを病院に行かせないという事態をなくすための制

度である。治療費が高ければ病院には行きにくい。

　気がかりがあるとすぐに病院に頼る以外にも，人々のやりとりのなかで気がかりが解消することもあるだろう。周囲に相談したり，育児書を読んだりして，病院に行かなくても大丈夫と判断するかもしれない。薬局で市販の薬を買って，それで済ませるかもしれない。そうしたさまざまな選択肢のなかから，病院で診察を受けるという行動が選ばれている。病院で医師の診察を受けた後は，その指示に従って薬を飲むなどの治療を自分自身で継続する必要がある。気がかりが医療的に解消されるかどうかは，受診後の本人の自己管理にも拠っている。

　このように，医療にかかる前後では，医療者以外の人とのやりとりが重要な役割を果たしている。その意味で，医療は社会的な過程のなかに埋め込まれており，そのかかわりのなかで存在していると言える。

社会的な支えの必要性

　身体にかかわる気がかりや困りごとの多くは医療の対象となることで解決にむかい，安心が得られる。妻の出産時には，私も病院スタッフの冷静沈着な対応のおかげで落ち着くことができた。それは医療がこれまでの実践のなかで治療法を蓄積してきたからである。しかし，日進月歩の医療分野では「診断は可能であっても治療法がない」というかたちの医療化が起こりえる。そのとき医療は人々の悩みをかえって深めてしまう。出生前診断はその一例と言える。

　高齢出産の増加は，胎児についての気がかりを増やしている。2012年，新型の出生前診断（NIPT）が話題となった。その理由は，このNIPTが精度の高い診断を安全（血液検査）かつ早期（妊娠10週以降）に行えるからである。NIPTは原則35歳以上の妊婦しか受けられないが，初年度の2013年度に受検した94％の人が高齢妊娠を受検の理由にあげている（『日本経済新聞』2014年4月20日）。

　NIPTには「胎児の障害を理由にした人工妊娠中絶の増加を招き，命の選別につながる」という懸念も強かった。実際，中絶が選択されることが多かった。2013〜14年度の2年間にNIPTを受けた1万7800人の集計によると，胎児の染色体異常の確率の高い「陽性」と判定されたのは295人（全受検者の1.7％）で，このうち253人が羊水検査などを受け，確定診断でも「異常あり」となったの

は230人（確定診断を受けた人全体の90.9%）だった。そのうち中絶した人は221人（異常ありの確定診断が出た人全体の96.1%）に上る（『日本経済新聞』2015年6月27日）。諸外国でも異常ありと診断を受けた妊婦の多くが中絶を選ぶ状況は変わらない（坂井 2013）。ちなみに，中絶全体の数は1955年の117万143件から2014年の18万1905件へ大幅に減っている（母体保護統計報告，衛生行政報告例）。

　人工妊娠中絶の条件を定めた母体保護法は，胎児の病気や障害を理由とする中絶を認めていない。そのため，出生前診断にともなう中絶は「経済的理由」という名目で行われる（河合 2015）。中絶が認められるのは妊娠22週未満である。超音波検査や血液検査によって異常の可能性が高いとわかった後，その有無を確定させるために羊水検査等を受けることになる。羊水検査は妊娠15週以降に実施され，結果が出るのに2週間あまりかかる。つまり，診断が確定してから産むか産まないかの決断をするまでの時間は1ヶ月もない。中絶の決断に追い込まれた人がもっともつらいのはこの期間だという。

　遺伝医療チームの臨床心理士として日々相談活動に携わり，自らもダウン症の子どもを育てた玉井真理子は，「健康な子が欲しい＝健康な子でなければ欲しくない」ということでは決してないと指摘した上で，出生前診断をめぐる女性や夫婦の逡巡や困惑を，次のように代弁する。

> さずかった命なのだから，どんな子どもでも受け容れようと思ったり，それは自分には難しいと思ったり……。どんな子どもでも受け容れるべきなのだろう，いや，でもそれを自分に求められるのは困る……。どんな子どもでも受け容れようという気持ちになれない自分が子どもを産んでいいのだろうか。そんな気持ちが頭をもたげた次の瞬間には，どんな子どもでも受け容れようという気持ちになった人だけが子どもを産んでいるわけじゃあるまいし，と別の気持ちが顔を出す。（玉井・渡部編著 2014：33）

　産まないと決断した後も，人工妊娠中絶の処置が待っている。妊娠12週以降は中期中絶となり，人工的に子宮口を開かせ，薬で陣痛を誘発して出産させる。法的にも，流産ではなく「死産」となり，役所に死産届を出す必要がある。

産む決断に必要なのは，病気や障害のある子どもを産んだ後の暮らしにかかわる具体的な見通しである。たとえば，夫婦の人生設計はどの程度変更を迫られるのか，障害のある子どもの育児は通常よりどれくらいお金がかかるのか，福祉サービスにはどんなものがあるのか，母親（父親）は築いてきたキャリアを手放されなければならないのか，自分たちの死後に子どもはどうなるのかなどである。NIPT受検の条件として遺伝カウンセリングが義務づけられたが，医学以外のこうした情報がしっかり伝えられているとは言いがたい（河合2015）。

専門家との相談機会が限られている上に，身近な人にも相談しづらい。人工妊娠中絶を連想させるため，出生前診断を受けるだけでも胎児を否定しているかのように受け取られかねないからである。そうしたタブー視のなかでは，結局のところ，夫婦だけで問題を抱えることになる。しかし，相手が頼りになるとは限らないし，夫婦間に意見の相違があればケンカの毎日が始まるかもしれない。限られた時間と情報のなかで，妊婦は悩み続ける。

医療は，子育てにまつわる気がかりを解決してくれるとてもありがたい存在である。しかし，出生前診断のように新しく医療化された分野では，治療という医療的な解決がなかったり，それに代わる社会的な支えも不十分だったりする。そのとき医療は人を正常と異常に区分けするだけの存在になってしまう。もちろん，それは医療として不本意なことだろう。

医療的な定義が確立しつつも医療だけでは問題が解決せずに社会的な支えが不可欠だという点が，出生前診断における医療化の特徴である。こうした特徴は障害や慢性病などの多くにあてはまる。社会学が対象として取り上げるのはこうした類いの医療化である。

出生前診断をめぐる状況は決して他人事ではない。妊婦検診で一般に行われる超音波検査でも胎児の異常が疑われることがある。羊水検査を受けても異常なしとなる場合が多いとは言われるものの，妊婦は動揺する。そうした妊婦を支える社会制度の充実が求められるが，まずは一番身近な夫がその役割を担う必要があるだろう。

4 ふりかえる

　医療は多くの人々の命を救い，健康の増進に貢献してきた。親の感じる気がかりに適切な対処法を提供し，育児に大きな安心をもたらしてくれるのも医療の力である。しかし，それまで医療の対象でなかったものが新たに医療の対象となる医療化が，かえって問題を生じさせることもある。かつて出産の医療化とともに病院による出産の管理が強まり，妊婦の気持ちがないがしろにされるという事態が生じた。胎児を医療化する出生前診断も，治療法が限られるため，夫婦をつらい状況に追い込む。こうした問題を解決するには，医療はもとより社会の意識や制度も変わる必要がある。

　医療化は，考え方や利害関心の異なる個人や団体間のやりとりによって生じる。それは，なにを医療の対象にするかという定義の正当性をめぐる政治である。そこでの主な登場人物は，かつては医師などの医療専門職，隣接領域の専門職，社会運動家などであった。しかし，医療が産業として大きな経済規模を持つにつれて，企業の経済的動機が医療化をめぐる重要な争点になってきた（Conrad 2005 = 2006）。たとえば，たくさんの人が出生前診断を利用するようになれば，検査会社に莫大な利益がもたらされるが，そうした商業的な事情に巻き込まれることに対する警戒感は医師の間でも強い（坂井 2013）。一般に医師は医療化の推進役と見なされることが多いが，そうでない場合もある。もちろん医師全員が同じ考えを持つわけでもない。

　また，大規模な疫学調査も子育ての医療化に一役かっていると言える。たとえば，約10万組の親子を対象に2011年から環境省が実施している「子どもの健康と環境に関する全国調査」（エコチル調査）は，日頃の食生活や運動，地域や住居，家庭，学校の環境，両親の喫煙・飲酒の習慣などが，胎児のときから13歳になるまでの子どもの成長や発達にどのように影響するかを調べている。このように因果関係を措定すると，日常生活のあらゆるものが病気のリスク要因として監視の対象になりえる（中川・黒田編著 2010）。それは子どもの健康増進に役立つだろうが，親の気がかりは尽きなくなる。

育児にくらべれば，妊娠・出産の段階で男性にできることは女性より少ない。しかし，夫が妻を支えねばならない場面はある。支えになるには，時間の余裕があるうちにさまざまなことを知っておき，いざというときに冷静な判断ができるようにしておく必要がある。男性の育児は，少なくとも，妻と同じく妊娠のときから始まっている。

【キーワード】

集合意識

社会学の確立期に活躍したÉ. デュルケム（Émile Durkheim）が唱えた概念。彼によれば，集合意識とは「同じ社会の成員たちの平均的に共通な諸信念と諸感情の総体」であり，「固有の生命をもつ一定の体系」を意味する。集合意識は，諸個人の意識から生じるが，いったん形成されると，人々の意識や行動を拘束する。集合意識に反する行動は，集合意識を傷つけ，人々に嫌悪感を引き起こすので，社会から制裁を受ける。

医療化

それまで医療の対象とされていなかったものが医療の問題として定義されるようになる過程。その結果，それを治療するための医療的な処置が正当化されるようになる。医療化にはプラスとマイナスの両面があり，医療化に異議を申し立てる動きを脱医療化と呼ぶ。医療化と脱医療化は正反対の動きだが，同時進行することもある。医療化では，定義をめぐってさまざまな利害関心を持つ人々の政治過程が観察できる。従来は医師が医療化の推進役と見なされることが多かったが，医療の経済規模が大きくなるにつれて経済的動機が医療化をもたらす重要な要因になっている。

【ブックガイド】

Conrad, Peter and Schneider, Joseph W., 1992, *Deviance and Medicalization: From Badness to Sickness, Expanded ed.*, Philadelphia: Temple University Press.（＝2003, 進藤雄三監訳・杉田聡・近藤正英訳『逸脱と医療化――悪から病いへ』ミネルヴァ書房。）

「医療化」論あるいは「逸脱の医療化」論に関する社会学の現代的古典。1980年に初版が発行された。本書は，それまで道徳的に悪とされてきた逸脱現象が医療の問題として再定義され，医療的な定義に基づいて処遇されるようになる過程

(＝医療化）について，具体的な事例分析に基づいて洞察している。それは，悪徳が病気へと再定義される過程であり，処罰が治療に取って代わられる過程である。理論的な枠組みの提示のほか，「精神病」「アルコール依存症」「アヘン嗜癖」「非行，多動症，児童虐待」「同性愛」「犯罪」の事例が具体的に検討されている。

中川輝彦・黒田浩一郎編著，2010，『よくわかる医療社会学』ミネルヴァ書房。
医療社会学の入門書。「健康・病の経験」「健康・病をめぐる知識と技術」「医療にかかわる仕事・職業」「医療をめぐる制度」「研究者紹介」の5つの観点から，医療社会学の基本的な考え方や成果について項目ごとに解説している。参考文献や注釈も充実しており，辞書的な使い方もできる。

文献

母子衛生研究会，2015，『母子保健の主なる統計 平成26年度刊行』母子保健事業団。

Conrad, Peter and Schneider, Joseph W., 1992, *Deviance and Medicalization: From Badness to Sickness, Expanded ed.*, Philadelphia: Temple University Press.（＝2003，進藤雄三監訳・杉田聡・近藤正英訳『逸脱と医療化――悪から病いへ』ミネルヴァ書房。）

Conrad, Peter, 2005, "The Shifting Engines of Medicalization," *Journal of Health and Social Behavior*, 46(1): 3-14.（＝2006，進藤雄三・松本訓枝訳「医療化の推進力の変容」森田洋司・進藤雄三編『医療化のポリティクス――近代医療の地平を問う』学文社，3-27。）

舩橋惠子，1994，『赤ちゃんを産むということ――社会学からのこころみ』NHK ブックス。

河合蘭，2015，『出生前診断――出産ジャーナリストが見つめた現状と未来』朝日新書（Kindle 版）。

松岡悦子，2014，『妊娠と出産の人類学――リプロダクションを問い直す』世界思想社。

中川輝彦・黒田浩一郎編著，2010，『よくわかる医療社会学』ミネルヴァ書房。

坂井律子，2013，『いのちを選ぶ社会――出生前診断のいま』NHK 出版（Kindle 版）。

玉井真理子・渡部麻衣子編著，2014，『出生前診断とわたしたち――「新型出生前診断」(NIPT)が問いかけるもの』生活書院。

安井眞奈美，2013，『出産環境の民俗学――〈第三次お産革命〉にむけて』昭和堂。

第12章

子育て支援とネットワーク
——誰がなにを支えるのか——

山田　容

1　けいけんする

　1961年生まれの私は，児童公園などない田舎で育った。そこでは地域の人たちは皆顔見知りで，ひとりで遊びに出ても声を掛けてくれる人がたくさんいた。息子が誕生したのは1991年であるが，出産に際しては，友人がおさがりのベビーバスやママコートをくれ，とてもありがたかったのを覚えている。その後それらはまた別の家庭へと渡っていった。私の就職で移り住み，息子が4歳までを過ごした町では，近くの公園に近所の子どもたち，幼い子を連れた母親たちが連日集まっていた。妻はそこで地元のママ友をつくり，息子にも人生最初の友だちができて，たくさんの年長児が息子たちと遊んでくれていた。ちょうどその頃，ママ友を作ることがうまくできず公園を渡り歩く母親の存在がマスコミで話題となっていたが，私にはなかなかピンとこない話であった。いま思えば，妻はおそらくさまざまに努力してうまく関係を作っていったのだろう。
　息子が生まれる前年の1990年は，後に述べるように子育て支援が社会的課題として浮上した年である。厚生労働省は父親の育児参加促進キャンペーンを始め，私の職場にも「育児をしない男を，父とは呼ばない」とのコピーを配したポスターが貼られた。私は自らを振り返りつつ，少し複雑な思いでそれを見ていた。
　2000年代になり，児童福祉の研究者になっていた私は，複数の地方公共団体で「次世代育成計画」の策定にかかわっていた。計画の策定には地域住民の代

表者，そして子育て中の母親もくわわっていたが，年配の住民が「昔のようなつながりのある地域」の復活を願う一方で，子育て中の母親からは「地域の行事ごとの付き合いのたいへんさ」が遠回しに語られて，静かな対立が感じられた。このような数十年の変遷をみても，子育てのあり方と地域，社会との関係は徐々に移り変わりつつあることが感じられる。

さて，もうひとつは私のゼミの男子学生のエピソード。共働きであった彼の母親はまだ幼い彼ら兄弟に「家事をきっちりして，きりきりしているお母さんがいいか，家事を手抜きして，にこにこしているお母さんがいいか」と問いかけたという。兄弟の答えは後者であった。母親に課せられている役割は多く，そのすべてをこなすのは難しい。母親たちはそれに苦しみ，なんらかの対処を探り日々戦っている。

この章では，子育てに対する支援とネットワークのあり方，そして父親の役割について考えるが，子育てと子育て支援には母親役割への意識が大きく反映しており，この規範の問題を絡めつつ進めていくことにする。

2　ひろげる

母親に集中する子育て負担

0～2歳児の母親で，地域の中で「子ども同士を遊ばせながら立ち話ができる程度の人」が1人から3人以上いる人は合わせて75.6％だが，「1人もいない」は24.5％で，1日のうち「自宅で自分と子どもだけで過ごす時間」が「15時間以上」は22.1％にのぼるなど（ベネッセ教育総合研究所 2011），現代社会の子育ては概して孤立しがちな環境で母親中心に行われているといえる。

しかし，かつては拡大家族と地域共同体が子育て・子育ち資源として機能し，子育ては多くの手で担われていた。1920年（大正9）の第1回国勢調査では，第1次産業に従事している割合が53.8％，世帯人員数も4.99人であった。第1次産業が中心の時代は家族規模が大きく，家によっては使用人もおり，子育てに携わることができる人数がいまよりもずっと多かった（ちなみに2012年にはそれぞれ3.7％，2.42人に低下している）。子どもたちも異年齢集団を形成して，遊

びや集団のルールを学んだ。また地域は農作業や共有地管理などをともに行う共同体であり，自ずと住民相互に子どもの見守りが行われていた（佐藤 2013：16-18）。かつて近隣住民が近所の子どもを叱る光景はよく見られたが，これは子育てをめぐる価値が広く共有されていたためでもあろう。

　このような血縁と地縁に基づく伝統的な子育て形態は徐々に変容していき，高度経済成長期以降，先にあげたように孤立した環境での母親中心の子育てが急増する。この時期，サラリーマンの夫と専業主婦という核家族が一般化して標準的な家庭モデルとなり，地域内の濃厚な交渉や干渉も少なくなる。こうしてそれぞれの家がそれぞれの子育てを行うようになり，子育ては「私事」として定着して，主に母親ひとりがその責を担うこととなった。さらに経済成長や職業選択の多様化により高度な労働力が求められるようになると，子育ては安定した進路のための教育を視野に入れた営みとなり，母親は子どもにより高い学歴をつけるための教育マネジャーとしての役割も背負うことになった。また近年，増加する共働き家庭の母親の役割は，家事，育児に就労も加わり，その負担は子育てへの支援だけでは補いきれないほど重くなっている。

　こうした母親への子育て負担の集中による問題は，高度経済成長期から徐々に顕在化しており，すでに1970年代は棄児や嬰児殺，非行や不登校など子どもをめぐる問題が社会的関心を集めていた。しかし，当時，「母原病」（久徳 1979）と題された本がベストセラーになったように，これらの問題の原因は，母親の養育のあり方や家族病理として捉えられる思潮があった。1980年代には「育児不安」という概念は社会に広がりつつあったが，子育てにおける母親の責任は追及されても，社会的支援の対象とする意識は乏しかったといえよう。

　社会は子育てを家庭に委ね，父親は母親に任せるが，母親は最後の砦とされてしまい逃げることができない現実がうまれている。これに対し，自立した女性像や男女共同参画の理念を教育されてきた世代の女性が，結婚後に直面する負担を他律的に強いられる状況に疑問を持つのは当然であるが，かといって母親が自律的に振る舞うことは容易ではない。そこには現実的制約にくわえて，規範の存在があると考えられる。

近代家族規範との葛藤

近代家族の性格を，山田昌弘は，①家族はお互いの一定の生活水準の確保，および労働力の再生産に責任を負う（自助原則），②家族はお互いの感情マネージ（情緒的満足を得たり不満を処理する）の責任を負う（愛情原則）と整理している（山田 1994：44-46）。その要となる存在が妻―母親であり，家族の近代化にともない，古くからある男尊女卑観念，性別役割分業意識，明治期からの良妻賢母教育や母性の強調とあいまって，愛情豊かに子どもを育て家事にいそしむ「家庭的な」女性像や母親像が理想化されていく。やがてこれらはあたかも女性が生来的に有する資質のごとく自明視されるようになり，母親が果たすべき役割の規範になっていった。規範はそれが共有されている関係において評価の基準となり，遵守の監視がなされ，逸脱には否定的な反応がなされる。一般に「母親（妻）らしく」あることは「父親（夫）らしく」よりも強く規範化されているといえよう。つまり母親の子育ては周囲からの評価が常になされているのである。さらに規範が内在化され自らあるべき母親像を強く抱いている母親は，いっそう複雑なジレンマに追い込まれるだろう。子育てをめぐるストレスには，このような規範との関係から生じる苦悩もあると考えられる。母親役割の解釈は，男女差や世代差，個人差が大きく，その差異は子育てや子育て支援をめぐる母親と父親，そして支援者との間の意識のずれや葛藤の要因ともなっている。

3　かんがえる

子育て支援と子育てニーズ

大豆生田啓友によると，子育て支援とは「子育てという営みあるいは養育機能に対して，私的・社会的・公的機能が支援的にかかわることにより，安心して子どもを産み育てる環境をつくるとともに，子どもの健やかな育ちを促すことを目的とした営み」（大豆生田 2006：43-44）である。社会的支援は公的支援も包含する概念であるが，制度による公的支援とともに地域活動や民間活動も子育て支援の重要なアクターとなっていることから，本章でも分けて捉えることとする。

第Ⅲ部　社会における〈オトコの育児〉

表12-1　「子どもを育てていて負担に思うことや悩み」（複数回答）

(単位：%)

	0歳児	1歳児	2歳児	3歳児	4歳児	5歳児
子育てで出費がかさむ	33.7	26.4	25.4	31.2	33.8	42.3
自分の自由な時間が持てない	56.5	64.6	59.4	53.4	41.8	37.8
子育てによる身体の疲れが大きい	40.2	39.7	32.1	30.5	24.0	24.2
気持ちに余裕をもって子どもに接することができない	-	-	-	23.0	26.2	23.9
子どもが言うことを聞かない	-	-	21.9	27.5	23.0	19.3
仕事や家事が十分にできない	11.8	15.8	19.8	19.9	17.0	16.4
しつけのしかたが家庭内で一致していない	-	-	9.2	11.7	11.2	11.5
子どもを一時的にあずけたいときにあずけ先がない	-	-	12.0	11.1	10.5	10.6

出所：厚生労働省「21世紀出生児縦断調査（平成13年出生児）第1回～第6回」をもとに筆者作成。

「子育てという営みあるいは養育機能」には，具体的な子どもへのケアである「手段的サポート」，子育てに必要な知識や地域情報などの「情報的サポート」，さらには子育てに関するストレスや不安に対する「情緒的サポート」などの確保が求められる。支援の必要度は家庭により異なるが，必要に応じた私的，社会的，公的な支えの構築が子育て支援の全体像となる。

次に子育て支援の起点となる子育てに関するニーズを確認してみよう。**表12-1**は，子どもの成長にしたがって，親にどのような負担や悩みがあるかをまとめたものである。

子育ての悩みや負担は，親子双方の要因から複合的に形成されるのであるが（渡辺・石井 2005：35-46），少なくともこの調査結果から浮かび上がるのは，経済的負担とともに「自分の自由な時間が持てない」悩みの多さである。「自由な時間が持てない」ことは，子どもにかかわることで母親の自律性が奪われ，主体としての存在感が保てないことからくると考えてよいだろう。

また6歳以下の未就学児童を対象としたある調査によると，〈具体的な育児の悩み〉の上位は「つい，感情的に叱ってしまうことが多い」(35.5%)，「子どもの食の好き嫌いが多い」(24.1%)，「叱り方がよくわからない」(20.7%)であり，「叱り方」の比重が大きい（特定非営利活動法人子育て学協会「幼児期の

子育てに関する悩み調査」2014)。これは，**表12-1**の「気持ちに余裕をもって子どもに接することができない」，「子どもが言うことを聞かない」，「しつけのしかたが家庭内で一致していない」にも通じるものと考えられる。

　これらから，子育てに関する母親の主要な負担や悩みを，「経済的負担」，「自律性の保持」，「養育方針とかかわりの難しさ」に整理してみよう。「経済的負担」は子育て家庭に共通する課題であり，公的に保障の対象でもある。「自律性の保持」は基本的には「手段的サポート」の提供が対応し，「養育方針とかかわりの難しさ」については子育ての悩みに応える「情緒的サポート」や「情報的サポート」が有効である。

子育て支援策の展開と問題

　子どもの成長に関しては親とともに社会にも責任があり，その土台となる子育てもまた公的な支援の対象である。では，先にみた子育てニーズに対して公的な子育て支援策はどのように展開されているのだろう。「子育て支援」という用語がはじめて公式に使われたのは1990年（平成2）版の「厚生白書」である。この1990年は前年の合計特殊出生率が過去最低値1.57を記録したことが明らかになり，「1.57ショック」として少子化の進展が強く印象づけられた年でもある。以降，国は各種の少子化対策を始め，その一環として子育て支援策も展開されていく。同時期に児童虐待の相談件数が急増し，社会問題化した影響などもあって，子育て支援への社会的関心は高まり，地域や民間の支援活動も活性化していった。以下，子育て支援策の経緯をたどりその問題を考える。

　子育て支援策は，子育てを支えるための施策体系と計画をはじめて明示した「エンゼルプラン」(1994)から始まる。施策の中心は，母親の就労と育児の「両立支援」を主眼に，多様な保育ニーズに対応できる保育メニューの設定や保育所設置基準の弾力化などによる保育定員の増加といった保育対策を中心に進められる。しかしその後も少子化傾向は変わらず，在宅での子育てを対象とする「地域子育て支援事業」（地域に親子の交流，育児情報提供，相談の場を設置）など各種施策が打ち出されたが，合計特殊出生率は2005年度には最低値1.26を記録し，その後ややもちなおしているものの（2014年度は1.42），低位のままで

ある。

　この状況に対し，近年は子育て支援策の展開において「子ども」の存在が前面化されるようになる。2015年からは「子ども」を冠した「子ども・子育て新支援制度」が始まり，「地域子育て支援事業」（多様な子育てニーズに対応する13の支援事業）と並び，「子ども・子育て支援給付」（現金や保育サービスの給付）や「小規模保育」の法制化などが目標に掲げられた。また，保育所入所要件も家庭養育を前提とし，母親の就労を主とする「保育に欠ける」から，求職活動など多様な要件を設定した「保育を必要とする」にあらためられた。

　この間進められた子育て支援策は，少子化対策としての成果は上げられなかったが，子育て支援の必要性を社会に意識させるとともに，子育て資源の拡充において一定の成果を残した。ただし「手段的サポート」「情緒的サポート」「情報的サポート」のいずれも充分とはいえず，この他にもいくつかの問題が指摘できる。

　まず，子育て支援策の重点が母親が子どもを預けやすい環境整備に置かれて，公的保障が期待される経済面での対応が重視されていないことである。子育てと就労の「両立支援」自体は，働きながら子育てもしたいという母親の思いに添うものであり，今後も推進されていくだろう。先進国の中でも合計特殊出生率の高いフランスやスウェーデンなどの国々もまた「両立支援」策を講じている。しかしたとえばフランスは世界で最も高い男女平等の賃金雇用体系を実現させるなど，家族主義の強い国でありながら，政策的には社会民主主義的な「脱家族化」戦略をとっており（澤田 2010：156-157），子育てに関する経済的支援も手厚い。日本においては，ワーク・ライフ・バランスの重要性が強調されながらも抜本的な労働政策は採られないままで，社会保障費における「家族関係」支出は先進国で最低レベルであり，児童手当などの経済的支援も低水準である。「両立支援」により母親の就労は促進されても，父母ともに厳しい経済状況，また労働環境に置かれるのであれば，子育ての負担も軽減されることはない。厚労省の調査によれば「出産・子育てのために必要なこと」は「安定した雇用と収入」が72.4％と圧倒的に高く（厚生労働省「人口減少社会に関する意識調査」2015），とくに貧困状況が広がりつつある現況においては，労働環境の改

善と子育てをめぐる経済的負担への対応は子育て支援の要諦である。

　もうひとつの問題は、母親をターゲットにした施策が大半であり、このことが子育てを母親の役割とする社会的認識を再確認させる懸念である。施策展開における「子ども」の強調は、伝統的な家族主義やジェンダーをめぐる論争を棚上げできる効果もあるとされる（辻 2012：236）。子育てをめぐる家庭（母親）と社会の役割分担については、規範の問題がいまだ深く横たわっており、支援策が母親と子育てをより深く結びつける逆機能の働きをしないか留意が必要である。

子育てニーズと子育てネットワーク

　このように日本の公的支援には問題が多々あり、その拡充が求められるのだが、子育て支援には、公的支援になじみにくい日常的でこまやかな各種のサポートが必要であり、これらに対しては、私的な関係や地域の関係が重要な役割を果たす。いかなる支援資源を利用しているかは家庭ごとに異なるものの、これらそれぞれの家庭における子育て支援の集積を「子育てネットワーク」ということができる。

　「子育てネットワーク」は、「子育てソーシャルサポート・ネットワーク」、または「子育て支援ネットワーク」と称されることもあり、その構成者をどう捉えるかは、親族や友人など養育者の私的関係に限定するもの、保護者同士の集まりとするもの、地域住民や支援者の連携を指すもの、すべてを総合するものなど多様な認識があるが（山縣・中谷 2013：4-5）、次にさまざまな子育てネットワークの現状と課題をみていきたい。

私的な関係のネットワーク

　松田茂樹は、「育児を中心的に支えるネットワークの『核』になる人数」を「強い紐帯の規模」とした上で、平均的に「核」の人数は3人、核以外の「弱い紐帯の規模」は4人であることを明らかにしており、その核は子育て仲間や、母方の祖母（母親の母親）、友人知人らによって構成されるという（松田 2008：27-29）。最初の子どもが3歳になるまでに両親の母親（子の祖母）から「ひんぱ

んに」あるいは「日常的に」支援された割合は，2005年以降では52.3％であり（国立社会保障・人口問題研究所「第14回出生動向基本調査　結婚と出産に関する全国調査　夫婦調査の結果」2011）．母親の「出産や育児に関する困りごとの相談相手」としては，非親族（37.8％）とともに祖父母（46.9％）が多い（国立社会保障・人口問題研究所「2013年社会保障・人口問題基本調査　第5回全国家庭動向調査」）．「情報的サポート」においても「子育ての情報収集で最も頼りになった人」は「自分の親」がもっとも多く（明治安田生活福祉研究所「第7回結婚・出産に関する調査」2013），全体として祖（父）母が子育てに果たす役割はきわめて大きく，子育ては親族と非親族からなる私的な関係によるネットワークに多くを支えられている実態がある．

　もちろん私的な関係におけるもっとも身近で重要な存在は父親であり，なにより父親には「手段的サポート」のほか，相談の傾聴や共感などによる「情緒的サポート」においても中心的な存在となるべきであろう．現実には，「出産や育児の困りごとの相談相手」として夫は37.8％でしかないのだが，「子どもの教育・進路を決めるときの相談」相手は，夫が86.8％と圧倒的に多く（国立社会保障・人口問題研究所前掲調査），父親は子どもの未来を育む協働者としては頼られている．「しつけのしかたが家庭内で一致していない」ことが母親の悩みにあがっているが，乳幼児の子育てについても中長期的な視点に立った夫婦協議は可能であり，それが家庭の養育方針を築き，安定した子育ての指針にもなるだろう．

　ただしどの家庭も親族や友人・知人から支援を受けられるわけではない．統計上も祖父母に頼れるのは約半数であるが，実家との関係が不調な場合もあれば，親族，友人と距離が離れていることも，支え手の経済的，時間的余裕が限られていることもあるだろう．また現状において父親の育児参加は低調であり，近隣の育児仲間との交流は，閉塞感や孤立感からの解放や情報交換などで利点はあるものの，「仲間との関係に対人葛藤を抱えることも少なくなく，必ずしも育児ストレスを軽減する効果が高いといえない」（渡辺・石井 2010：143）ことも指摘されている．つまり私的な関係のネットワークに多くを依拠する現代の子育ては盤石とはいえない土台に立っているといえ，その他のネットワーク

第12章　子育て支援とネットワーク

にかかる期待は大きい。

地縁によるネットワーク

　地域関係の深さと子どもを産みやすい環境には一定の相関があるといえ、合計特殊出生率の市区町村別統計をみると、上位には地縁が比較的強く残っていると考えられる島嶼部が並ぶ（厚生労働省「平成20年～平成24年人口動態保健所・市区町村別統計」）。合計特殊出生率が高い鹿児島県沖永良部島の調査研究からは、高出生率の背景として、いくつかの要因と並んで濃厚な親子関係、兄弟関係、そして友人、地域関係の存在からなる「擬制的カゾク関係」による相互扶助機能の強さが浮かび上がる（片桐 2005：143）。血縁の周辺にひろがる共同体の伝統的関係性に基づく地縁ネットワークは、「信頼」「規範」「ネットワーク」によって構成されるソーシャルキャピタル（社会関係資本）の一形態といえ、多様な支援を受けることが可能となる強固な紐帯である。反面、とくに伝統的な地縁ネットワークは地域に根付く規範にそった行動や役割期待に応えることで成立しており、私的領域に介入することもあり、沖永良部島においても、関係の近さゆえに生じる種々の負担もあげられているように（片桐 2005：143）、プライバシーや個別性の尊重などの現代的な価値、生活スタイルとは拮抗する。

　もちろん島嶼部に限らず、各地で地域の子育て支援は行われており、地縁によるネットワークは今後もひとつの核ではあるが、近隣関係は希薄化しており、とくに都市化が進む地域においてはこれを基本に置くことは難しい。

専門職によるネットワーク

　保健師や保育士、ソーシャルワーカーなどの専門職による支援は、「手段」「情緒」「情報」のいずれにおいても専門性と責任をもって対応でき、プライバシーの保障を前提とする安定した支援資源である。地縁のネットワークが弱まりつつある現状において、とくに私的な関係のネットワークが脆弱な家庭、貧困、障害など特別なニーズを抱える家庭には欠かせない存在である。異なる専門性を有する専門職が連携することで、より総合的な支援が展開できる。またさまざまな理由によりニーズを表明しない、できない層にこそ深刻な問題が潜

在化していると考えられ，支援者が地域や家庭に出向いていくアウトリーチ型支援の重要性が高まりをみせており，訪問を制度として設定できる公的支援の意義は増加している。

しかし公的支援は，対象や支援枠組みが制度要件によって規定され，対応の柔軟性に乏しい。また親へのサポートと同時に子どもの権利についても保障義務を負っており，不適切な養育や虐待と判断される場合は専門的介入の検討もなされ，機関間でリスク情報などを共有することもある。結果的に公的支援は子育てへの監視的な側面を有し，利用者側の不信，抵抗を招くこともある。加えてそれぞれの専門性の高さゆえに多職種連携は容易に進まないこともみられ，これらの特性から専門職だけで形成されるネットワークには限界があるといえる。

志縁によるネットワーク

血縁・地縁的ネットワークや公的支援のネットワークの限界，すなわち強固であるがもろさも抱え，安心はあるが干渉もされるといった課題を踏まえると，私的関係や物理的距離にしばられない社会的な支援がより重要な意味を持つようになる。

近年はボランタリーな動機による民間支援も大きな貢献を果たしてきており，子育て当事者による「子育てサークル」や，より広域を対象としたNPO団体などによる支援活動が生まれている。育児情報をまとめたウェブサイトの運営や，「ホームスタート」のような訪問支援事業など先駆的な取り組みも行われており，今後もニーズに対応した多様な活動が増えていくものと予想される。

このような活動における関係性を支援動機に「こころざし」があることから「志縁」と呼ぶことがある。志縁による民間支援は，公的支援に比較して，隣人的親和性を持った柔らかなかかわりが期待でき，濃厚な相互干渉など旧来的な地縁の持つ課題を克服した都市型のソーシャルキャピタルの形成に資する可能性を持っている。民間支援は，公的制度との連携を深めることで，子育て支援の展開に新たな地平を開くものでもある。

ただしこのような支援はどの地域にも均等にあるわけではなく，民間団体で

あるがゆえに財政的，人材的課題を抱えていることが多く，活動そのものの持続も課題である。さらに利用する側からすれば，公的制度ではないためスタッフの専門性やプライバシーなど信頼性についての不安から選択に迷いが生じることもあるだろう。新たな人間関係を形成することに抵抗を持つ母親もいることなどを考え合わせると，「志縁」による民間支援にも一定の限界があるといえる。

これまでの検討からわかるように，それぞれのネットワークには特性や課題がある。松田によれば，強い紐帯と弱い紐帯が半々程度で構成される「中庸なネットワーク」が，支援をバランスよく提供できるのであり（松田 2008：164），多様な支援を受けるには，公私民からなる多層的なネットワークが望ましい。

ネットワーク形成と父親

ではこのようなネットワーク形成はどのように行われていくのだろうか。支援は支援者により提供されるものであるが，「様々な階層や状況にある家族に対して一律の要求やサポートプログラムを提供することは，時として一部の家族・親を追いつめてしまうことになり，その不利益を被るのは社会的に弱い立場にある家族の場合が多い」（岩田 1997：30）ことには留意が必要である。支援者と支援を受ける側の相互作用により「相互生成的に『有用なもの』となる意味が生成される過程で『サポート資源』となる」と大下由美が述べるように（大下 2010：10），支援者と当事者のかかわりが双方向的であるほどそれぞれの家庭に適したネットワークが形成されると考えられる。

これに関する社会的，公的支援側の動きとしては「子育て支援コーディネーター」や「子育てコンシェルジュ」など，支援資源との媒介的機能を持った人の配置が進められつつある。この取り組みには子育て家庭の抱える問題の包括的把握と地域資源を活用した総合的支援の提供への期待が持て，とくに主体的に情報の収集から交渉，申し込みといったプロセスを進めることが難しい親にとっては有益だろう。ただしコーディネーターやコンシェルジュの持つ情報の質量や専門性がより重大な意味を持つこととなり，特定の調整担当者に限らず，親と出会う支援者はみな他の支援との媒介的役割を意識するべきだろう。

もちろん親の側も相互作用の一方の主体として機能することが必要であるが，それが母親ひとりに委ねられるのは，子育てをめぐる別のストレス要因となりうる。子育てにかかわっていない父親は，子育ての負担や不安に関するリアリティが乏しく，さらに父親の母親役割規範は，自身の育児参加を手伝い程度にとどめる根拠となるだけでなく，ネットワークの重要性の理解をも阻む。

父親は母親の子育ての傍観者だけでなく監視者，批判者にもなり，父親がそのような存在になることは，母親にとってひときわ重い現実となる。しかし父親は最善の子育てパートナーにもなれる。ネットワーク形成はその大切な機会であり夫婦がともにネットワーク形成主体となるためには，父親が自らの規範認識を認め，それを相対化して子育て当事者としての現実に立った視野を母親と共有することが必要である。どのような支援資源を利用するのかについての夫婦間での協議は，まずは子育てが夫婦の協働性において営まれ，自分たちにいかなる子育てニーズがあり，いかなる支援が必要かを父親が実感していることの延長線上でなされるべきものであろう。

4 ふりかえる

筆者がかかわる児童虐待対応の現場から感じることは，私的な関係のネットワークが弱い家族のもろさであり，いかなる家族も子育てには多くの支援が必要であるという現実である。同時に支援がもたらす家族への負荷も感じとれることがある。とくに専門職の支援を受けることは，私的領域に一定の介入を認めることでもあり，また問題があることの確認でもあって，しばしば母親の存在価値を脅かす。

子育て支援はいまだ形成途上であり，支援者と親の思いの相違もしばしば見える。支援者の葛藤のひとつは，子どもの育ちと母親の役割，そして母親の子育てからの解放といった価値のはざまで生じる。松木洋人は子育てにおける親の役割と支援者の役割の折り合いを付けながら実践する支援者たちの葛藤と工夫を聞き取る中で，支援を通した「育児の再家族化」について言及し，育児ケアの提供，あるいはケアの提供を外部に求めながらも「親であること」は放棄

しないあり方，「親であること」を多元的に捉えることの意義を説く（松木 2013：240）。この視点と方法論は，支援をめぐる葛藤について親か社会かの二元論化した議論を迫るものではなく，現実に存在する規範の力を考慮しながら，それぞれの家庭に応じた子育てのあり方を探索する基本となるのではないだろうか。

なにより，まずは父親が，そして取りまく人々が家庭内外で母親に集中する子育ての「たいへんさ」を理解するとともに，母親の努力や「できていること」にも目をむけ評価をすべきである。そのような価値が広がるとき，社会は子育てに緩やかな目を注ぐことができ，それが直接的な支援の背後に広がる柔らかい視線となって，「子育てネットワーク」は重層的に拡充・機能するだろう。

【キーワード】

合計特殊出生率

ひとりの女性が生涯に産む子どもの数の平均値であり，人口の維持には2.08程度の数値が必要となる。数値の低下には，未婚化，晩婚（晩産）化といった要因もあるが，多くの先進国に共通する現象である。関連用語として，夫婦が時間経過の後，子どもを産まなくなった時点の子ども数を完結出生児数という。近年は完結出生児数も2.0を下回っている。

ネットワークとソーシャルキャピタル

ネットワークとは端的には「つながりの総体」を意味するが，社会における人間関係のつながりは「社会的ネットワーク」と呼ばれ，そこでは情報が交換されるだけでなく，価値や感情までも相互伝達され，物財や支援の提供も含め，それぞれの生活や人生に影響を及ぼす。社会関係資本とも訳される「ソーシャルキャピタル」には多くの解釈があるが，基本的には，ネットワークにおける関係性を人が行為を遂行するために活用する資本として捉える。パットナムは，これを集団的に把握することの意義を唱え，水平的なネットワークにおいてなされる協働的な市民活動が，互酬性の規範や信頼をつくり，社会の効率性を高めるとした。

第Ⅲ部　社会における〈オトコの育児〉

> 【ブックガイド】
>
> **松木洋人，2013，『子育て支援の社会学――社会化のジレンマと家族の変容』新泉社。**
> 　本文中にも紹介したが，家族社会学の立場から，拡充しつつある子育て支援について家族概念の規範のあり方を軸に考察している。支援者側への質的調査をもとに，「育児の社会化」の担い手である支援者の実践や経験を整理し，家族と社会の子育てをめぐる今後の位相を深く考えていく指針が得られる。
>
> **大日向雅美，2005，『子育て支援が親をダメにするなんて言わせない』岩波書店。**
> 　発達心理学，ジェンダー論や子育て支援の研究者であり，子育て支援者として実践現場にも携わっている著者が，子育て支援の実態を自らの支援実践を通して得られた知見とともに平易な文章で解説している。子育て支援が政策課題となる過程で起きた世論の反発や，実践の中で支援者が抱える苦悩と対応などがわかりやすく綴られている。

文献

ベネッセ教育総合研究所，2011，「第4回　首都圏・地方市部ごとにみる乳幼児の子育てレポート」。
岩田美香，1997，「『育児不安』研究の限界――現代の育児構造と母親の位置」北海道大学教育福祉研究 3 号：27-34。
片桐資津子，2005，「奄美の出産と育児に関する地域・家族研究」山田誠編著『奄美の多層圏域と離島政策――島嶼圏市町村分析のフレームワーク』九州大学出版。
久徳重盛，1979，『母原病――母親が原因で増える子どもの病気』サンマーク出版。
Lin, Nan., 2001, *Social Capital : A Theory of Social Structure and Action*, Cambridge University Press.（=2008，筒井淳也・石田光規・桜井政成・三輪哲・土岐智賀子訳『ソーシャル・キャピタル――社会構造と行為の理論』ミネルヴァ書房。）
松田茂樹，2008，『何が育児を支えるのか――中庸なネットワークの強さ』勁草書房。
松木洋人，2013，『子育て支援の社会学――社会化のジレンマと家族の変容』新泉社。
大豆生田啓友，2006，『支え合い，育ち合い子育て支援』関東学院大学出版会。
大下由美，2010，『サポート・ネットワークの臨床論』世界思想社。
佐藤哲，2013，「子育て支援の歴史文化的諸相」子育て支援プロジェクト研究会編『子育て支援の理論と実践』ミネルヴァ書房。
澤田光，2010，「少子化と『脱家族化』――『脱家族化』及び合計特殊出生率におけ

る地域差の統計的分析」『奈良女子大学社会学論集』17：156-157。
辻由希，2012，『家族主義福祉レジームの再編とジェンダー政治』ミネルヴァ書房。
渡辺弥生・石井睦子，2005，「母親の育児不安に影響を及ぼす要因について」『法政大学文学部紀要』51：35-46。
渡辺弥生・石井睦子，2010，「乳幼児をもつ母親の育児ストレスにソーシャル・サポートおよび自己効力感が及ぼす影響について」『法政大学文学部紀要』60号：133-145。
山田昌弘，1994，『近代家族のゆくえ――家族と愛情のパラドックス』新曜社。
山縣文治・中谷奈津子，2013，『住民主体の地域子育て支援』明石書店。

第13章

ワーク・ライフ・バランスとジェンダー
―― わが子の成長に立ち会いたい ――

阿形健司

1 けいけんする

育休をとる

　私には2015年11月に6歳になった子どもがいる。生まれてから2歳になる2ヶ月前までは家族で一緒に暮らしていたが、夫婦の仕事の都合上、現在は私が単身赴任をしている。単身赴任になる直前には私が育児休業（育休）を取得した。育休をとるにあたっては利点や欠点をあらゆる側面から検討し、仕事への影響が最小限で育休期間が最大限になる6ヶ月弱の育休をとる決断をした。そうした決断にいたったのにはさまざまな理由がある。育休をとる男性はいまだ少数派なので、そうした少数派の経験を積んでみたいと思ったこと、将来は単身赴任になることはあらかじめわかっていたので、可能な限り両親と子どもが一緒に過ごせる時間を確保したいと考えたこと、幼い乳飲み子を抱えて妻が仕事を続けるのは負担が大きいので少しでもその負担を軽減できればよいと考えたことなどが主な理由である。

　実際に育休を取得するためには準備が必要である。育児・介護休業法の規定によれば育休をとれるのは子どもが1歳（両親ともに育児休業を取得した場合、1歳2ヶ月）になるまでの期間であり、一定の条件を満たせば1歳半まで延長可能である。さらに従業先事業所の裁量でそれ以上の期間取得可能な場合があるが、私の勤務先では条件を満たせば最長で2歳になるまで取得可能という規程が定められていた。とはいえ、男性が育休を取得する前例はなかったので、子

どもが生まれた直後から，どういう条件が揃えば取得可能か人事担当者と相談を重ねた。その結果，私が育休を取得できる見通しが立ったので，8週間にわたる妻の産後休業の後に続く1年3ヶ月の期間は妻が育休をとり，妻の育休が終了した翌日の4月1日に私の育休を開始した。職場の規程の上限である満2歳まで取得したかったが，11月生まれなので9月下旬からの秋学期の授業が始まってから育休を終えることになると，全15回の授業日数が不足するので，当該学期の授業が成立しなくなってしまう。大学では授業科目ごとに担当教員が決まっていて，ある授業を途中から別の教員が代わりに引き受けることができないからである。そこでやむなく秋学期開始直前に育休を終了することにした。もちろん，人事担当者との間で合意が得られるだけでは不十分で，職場の最小構成単位である学科の同僚の先生方には事情を説明して，育休をとることへの理解を求めた。育休中の授業のやりくりを工夫して，授業以外のさまざまな職務を同僚に分担してもらうことによって，はじめて育休が実現できたといえる。

育休の欠点と利点

そのような手間暇がかかる事前の準備をしてまで育休をとることの意義はどこにあるのだろうか。もちろん，育休を取得することによる欠点はいくつかある。まず，育休期間中の給与がゼロになることである（ただし，一定の条件を満たせば雇用保険に加入している労働者に対して育児休業給付金が定められた期間支給される）。収入がなくなっても住民税は前年の所得に対して課税されるので支払わなくてはならない。「泣き面に蜂」といえる。また，在職期間が短くなるので，昇給が遅れたり，退職金が制度として存在する場合はその算出において不利になったりする。さらに，育休中はふだんの仕事をする余裕はないので，仕事の勘が鈍る。実際，育休を終えて約半年ぶりに教壇に立ったときには違和感を禁じ得なかった。

しかし，それらを超える利点も当然存在する。冒頭に述べたように，子どもと一緒に過ごせる時間をもち，妻の負担を軽減することができた。私はふだん大学生の教育に携わっているが，相手はおとなである。込み入った理屈も話せば通じる。しかし，1歳児は言葉をまだ話せないので意思疎通自体がむずかし

い。そのような幼児を育てる際に，どのようにすれば相手の意思を確認できるか日常的に試行錯誤することは，たいへんではあるが貴重でおもしろい経験でもあった。さらに，幼児期の成長は早いので，ちょっとしたこと，たとえばお腹がすいたことを伝えたいときと喉が渇いたことを伝えたいときとで仕草を使い分けることができるようになったのに気づいたことは大きな喜びをもたらしてくれた。

　また，私が育休をとることによって正社員で研究職の妻のキャリアを継続することができたことも利点である。妻の職場の規定では最大3歳まで育休を取得できることになっている。しかし，丸3年も仕事を休んでしまったら，仕事の勘が鈍るぐらいではすまず，相当なハンディを負うことになっただろう。夫婦で分担して育休をとったことは，妻の就業継続を容易にした理由のひとつであろう。

　以上に述べてきたように，利点と欠点を勘案しながら，賃金を得る仕事とそれ以外の生活との間にいかに折り合いをつけることができるかは，私たちにとって大きな関心事であろう。言い換えれば，どのようにワーク・ライフ・バランスを実現できるかが課題となっているのである。次節では，ワーク・ライフ・バランスの実現に大きくかかわる男性の育児休業の実態を確認しよう。

2　ひろげる

育児休業の取得希望

　世の中の男性たちは，育休をとることをどのように受け止めているのだろうか。日本労働研究機構が就学前の子どもがいる雇用者男女を対象に2003年に行った「育児と仕事の両立に関する調査」（育児個人調査）によると，「もし次に機会があれば，あなたは産後8週間に育児休業をとりたいと思いますか」という質問に対して，雇用者男性1042人のうち26.4％が「ぜひとりたい」，37.9％が「できればとりたい」と答えており，あわせて64.3％が育休の取得を希望している（日本労働研究機構　2003：25）。なお，育児・介護休業法では，産後8週間は妻が専業主婦や産後休業中であっても夫が育休をとれる規定があるために

「産後8週間に育児休業をとりたいか」という質問になっている。

また，厚生労働省の委託を受けてニッセイ基礎研究所が2007年に行った調査によると，40歳以下の正社員として勤務する男性従業員752人のうち31.8％が，女性従業員801人のうち68.9％が育児休業制度を「利用したいと思う」と考えている（厚生労働省 2008）。なお，こちらの調査対象者には，現在子どもがいない人も含まれており，回答の数値は子どものいない人を含んだ値である。

このように，調査時点や調査対象者の違いはあるけれども，少なく見積もっても3割，多く見積もれば6割の男性は機会があれば育児休業をとってみたいと考えていることがわかる。

育児休業の取得状況

ところが，実際の育休取得率のデータをみるととても希望が実現しているとは言えない。図13-1は，男女別にみた育児休業取得率の年次推移である。この調査における「育児休業取得率」とは，「調査の前年度一年間に（配偶者が）出産した人のうち，調査時点までに育児休業を開始するか開始予定の申し出をしている人の割合」である。これをみると，近年は女性の8割以上が育休を取得しているが，妻が出産した男性のうち育休を取得する人は3％未満に過ぎないことがわかる。ただ，この厚生労働省による「雇用均等基本調査」は事業所を対象にした調査である。したがって，企業などの事業所が，従業員あるいは従業員の配偶者の出産を把握していることが前提でこの「育児休業取得率」が算出される。そこで親自身に尋ねた別のデータから育休の取得状況を確かめてみよう。

厚生労働省は「21世紀出生児縦断調査」という大規模で長期的な追跡調査を実施している。この「21世紀出生児縦断調査」は2001年生まれの子どもを持つ親を対象に調査が開始されており，この中で父母の育児休業取得状況を尋ねている。2001年8月と2002年2月に行った第1回調査（出生後6ヶ月経った時点を基準に実施）によると，母親（常勤）7251人のうち80.2％が育休を「取得済み・取得中・取得予定」であるのに対して，父親（常勤）3万8192人のうち育休を「取得済み・取得中・取得予定」であるのは0.7％にすぎない（厚生労働省 2002）。

第Ⅲ部　社会における〈オトコの育児〉

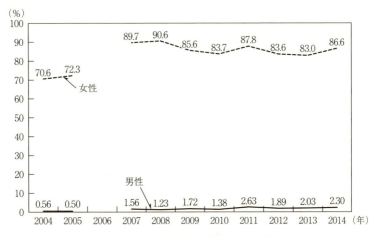

図 13-1　男女別育児休業取得率の推移

注：常用労働者 5 人以上を雇用している民営事業所が対象。2011年度の数値は，岩手県，宮城県，福島県を除く。
出所：厚生労働省「女性雇用管理基本調査」（～2005年），「雇用均等基本調査」（2007年～）

なお，母親と父親の数が大きく異なるのは，調査時点に対象となる子どもが「勤め（常勤）」の母と同居している，または「勤め（常勤）」の父と同居している場合のみ集計対象となっているからである。したがって，調査時点で母親の多くは常勤ではない仕事をしていたか，仕事をすでに辞めていたために，父母で人数に大きな違いが生じているのである。

「21世紀出生児縦断調査」では，比較のために2010年に調査対象が追加されて調査が行われている。2010年12月の調査（出生後 6 ヶ月後に実施）によると，母親9213人のうち93.5％が育休を「取得済み・取得中・取得予定」であるのに対して，父親 3 万1784人のうち育休を「取得済み・取得中・取得予定」であるのは2.0％であった（厚生労働省 2012）。たしかに 9 年の年月を経て父親の育休取得率は数値の上では 3 倍近くに増えている。しかし，もともとの取得率がきわめて低いため，母親の取得率と父親の取得率との間にある大きな乖離は変わらず残っていることがわかる。

育児・介護休業法の規定では男女ともに育休が取得できることになっており，2010年以降は，妻の産後休業中に育休をとった夫は，期間を空けて二度目の育

休をとることも可能になった。また，妻が専業主婦の場合は育休をとれないという規定を設けてはいけないことになった。このように，育児・介護休業法（旧育児休業法）は1992年に施行されて以来，男性が育休をとりやすいように度重なる改正を経ているにもかかわらず，いずれのデータにおいても男性の育休取得率が大きく変化していない。こうした育休取得率のジェンダー（社会的・文化的性差）による差異の背後には「育児は女性の役割である」という性別役割分業観がすけてみえる（佐藤・武石 2004：35-39）。

育児休業をとらない理由

前述の，日本労働研究機構が2003年に行った「育児と仕事の両立に関する調査」（育児個人調査）によると，父親が育児休業を取得しなかった理由として雇用者男性997人の回答（複数回答）では，「父親が仕事の都合がつかなかった（仕事が中断できない，職場で理解が得られない等）」(48.6%)，「父親の給料が入らないと経済的に困るから」(46.8%)，「父親が休む必要がなかった（妻が育児休業を取得した，保育園に入れたなど）」(45.8%) が上位を占めている（日本労働研究機構 2003：23-24）。さらに，産後8週間での育児休業を「とりたくない」と答えた雇用者男性8.3%（87人）にその理由を尋ねたところ（複数回答），多い回答から順に「仕事に支障が生ずる」が74.7%，「収入が減る」が44.8%，「職場での評価が下がることが心配」が40.2%となっている（日本労働研究機構 2003：25-26）。ここから，父親が育児休業をとらない／とれない主な理由は，仕事上および経済的な理由であることがわかる。それは別のデータをみても大筋は変わらない。

厚生労働省が2010年12月に行った「第1回21世紀出生児縦断調査（平成22年出生児）」によると，調査対象となった子どもの父親（常勤）3万1784名のうち45.2%が育休について「制度はあるが取得しない」と答えている。その理由（単一回答）として「職場の雰囲気や仕事の状況から」が49.0%，「妻が育児休業をとっているから」が20.6%，「経済的なことから」が14.5%，「仕事を続けたいから」が3.4%，「その他」が11.4%となっている（厚生労働省 2012）。

同じ調査で母親（常勤）9213名の回答をみると，育休について「制度はある

が取得しない」と答えているのは3.6%にすぎず，その理由（単一回答）としては「職場の雰囲気や仕事の状況から」が35.9%，「経済的なことから」が27.7%，「仕事に早く復帰したいから」が16.4%，「夫が育児休業をとっているから」が0.3%，「その他」が18.8%となっている（厚生労働省 2012）。

以上みてきたように，育休をとらない理由は「配偶者が育休をとっているから」という理由を除けば父母で大きく異なることはなく，仕事上の理由と経済的理由が主な理由であることがわかる。だが本当に育休をとることは経済的な不利益をもたらすのだろうか。

夫の育休は経済的に不合理か？

第1節でもふれたように，育休中は原則として賃金が支払われないので一時的に家計は苦しくなる。共働きの場合も，男女間に賃金格差があるのでたいていの場合夫より妻が休業する方が経済合理的であるようにみえる。世帯収入という観点からは，より多い夫の賃金がなくなるよりも，より少ない妻の賃金がなくなる方が，世帯全体の収入の目減り分が少なくてすむからである。しかし，よく考えると夫が育休をとらないことは必ずしも経済合理的とは限らない。以下でそのことを説明しよう。

図13-1では女性の8割が育休を取得していたが，この数字にはからくりがある。8割という数字は「過去1年間に在職中に出産した女性のうち，調査時点までに育児休業を開始した者」の比率なのである。つまり，出産前あるいは出産と同時に仕事を辞めてしまった人がそもそも分母に含まれていないのである。

「第1回21世紀出生児縦断調査（平成22年出生児）」によると，出産1年前には1万8100人の女性のうち78.8%が仕事に就いているが，出産半年後までにそのうちの54.1%が仕事を辞めている。出産前から無職の女性が20.7%いるために，第1子出産後も仕事に就いている人は全体の36.6%にすぎない（厚生労働省 2012）。この36.6%という値は9年前の調査に比べれば12ポイント増加している。それでもなお，子どもを産み育てながら就業継続する女性は全体の中ではまだ少数派なのである。女性が出産前後に仕事を辞める理由はさまざまだが，

育児に対する夫の協力が得られない（得られそうにない）という理由もそのひとつである。「第1回21世紀出生児縦断調査（平成22年出生児）」では、「出産半年後に『無職』であった母の出産1年前の仕事をやめた理由」を複数回答で尋ねている。それによると、出産1年前に常勤で働いていた母3881人の場合は、「育児に専念したいため、自発的にやめた」が40.7%でもっとも高く、次いで「仕事を続けたかったが、両立が難しいのでやめた」が35.3%、「妊娠に関連した健康上の理由でやめた」が25.6%となっている（厚生労働省 2012）。上位2つの理由は、育児に対する夫の協力が得られないことを直接示しているわけではないが、夫の協力が得られる見通しがあれば、妻が仕事を辞めないですんだかもしれないことを示唆している。したがって、夫が育休をとることによって妻の負担が軽減されれば、妻が就業継続できる可能性は高まるといえるだろう。妻が仕事を辞めることで将来にわたって失う賃金と、夫が短い育休中に失う賃金とを比較すると、夫が育休をとることによって妻の就業継続を実現できることのほうが経済合理性は高いのではないだろうか。

　もちろん、夫が育休をとったからといって必ず妻が就業継続できるわけではないし、もともと妻が専業主婦という場合もあるだろう。後者の場合は夫が育休をとれば世帯収入は確実に減少して経済的には不利になる。それゆえ、夫が育休をとることが万能であると主張するつもりはない。ここまでは育休に焦点をあててその現状を検討してきたが、次節ではより大きな観点であるワーク・ライフ・バランスについて考えてみよう。

3　かんがえる

ワーク・ライフ・バランスの政策的意義

　日本の人口動態の趨勢として高齢化と少子化が同時進行していることはよく知られているが、労働力確保の観点からはこの傾向は望ましいことではない。なぜなら、高齢者は労働力人口から退出することになり、少子化は将来の労働力不足につながるからである。そこで政府はさまざまな少子化対策を講じてきたが、ワーク・ライフ・バランスという考え方は少子化対策の延長線上に位置

づけられる（中谷 2015：22）。1990年代以降，政府はさまざまな少子化対策を打ち出してきたが，思うように成果が上がらなかった。成果が上がらなかった理由のひとつとして，女性のみを対象にした政策に偏っていたことが考えられる。子どもは夫婦の間に生まれるのだから，妻の側に働きかけるだけでは子どもを産みやすくなるとはいえない。そのことに気づいた政府が，男性も含めた少子化対策として新たに打ち出したのがワーク・ライフ・バランス政策である。

ワーク・ライフ・バランスとは，字義通り仕事と生活との間に均衡を保つという考え方である。少子化対策の延長線上に位置づけて捉えるなら，ワーク（仕事）とは賃金を得る仕事を指し，ライフ（生活）とは家庭生活，とりわけ育児を意味すると考えられる。男性も女性もワーク・ライフ・バランスを実現できれば，仕事に携わりながら子どもを産み育てやすくなるという理屈である。育児・介護休業法（旧育児休業法）を数回にわたって改正し，男性が育休をとりやすいように変更をくわえてきたことはそうした政策の一環として捉えることができる。

企業にとってのワーク・ライフ・バランス

日本人，とりわけ男性の長時間労働が指摘されて久しいが（森岡 2005，小倉 2007など），ワーク・ライフ・バランスを実現するためには働き方の見直し，とくに労働時間の削減が必要になってくる。労働時間の削減は，企業にとってマイナスの効果をもたらすようにみえるかもしれないが，ワーク・ライフ・バランスに配慮した働き方を整えている企業の方が，そうでない場合よりも高い業績を上げているという研究もある（川口・西谷 2009，脇坂 2009など）。なぜワーク・ライフ・バランスに配慮した働き方を整えている企業の方が高い業績を上げることができるのだろう。ひとつには，そうした働き方が提供されると従業員の仕事に対する意欲が高まり，生産性が向上するからである。ふたつには，働きやすい環境が用意されると，従来であれば中途で辞めてしまったような能力のある女性が働き続けることができるようになり，さまざまな経験をいかしながら業績向上に貢献できるようになるからである。そのように捉えれば，企業が一定のコストをかけて準備するワーク・ライフ・バランス施策は，必ずし

も企業活動を阻害することにはならないといえる。

　ここまでの議論をたどれば，政府や企業にとってはワーク・ライフ・バランスが有用であることがわかる。しかし，労働力確保だとか企業業績の向上だとかを強調されると，個人の主体性がないがしろにされているかのような印象も受ける。だが，個人の立場にたってもワーク・ライフ・バランスを推進することは有益である。

個人レベルでのワーク・ライフ・バランスの意義

　高度経済成長期には働けば働くほど賃金が上昇するので，長時間労働に携わることは労働者にとって実質的な意味があった。ただし，そこには外で働くのは男性だという前提がある。長時間労働と引き換えに，夫は専業主婦の妻に家庭的役割を一切ゆだねるという性別役割分業を行ってこそ可能な働き方であった。当時は一定の合理性を持っていた性別役割分業だが，現在ではその合理性が大きく低下している。かつてのような経済成長が見込めない現在は，どれだけ長時間労働して会社に貢献しても大幅な賃金上昇は望めない。それどころか，賃金は下降傾向にある（厚生労働省「賃金構造基本統計調査」）ので，「夫が外で働き妻が家庭を守る」という役割分業をしていては，一定の生活水準を確保するには収入が足りないのである。だとすれば，夫婦共働きという選択が浮かび上がってくるはずだが，そうなれば外での仕事と家庭の維持とについて，夫婦で互いに折り合いをつける必要が生じてくる。つまり，ワーク・ライフ・バランスの観点が重要になってくる。

　そうした外部の環境変化の影響を受けながら，個人の価値観も変化してきている。「ものの豊かさ」よりも「心の豊かさ」を重視する人々が増え，仕事と余暇を両立したいという人が増えている（大沢 2006：103-128）。ワーク・ライフ・バランスはこうした価値観の変化にも対応している。

　さらに，「夫婦の共有生活活動」が高いほど「夫婦関係満足度」を高めるという研究もある（山口 2009）。性別役割分業は，かつては一定の合理性を備えていたとはいえ，妻は必ずしも満足していたわけではない。たとえば日中家の中で幼い子どもとだけ向き合って暮らすことはかなりのストレスを生じさせる。

育休は，まさにそのストレスを実感する機会であるが，育児を妻に任せきりの夫には育児ストレスはなかなか想像がつかないことだろう。仕事から疲れて帰ってきた夫はそうした妻の気持ちを受けとめることがむずかしく，えてして夫婦のすれ違いが生じてしまう。ワーク・ライフ・バランスを実現できれば，夫婦がともに仕事と育児を経験する，すなわち「共有生活活動」が増すことになるため，お互いの苦労をわかちあうことが可能になる。

このように，社会経済情勢の変化，人々，とくに若者の意識の変化，好ましい夫婦関係の獲得などを総合的に勘案すれば，ワーク・ライフ・バランスを追求した生きかたの方が，旧来型の働きかた・生きかたよりもはるかに合理的だと考えられる。育児休業は，そうしたワーク・ライフ・バランスを実現するためのひとつのステップになりうるだろう。

4　ふりかえる

わが子の成長に立ち会う

ワーク・ライフ・バランスの観点からすると，男性が仕事に専念して家事や育児にかかわらないという生き方は，時代に合わないだけでなく損をしていると考えられる。グローバル化の進行により変化が激しさを増す現代社会では，たとえ正社員として長期間会社に貢献したとしてもいつ仕事を失うかわからない。そうだとすると，夫＝父親だけが稼得労働に従事することは，長期的な収入増を期待することができないだけでなく，予期せぬ倒産や失業などの事態に対応することができないため，家計上のリスクが大きい。そのリスクを避けるには共働きを選ぶことになるが，もしも子どもを産み育てながら働き続けるのであれば，外での仕事と家庭内での役割との調整が必要になるのは当然のことである。育児はたいへんな営みである。育児休業は，その営みに専念するわけであるから仕事以上にたいへんな側面がたしかにある。その上，子どもはどんどん成長して変わっていくので，「私は仕事でいまは忙しくてかまってあげられないので，また後でね」というように待ってはくれない。したがって，「いま，ここ」での実践がどうしても必要になってくる。しかし，その実践を通し

て，子どもの成長に目を見張ったり，思わぬ発見をしたりという喜びを与えてくれるのも育児という営みなのである。育児休業は，仕事から解放されてそうした喜びを享受する機会だと捉えてみれば，それはしぶしぶ行使する権利でなく，喜んで行使する権利として私たちの目の前に現れる。この権利を妻＝母親だけにゆだねるのはなんとももったいないことではないだろうか。

　ただし，誰にでも同等に育児休業の機会が与えられているわけではないことには注意を要する。法律上は，有期契約労働者（非正社員）であっても一定の条件をみたせば育休をとれることになっているが，現実にはそうした条件を満たす非正社員はごく一部である。さらに，非正社員は正社員と比べて雇用の安定性が低いため，雇用主に「育休をとりたい」と申し出ることをむずかしいと感じる人も多いだろう。またサービス業のように労働集約的で労働時間が比較的長い産業では，同僚や顧客に気兼ねして育休取得を躊躇する人もいるだろう。それゆえ，どのような就業形態であっても，どのような産業に従事していても，誰もが育休をとることができる社会のしくみを実現することが必要だといえる。

私自身の課題

　最後に，ここまでつきあっていただいた読者の皆さんに正直に告白しておこう。「たまたま条件にめぐまれたから本章の著者が育休をとることができたのであって，ふつうの男性が育休をとるのはやはりむずかしいのではないか」，「本章はきれいごとに過ぎるのではないか」という疑念に駆られる読者があるかもしれない。条件にめぐまれていたのはその通りである。法律の規定を超えて，2歳まで育休をとることができる職場にいたこと，育休をとることに同僚の理解があったこと，妻が正社員として一定の収入を得ていたことなどである。だが私の経験は，既存の制約のもとで試行錯誤をした結果であり，失敗もたくさん重ねている。たとえば，本章において性別役割分業が時代にそぐわなくなってきていることを指摘したが，実は私自身も性別役割分業意識から自由になっているわけではまったくない。冒頭で述べたように，育休終了以降，私は単身赴任をしている。夫婦の職場が離れているのでどちらかが単身赴任をせざるを得なかったのだが，ほとんど議論をすることなく妻が子どもと一緒に暮らす

という選択をした。「幼い子どもは母親と一緒に暮らすのが望ましい」という性別役割分業に基づいた価値観に則ってのことである。したがって，私の選択はきれいごとでもなんでもなく，多数派の考え方に抗いつつも実は既存の価値観にどっぷりつかりながらもがいているのが実態である。そうした意味で，私自身がどのようにワーク・ライフ・バランスを実現できるのか，課題は大きく残されているのである。

【キーワード】

ワーク・ライフ・バランス

「仕事と生活の調和」と訳される。女性が社会に出て働くようになると，女性が担うものとされてきた家庭役割と仕事とを両立できるようなしくみが要請される。これをワーク・ファミリー・バランスという。それに対して，ワーク・ライフ・バランス（Work-Life Balance: WLB）は，女性だけでなく男性も含めた，公的な職業生活と私的な生活の両者を充実させた生き方を含意している。2007年頃から政府も公式に認めた政策の方向性であり，競争が激しくなった社会で人々が能力を十分に発揮できるためには仕事一辺倒でも家事一辺倒でもない，仕事と私生活の両者の均衡のとれた生き方が必要とされている。ワーク・ライフ・バランスを追求するとコストがかかり経済的には不利になるという反論が根強いが，ワーク・ライフ・バランス施策を取り入れた企業の方がそうでない企業よりも業績がよいという実証研究もいくつか存在している。

ジェンダー

子どもを産むことができるかどうかという生物学的な性差をセックスというのに対して，性役割（性別を指標として男女に振り分けられた，ふさわしい態度や行動，性格の総体）や性別規範（性の違いに基づいて社会の中で個人がしたがうように求められる規範）などに代表される社会的・文化的な性差をジェンダーという。科学技術が発展すると生物学的な性差は社会生活に影響を及ぼさなくなっていくはずだが，実際にはさまざまな側面で男性と女性とは異なる処遇を受けている。たとえば，子どもは女性が産むのだから育児は女性の仕事であるという観念や，賃金を得る仕事は男性の役割であるといった観念である（性別役割分業）。歴史的にみればそうした性役割規範は普遍的なものとはかぎらず，ある社会や文化に根ざした考え方である。

第 13 章　ワーク・ライフ・バランスとジェンダー

【ブックガイド】

大沢真知子，2006，『ワークライフバランス社会へ──個人が主役の働き方』岩波書店．

　ワーク・ライフ・バランスを取り上げた著作はいまではたくさん存在するが，もっとも早い時期に正面からこの問題を主題に掲げて平易に解説した本である．若者の長時間労働，非正社員の増大，経済のグローバル化，働き方に関する意識の変化などの近年の労働にまつわる社会状況を多面的に検討した上で，ワーク・ライフ・バランスの考え方を導入することがなぜ必要かを丁寧に論じている．このテーマに関する論点がおおよそ取り上げられているので，初学者が見取り図を把握するのに適している．

中谷文美，2015，『オランダ流ワーク・ライフ・バランス──「人生のラッシュアワー」を生き抜く人々の技法』世界思想社．

　オランダ社会では，フルタイム労働とパートタイム労働は，働く時間が多いか少ないかの違いがあるだけで，仕事の内容が変わらないだけでなく，両者の間を自由に行き来できる．このような独特の労働条件を実現したオランダ社会で，人々が働くことと私生活との間にどのように折り合いをつけているのかを多角的に描き出した本である．オランダのやり方は現在の日本とは大きく異なっているので，これを読めばすぐに役立つ訳ではないが，「私たちの社会のしくみは当たり前のもので変えることはできない」という観念から私たちを自由にさせてくれる．

文献

大沢真知子，2006，『ワークライフバランス社会へ──個人が主役の働き方』岩波書店．

小倉一哉，2007，『エンドレス・ワーカーズ──働きすぎ日本人の実像』日本経済新聞出版社．

川口章・西谷公孝，2009，「ワーク・ライフ・バランスと男女均等化は企業業績を高めるか──大阪府における中小企業の分析」『同志社政策研究』3：31-47．

厚生労働省，2002，「第 1 回 21 世紀出生児縦断調査の概要」(http://www.mhlw.go.jp/toukei/saikin/hw/syusseiji/01/index.html 最終アクセス日：2016 年 1 月 18 日)．

厚生労働省，2008，「今後の仕事と家庭の両立支援に関する調査結果」(http://www.mhlw.go.jp/houdou/2008/05/h0520-1.html#06 最終アクセス日：2016 年 1 月 18 日)．

厚生労働省，2012，「第 1 回 21 世紀出生児縦断調査（平成 22 年出生児）の概況」(http:

//www.mhlw.go.jp/toukei/saikin/hw/shusshoujib/01/ 最終アクセス日：2016年1月18日）．

佐藤博樹・武石恵美子，2004．『男性の育児休業――社員のニーズ，会社のメリット』中公新書．

中谷文美，2015．『オランダ流ワーク・ライフ・バランス――「人生のラッシュアワー」を生き抜く人々の技法』世界思想社．

日本労働研究機構，2003．『「育児や介護と仕事の両立に関する調査」報告書』日本労働研究機構（http://www.jil.go.jp/kokunai/statistics/doko/h1507/subindex.html 最終アクセス日：2016年1月18日）．

森岡孝二，2005．『働きすぎの時代』岩波新書．

山口一男，2009．「夫婦関係満足度とワークライフバランス」『ワークライフバランス――実証と政策提言』日本経済新聞出版社，111-143．

脇坂明，2009．「ファミリー・フレンドリー施策と企業――職場の運用の重要性」武石恵美子編『叢書・働くということ7 女性の働きかた』ミネルヴァ書房，203-234．

Column 3

子育ての当事者意識と支援

近藤真由子

　1990年半ば，「子育て支援」の言葉も耳慣れたころ，わが家に長男が生まれた。その2ヶ月前に関西から福岡へと転居したばかりで，なにもかも初めてであったが，「公園デビュー」も無事に済ませ，人情深い近所の方々に助けていただきながら子育てをしていた。ご多分にもれず夫は仕事で夜が遅く，平日は積極的に子どもの世話はできないけれども，休日に子どもと遊んでくれるだけでよしとしていた。その後，海外を含め2回の転居，次男の誕生，数々の出来事，私も仕事に就くようになった。状況が目まぐるしく変化したが子育ての第一責任者は私に変わりなかった。たとえば，子どもが熱を出したと幼稚園などから電話が入ると，仕事の途中でも私が子どもを迎えに行く。すぐに迎えに行けないときは，保健室で子どもを待たせたこともあった。2つの役割のはざまで葛藤を覚えたが，それが解消される間もなく次々と母親であることを試されるようなことが起こった。そのようなときでも，夫は仕事を優先した（せざるを得なかった）。職場の遠近・職場内の立場等の物理的な条件から，私の子育ての比重が高くなっても仕方ないと思ってはみたものの，子育ての当事者意識に差があると感じていた。そのときは想像もしていなかったが，その後，私は公的機関の支援者として，さまざまな家族と出会うこととなった。

　子ども家庭相談の現場では，直接出会うのは母親が圧倒的に多い。社会の中にいまだ子育ては母親が担うものという役割期待があり，それに応えようとする，またはそれができない葛藤に苛まれる母親の多さに驚かされる。統計上，子ども虐待の加害者の半数以上が母親であるのは，役割期待が大きいことと子育てへの関与の高さが関係している結果といえる。虐待という言葉は非日常的ではあるが，その行為は普段の生活の延長線上にあるのがわかる。現実には，虐待を含む不適切な子育てのケースは，統計上に示されるような誰かひとりの問題ではなく，さまざまな要因・関係性などが複雑に絡み合って表出する。そのため，どのようなケースでもその家族と支援者とで協働して，複雑に絡み合った困難を丁寧に紐解いていくことが必要となる。しかし現実には，支援を進めていっても，父親が消極的な場合が多く，解決をめざす当事者として巻き込みづらいことがある。このような父親の態度としては「子育てに拒否的・無関心」，「父親役割を間違って認識（単に権威を振りかざす，しつけと称してたたくなど）」，「仕事に追われ子育てする時間がない」，「（母親役割が強化されすぎて）父親役割を担うすきがない」，「現状から逃避」などがある。またそれに対して母親は，当事者意識は高いものの，それゆえ，子育てを抱え込み

やすく，心身に変調をきたすことすらある。このような母親のしんどさを受容することによって，なんとかその家族のバランスを保つことはできても，根本的な問題が解決されないジレンマに悩まされることもあった。支援の中では，このような父母の当事者意識の差が浮き彫りにされ，まずこの意識の差の解消とニーズの共有が課題になることが多いのが現状である。

　柏木惠子は，子どもの育ちには親の成長も必要であるという立場から，日本の父親不在の子育てに危惧を訴えている。いくつかの研究を引用し，「子どもや育児への態度や心理は，男か女かによるのではなく，性を超えて『養育責任と養育体験』をもつことで育まれる」ことを示している。子どもに一次的な世話役を担う親を第一責任者と表現し，父親が養育の第一責任者を担う場合には，マイナス面（子育て中の不安や焦燥感）も含めて母親が感じるのと類似した心理や態度を示すことが確認されている。つまり父親であれ母親であれ「養育責任と養育体験」によって相互作用的に当事者意識も醸成していくのであって，少なくとも，母親にはじめから母性や当事者意識があって子育てができるのではない。さらに柏木は，父母がともに「養育責任と養育体験」を持ち「夫婦として調和した関係」であることが，子どもの育ちに重要だと主張している。

　やはり，父親も積極的に子どもの世話をするという行動が，まずは必要である。しかし父親がこの行動を起こそうとするとき，「環境」（労働環境や規範など）が足かせとなり，子育てにかかわれず，意識の醸成が阻まれ，さらに子育てにかかわらないという悪循環が生まれやすい。足かせになる環境は，母親であれば子育てできないことの「葛藤」となるが，父親にとっては子育てできないことの「大義名分」となりやすい。そのまま支援の現場に持ち込まれれば，前述のような状況となる。このような中で「イクメン」機運の盛り上がりによって，父親の「養育責任と養育体験」の促進も期待できそうである。けれどそれは，単に母親の子育て負担を軽減するための父親の「義務」にならないような認識が必要であろう。父親は母親とともに，ニーズの共有ができ，困難を感じたときには，一緒に支援も求められるような子育ての共同責任者をめざしてほしい。

文献
　柏木惠子，2008，『子どもが育つ条件——家族心理学から考える』岩波新書。

終　章

〈オトコの育児〉のゆくえ

西川知亨

1　日々変化する育児生活

　本書を企画してからこれまでに，2年近くを経た。そのため，本書の執筆者たちは，原稿執筆時点と比べて，自分の子どもがずいぶん変化・成長したと感じている。

　そういえば第1章で，私の子どもは1歳とあるが，すでに2歳になっている。本書を企画した頃は，「あー」とか「うー」とかしか言えず，なにを訴えているのかわからないことも多かった。いまでは言葉もたくさん覚え，おとなとなんとなくコミュニケーションらしきものがとれるようになってきている。意味不明だった発話も，いまでは言語として明瞭に認識できるものになってきたので，「この子があのときに言っていたことは，そういう意味だったのか」とわかるようになったものもある。

　序章だけでなく随所で述べられてきたように，変化・成長していくのは子どもだけではない。父親も母親も，親としてだんだんと変化・成長していく。もちろん，子育てが自分の思い通りにはいかず，「世間の父親・母親に比べて，自分はかなり育児能力が低いのではないか」と自信を無くしそうになることもよくある。しかし，そのような感情も，試行錯誤を重ねていくなかで父親ないし母親として社会化されていくには重要な経験になると信じている。

　実際には行きつ戻りつなのかもしれないが，「人」としての父親・母親・子どもが，日々，成長していくのと歩調を合わせるかのように，日々の〈オトコ

の育児〉もまた，変化し成長していく。社会生活とは，決まりきった固定したものではなくて，常に変わり続けるものである（Blumer [1969]1986＝1991）。これは社会学の基本的な考え方であるが，〈オトコの育児〉を実践している執筆者たちは，これを身をもって感じている。

では，〈オトコの育児〉をはじめ，変わりゆく社会現象を分析するには，どのような方法をとればよいだろうか。それには，社会学のなかでも「社会調査」の方法を使うことで，自分の知りたい社会の様子を把握することができる（西川 2004）。たとえば，ある市の子育ての様子について知りたい場合，未就学児を持つ世帯が多い地域を表す統計は役立つ（総務省チャンネル 2014）。つまり，ある区域のある社会的事象について「数字」で，「量的」に把握することができる。こうした，ある社会的事象を量的に把握する方法だけでなく，「質的」に把握する方法もある。たとえば，その地域で子育てをしている人，あるいは親戚や地域住民，民間団体など，子育て支援をしている人たちに話を聞くという方法がある。質的に把握する方法には，このように自分の知りたい世界についてよく知っている人から話を聞く「インタビュー」という方法のほかに，子育てについて書かれたブログや雑誌記事，新聞記事などを分析する「ドキュメント分析」，あるいは，子育て支援のイベントなど，自分の知りたい世界に直接入りこむ「参与観察法」などがある。参与観察法は，絶えず変化する社会生活を質的に把握したいときに適切な方法であると言われている。

本書はメインタイトルに『〈オトコの育児〉の社会学』とある通り，社会学の本である。ではその場合，どのような方法で収集したデータを利用していると言えるだろうか。本書では，たとえば，育休取得率などの各種統計にくわえて，雑誌記事（第10章）や映画（第3章），テレビ番組（第6章）を参照するなど，いわゆるドキュメント分析も活用している。だが，本書の各章では，育児にかかわる自分の体験を出発点として，「社会学する」ことをめざした。

あるフィールドを対象にして社会学的な調査を始めるとき，多くの場合，慣れるまではわからないことばかりである。しかしながら，フィールドに長くいて，データを収集して考察を重ねるなかで，なじみのない世界はだんだんと，なじみのある世界になっていく。

とはいえ，日本の戦後を振り返ってみると，典型的には高度経済成長期あたりの性別役割分業の社会意識がより強かった時期では，多くの男性にとって育児というものは，たとえ自分の家庭の課題であっても，妻に任せきりにするという意味で「遠い」ものであった。そうした遠い存在であった育児に対して，20世紀も後半になって，男性もやっとのことでだんだんと近づいてきた（に過ぎない）。

本書の男性執筆者も含めて，現在の父親たちが育児を行うようになったプロセスには，社会調査における参与観察ないしフィールド調査でたどるプロセスと似たところがある。各章では，多かれ少なかれ，自分の育児体験が社会学的データとなっている。自分の育児生活を離れた目で遠くから分析しようとしても，すぐにまた日常の近い育児生活に巻き込まれていく。自分と「遠くて近い」，ぎこちない「調査」を日々続けながら，できあがったのが本書である。

2 さまようオトコたち

「世間」のみならず，社会学という学問分野でも，〈オトコの育児〉という領域は，ある意味では看過されてきたテーマである。社会学の古典を振り返ると，社会学の父といわれるオーギュスト・コント（August Comte）も，社会学黎明期のエミール・デュルケム（Émile Durkheim）も，20世紀中葉の社会学をリードしたタルコット・パーソンズ（Talcott Parsons）も，家事・育児などの家庭の仕事は女性が行うものであると考えていたと言われている。〈オトコの育児〉というのは，ほとんど想定外であった。〈オンナの育児〉については，アン・オークレー（Ann Oakley），エドワード・ショーター（Edward Shorter），ドロシー・スミス（Dorothy Smith）などによる目覚ましい研究が続いたが（Oakley [1974]1985＝1980, Shorter 1975＝1987, Smith 1987），〈オトコの育児〉については，最近まで研究対象としてはほとんど取りあげられてこなかった。近年ようやく，男性の育児に関する書籍や記事が出てきているが，〈オトコの育児〉は社会学の対象としては新しいテーマであると言える。

研究対象として〈オトコの育児〉が注目されることは少なかったとはいえ，

少なからぬ男性たちは，育児と日々向き合い，いろいろと工夫をしながらやりこなそうとしている。育児にかんする性別分業意識がいまだ根強いなかで，男性たちはなにを基準とすればよいのかわからず，さまよっている状況だと言えるかもしれない。

　このことについて，本書を振り返りながら考えてみたい。

　まず，夫婦関係に焦点を合わせた第Ⅰ部においては，育児を行う男性たちはどのように「さまよって」いただろうか。子どもがいる夫婦の関係は，子どもの存在からさまざまな影響を受ける。育児中の夫婦の間では，多かれ少なかれ，コミュニケーションのすれ違いが起こる（第4章）。家族像の変容のなかで（第1章），子育ては妻だけのものではないという意識が浸透しつつも，夫が育児にかかわらない（またはかかわれない）現状があったり，あるいはそれらが理由として「作り出され」たりする（第2章）。「オトコたるもの仕事に専念すべき」という「一流の労働者」観は，〈オトコの育児〉を難しいものにしているという現状もある（第3章）。こうして，夫婦間のミス・コミュニケーションが起こってくる。

　第Ⅱ部で論じられた親子関係では，男性たちはどのように「さまよって」いただろうか。たしかに多くの父親は「受動的で，趣味的な育児」しかしないと思われている（第7章）。（中心的にとはまだなかなか行かずとも）オトコも頑張って育児に参入しようとするのだが，しかし「イクメン」という言葉には「男らしさ」イメージが付きまとっていて，見方によっては従来の「公私の分離」を前提としているところがある（第8章）。育児，とくに子どもと遊ぶときにも，オトコたるもの，と思うあまりに「気負って」しまうことがある（第5章）。好きなアニメのキャラクターを共有したいと思っても，TVなどのメディアは子どもに悪影響があるのではないかと心配になってしまう（第6章）。

　第Ⅲ部で論じた，社会のなかでの〈オトコの育児〉については，男性たちはどのように「さまよい」続けていただろうか。夫婦が仕事や生活を続けていくために保育園などが活用される。だが，入園までにはさまざまなハードルが存在する上，運よく入園させることができたとしても，毎日の送り迎えのみならず，家族が病気になったときなど，さまざまな困難を経験する（第9章）。また

終章 〈オトコの育児〉のゆくえ

　多くの親は，たくさんの育児情報に接することでかえって育児不安を覚えがちである（第10章）。育児不安のひとつとして，子どもの医療についてのさまざまな情報がある（第11章）。不安解消のため行政に頼ろうとしても，行政の子育て支援は母親をターゲットにした施策が中心であることが多く，往々にして父親を子育て主体として支援するものではない（第12章）。男性がなかなか育休を取得しない／できないのは，ジェンダー化された社会意識のみならず，経済的な制約（と思い込まれているもの）なども影を落としている（第13章）。

　このように，夫婦関係においても，親子関係においても，社会においても，育児を行う男性，あるいは〈オトコの育児〉はいまだ居場所が定まらずに，右往左往している（もちろん，多くの女性もまたさまよいながら育児を行っているのではあるが）。

　〈オトコの育児〉の問題を改善していくためには，家族や親族関係以外にも，さまざまな社会資源が重要となる。保育園だったり，公的支援制度だったり医療にかかわる技術・制度や行政，企業，科学技術，数々のインフォーマルなネットワークなど，さまざまな主体が提供する資源である。ただし，このようにあげてみても，社会資源は一般的に不足気味であるし，人や家族によってこれらの資源にアクセスできる程度には差がある。社会資源へアクセスできる人とできない人の格差の存在を改善していくことは必須であるし，育児支援のさまざまな選択肢を共有し，社会のなかで組織化していくこともまた重要である。

　日々の育児実践のなかでは，夫婦関係，親子関係に埋没してしまい，自分たちの家族生活について落ち着いて考えられなくなることもあろう。しかし，視点をずらして見てみれば，家族のなかで経験される問題のみならず，その解決方法もまた，社会のなかに見出されるかもしれない。問題は社会によって作り出されている可能性があるが，解決方法もさまざまな社会資源というかたちで，「社会」のなかに見出されうる。

3 〈オトコの育児〉の社会学の可能性

社会学で語る〈オトコの育児〉

　もちろん，〈オトコの育児〉を考察するのは社会学でなくてもよい。経済学でも法学でも政治学でも，また教育学でも，〈オトコの育児〉について，きっと魅力的なテーマを提供してくれる。単純なイメージかもしれないが，たとえば「〈オトコの育児〉の経済学」ならば，男性が育児を行うこと／行わないことの経済的な利益および損失などについて，数字を並べて考察するかもしれない。「〈オトコの育児〉の法学」ならば，〈オトコの育児〉を可能にする，あるいは充実したものにするためには育児・介護休業法などの法律をどのようなかたちで活用できるかを教えてくれるかもしれない。「〈オトコの育児〉の政治学」ならば，たとえば男女共同参画社会のなかでの男性による育児の意義について教えてくれるかもしれない。「〈オトコの育児〉の教育学」ならば，学校制度のなかで〈オトコの育児〉がどう教えられるべきかということを考察しようとするかもしれない。これらの分野やテーマも，もちろん魅力的である。

　本書は，経済学や法学，政治学，あるいは教育学の視点を排除するものではない。また，本書の執筆者のなかには，社会福祉学，教育学，保育学などを専門とする人もいる。だが，そのなかでも本書は，社会学，そして経験に基づいた考察にこだわった。それは，まだ参加率の非常に低い男性の育児というものが，社会制度のもとで「そのまま」行われるものではなく，人々による日々の実践と解釈（試行錯誤）のなかで行われるということを重視したからである。その際，私たちの「経験」というものを重視しつつも，経験そのままではなく，経験から社会関係，社会制度や社会構造にまで分析を広げていくという視点を持つようにした。身近な経験が扱われていて単に「面白い」という以上に，日々の育児生活がどのように社会とかかわっているか考え，経験と社会学，そして「社会」をつなげようとした。各章の構成を，「けいけんする」，「ひろげる」，「かんがえる」，「ふりかえる」としたのも，そうした意図からである。経験から社会構造について考え，そして実証的に調査する。〈オトコの育児〉の

社会学は，育児生活をやりこなす力にくわえて，社会学的想像力，すなわち経験（データ）を社会とつなげていく力を柱にしている。

不協和の奏でるハーモニー

本書の各章は，男性の育児経験を「社会学している」ところは共通していると言っても，ものの見方は多様である。ある章で書かれていることと，別の章で書かれていることについて，どこか違うトーンを感じ取った読者もいるであろう。社会学は，さまざまなものの見方を認める，いわば「多神教」のような存在であるとも言われているが（Collins［1998］2000），ここではそうしたさまざまなものの見方が生む不協和の意味について考えてみたい。

たとえば，「メディア」について扱っている章を見てみよう。第2章（「社会規範と社会化——しつけはママ？」）においては，メディア利用に関する「しつけ」をしなければ，「子どもたちが生身の人間とコミュニケーションする機会と時間を奪ってしまうことになりかねない」という懸念から，子どものためにはメディアはコントロール（統制）の対象であると論じていた。しかし，それに対して，第6章（「メディアと文化資本——偉大なキャラクター」）においては，メディアはコントロールの対象というよりも，むしろ社会化にとって重要な文化資本をもたらしてくれるものである，という論旨で書かれている。さらにそれに対して，第10章（「少子化と育児不安——育児雑誌の世界」）では，少子化のなかで育児の方法などをメディアに頼ることによって，親が育児不安を増幅させている可能性について書かれていた。

〈オトコの育児〉と聞いて想起されることの多い「イクメン」についても，扱いが異なる。第3章（「性別役割分業とケア労働——「男らしさ」「父親らしさ」と育児」）では，いわゆる「男社会」への対抗という観点から，「イクメン」を推奨する方法について模索している。それに対して，第8章（「レジャーと公共空間——おでかけたいへん」）では，公私の分離の再生産という「イクメン」概念そのものが含む問題点を指摘して，「オトコらしいイクメン」ではなく「オトコらしくないイクメン」の可能性を積極的に評価している。

本書におけるこうした不協和は，どちらかのものの見方が間違いで，もう一

方のものの見方が正しい,というものではない。こうしたいわば「矛盾」が多いことは,育児という経験の捉え方がそもそも多義的であり,とくに現代では,「世間」においても社会学においても,〈オトコの育児〉への意味づけが複雑なものになっていることを表しているのであろう。もちろん,共感できるものもできないものもあると思うが,それぞれの視点や立場には,それぞれの理由が背景にある。こうした不協和が奏でるハーモニーは,〈オトコの育児〉をめぐる多様な視点や価値観をリアルに伝えている。

ほぐし,くみなおし,はぐくむ

　〈オトコの育児〉についての考察は,従来の男性のあり方を「ほぐす」「くみなおす」「はぐくむ」,という営みでもある。

　まず,「ほぐす」についてである。人々が幼い頃から「しつけ」などによって身につけた男としての社会規範は,社会がまとまりを保つ上で大きな役割を果たしている（第2章）。だが,そのような社会規範は,〈オトコの育児〉を可能にすると同時に,「制約」となることも多い。それはたとえば,オトコたるもの家庭よりも仕事に力を入れるべきだという意識であったり（第3章）,子どもとの遊びは父親こそが「子育てのためにしなければならない」という意識であったり（第5章）,子どもをおとなの場所に連れてくるなといった公共空間の抑圧性（第8章）であったりする。情報化の進展を背景に,教育や病気などに関する育児情報は,〈オトコの育児〉あるいは育児全般に役立つというよりも,むしろ「不安」にさせることがある（第10章,第11章）。私たちの時代の〈オトコの育児〉は,性別役割分業や公私の分離といった価値観,膨大な情報が生む不安などから完全に逃れることは容易ではないが,それらが本当に必要かを問い直すなど,少なくとも相対化をする（「ほぐす」）ことが求められるだろう（第1章）。

　次に,「くみなおす」についてである。上で見た「ほぐす」——ときに抑圧的な思い込みやしばりを相対化する——と同時に,新しいかたちに〈オトコの育児〉,さらには育児そのものを「くみなおす」ことについても,本書は考察してきた。たとえば,アニメなどのキャラクターは子どもの成長を阻害する存

在ではなく，社会化されていくためのモデルやよりどころのひとつとなりうるという見方を紹介した（第6章）。保育園には，バラバラになってしまいがちな各家庭と社会とをつないでいく中間集団の役割を果たしていく可能性がある（第9章）。そして，ワーク・ライフ・バランスは，公私の分離を前提とした価値観を問い直し，仕事と生活の調和を図りながら，両者を豊饒なものにしていく試みを表している（第13章）。

　最後に，「はぐくむ」についてである。くみなおしたかたちを発展させていく側面についても，本書では考察してきた。たとえば，子育て中の夫婦はさまざまな難しい問題を経験するが，そうした経験を積み重ねていくなかで，互いに「さわれないもの」があると気付き，互いを尊重する関係性を育むと論じている（第4章）。現代という時代にあっても，人生儀礼は，子どものこれからの人生において，自信をもって生きていくためのよりどころになりうる（第7章）。そして，「子育てネットワーク」は，親に対して子育て能力の不十分さを指摘するのではなく，社会状況と条件を踏まえ，各々の家族の強みを生かし，伸ばしていくことに貢献しうる（第12章）。本書で考察してきたことは，子どもだけでなく，父親，母親，そして〈オトコの育児〉が成長していく方法およびプロセスでもあった。

4　次世代の〈オトコの育児〉へ

本書で扱えなかった〈オトコの育児〉

　本書を締めくくる前に，本書で扱えなかった「〈オトコの育児〉の社会学」について3点，触れておきたい。

　まず第1に，とくに困難な状況にある家族における〈オトコの育児〉である。ひとり親（シングルファーザー），低所得（貧困），種々の障害・病気，児童虐待，自死遺族，非行，育児と介護の二重負担などをはじめ，一言では決して語ることのできないさまざまな問題を抱え，奮闘している家族は少なくない。なんらかの福祉の対象となっている家族だけでなく，福祉から漏れ，気づかれることなく困難な生活を強いられている家族もおそらくある。これらの家族に対する

支援の方法と，こうした家族をめぐる困難を生みだしてしまう社会のしくみについて考える必要がある（西川 2015）。

　第2に，〈オトコの育児〉に対する社会活動・社会運動についてである。先に述べたさまざまな問題などを背景として，〈オトコの育児〉をただ単に語るだけでなく，〈オトコの育児〉の居心地をよくし，ひいては男性も女性も子どもも暮らしやすい社会を作ろうとする取り組みが展開されている。たとえば，シングルマザー（シンママ）に比べて，活動が多いわけではないが，近年，シングルファーザー（シンパパ）の問題に取り組む活動も注目を集めている。厚生労働省による「イクメンプロジェクト」については本書でも少しだけ触れられている。しかし，民間団体による〈オトコの育児〉をめぐる社会活動については，ほとんど扱えなかった。本書が，社会問題論というよりも，むしろ経験社会学の視点で書かれているのが，その理由のひとつであろうが，社会活動の意義を分析することも，また別の課題として残されている（西川 2012, 2015）。

　第3に，地域の問題である。本書では，都市と地方の〈オトコの育児〉の比較はあまりなされていない。地域によって，慣習やつながりの中身・強弱が異なるし，人口の過密化および過疎化の進行は，そのようなつながりに大きな影響を与えている。地域によって，育児に対するソーシャルサポートネットワークもかなり違いがあるものと思われる。そうした違いについて分析する必要もあるだろう。

「ほぐし，くみなおし，はぐくむ」視点の継承

　日々，〈オトコの育児〉を行う生活を続けていると，仕事について，家事について，あるいは子育てそのものについて，どうしても「回っていかない」と感じる，あるいはさまざまなトラブルで悩み，判断に迷い，困ったと感じることがしばしばある。そのようなとき，本書のように「ひろげる」「かんがえる」といった姿勢で物事を整理して考えてみると，自分の個人的な問題と思っていたものの社会的背景やからくりがわかり，部分的ではあるかもしれないが，心の中の引っ掛かりや悩み，さまざまな社会の圧力から少し「解放」されるような気になることもある。それだけでなく，制度や社会的ネットワークなどの社

会資源の可能性についても考えることができる。社会のなかで柔軟かつしなやかな〈オトコの育児〉,そしてさまざまな人々にとっての育児が育まれていくことを願っている。

文献

Blumer, Herbert, [1969] 1986, *Symbolic Interactionism: Perspective and Method*, Berkeley: University of California Press.(=1991, 後藤将之訳『シンボリック相互作用論――パースペクティヴと方法』勁草書房。)

Collins, Randall, [1998] 2000, *The Sociology of Philosophies: A Global Theory of Intellectual Change*, Cambridge, Mass., Belknap Press of Harvard University Press.

西川知亨, 2004,「社会調査と人間生態学的方法――初期シカゴ学派における E・F・フレイジアを中心に」『社会学史研究』26, 日本社会学史学会, 129-143。

西川知亨, 2012,「現代日本における反貧困活動の展開――時空間の人間生態学」『フォーラム現代社会学』11, 関西社会学会, 41-53。

西川知亨, 2015,「貧困対抗活動の生態系と福祉社会――個人的/社会的レジリエンスの観点から」第88回日本社会学会大会報告原稿。

Oakley, Ann, [1974] 1985, *The Sociology of Housework*, Oxford: Basil Blackwell.(=1980, 佐藤和枝・渡辺潤訳『家事の社会学』松籟社。)

Shorter, Edward, 1975, *The Making of the Modern Family*, New York: Basic Books.(=1987, 田中俊宏・岩崎誠一・見崎恵子・作道潤訳『近代家族の形成』昭和堂。)

Smith, Dorothy Edith, 1987, *The Everyday World as Problematic: A Feminist Sociology*, Toronto: University of Toronto Press.

総務省チャンネル, 2014,「【e-Stat】活用例13「さいたま市における, 未就学児をもつ世帯が多い地域を知りたい」総務省 (https://www.youtube.com/watch?v=-_wo7wY9faM&index=13&list=PL7PI1l61-EVJq1xM9AeOcubtZBU3MRGQ5 最終アクセス日 2016年2月6日)。

索　引
(＊は人名)

あ　行

＊アーレント, H.　147, 148
『AERA with Kids』　174
『赤すぐ』　168
『赤ちゃんができたら考えるお金の本』　168
アグネス論争　143, 147
遊び　87-91, 93-99
アニメ　105-109, 112-115
＊渥美由喜　7
＊天野正子　170
＊アリエス, P.　22, 26
育児・介護休業法　29, 216, 218, 220, 238
　　改正──　10
育児
　　──休業　10, 11, 218, 219, 221, 226
　　──経験　170, 171
　　──雑誌　168, 169, 171, 171, 173-175, 178-180
　　──参加　6
　　──書　168, 169, 171
　　──情報誌　174
　　──不安　170, 178-181, 202
　　──メディア　173-175, 178
　　──ライフイベント　126
　　マネジメント──　73
イクメン　6, 9, 10, 45, 68, 73, 83, 89, 93, 98, 145-147, 150, 232, 236, 239
　　──クラブ　10
　　──現象　9, 10
　　──プロジェクト　10, 92
＊石井クンツ昌子　90
依存労働者　149
＊市川浩　98
＊井上俊　83, 94, 101
＊井上忠司　12, 13, 124, 128

医療化　190-194, 196, 197
インタビュー　234
ウーマン・リブ　23
＊上野千鶴子　57, 62, 76
内祝い　169
＊内田明香　67
運（アレア）　94
SNS　125
＊エリアス, N.　26
＊オークレー, A.　235
＊大沢真知子　225
＊大下由美　211
＊大豆生田啓友　203
＊小倉一哉　224
＊落合恵美子　62
男らしさ　146, 147

か　行

＊カイヨワ, R.　94, 95, 101
核家族　170, 179
格差　129
　　──社会　175
学歴分断社会　178, 179
家事（家事労働）ハラスメント　32
＊柏木惠子　232
過疎　242
家族主義　206
過密　242
＊川口章　224
擬似環境　115, 116
＊キテイ, E.　149
規範　202, 203, 207, 209, 212
客我（me）　96, 97
虐待　23, 25, 231, 241
キャラクター　108-113, 115
競技（ルドゥス）　94

245

業績主義　28
競争（アゴン）　94, 95
共同性　108, 109
儀礼　27
儀礼的無関心　141, 142
近代家族　19, 20, 23-28, 31, 32, 171
　──化　170, 171, 178
*久保田カヨ子　176
*倉橋惣三　159
*グレン，M.　75
ケア　51, 53-57, 59, 63
ゲーム　105, 112, 114, 115
公共空間　135, 138, 139, 142-144, 147
合計特殊出生率　171, 180, 205, 206, 209
高度経済成長期　235
ごっこ遊び　88, 94, 96
子ども中心主義　17, 20, 24, 26, 28, 33
*ゴフマン，（ゴッフマン）E.　27, 114
コミュニケーション　93, 94, 100
*コリンズ，R.　27
*権田保之助　101
*コント，A.　235
*コンラッド，P.　191

　　　　　さ　行

*齋藤純一　140, 147
*サッチマン，E.　193
*佐藤博樹　221
産後クライシス　67, 73
参与観察　234, 235
志縁　210, 211
ジェンダー　29, 31, 207, 221, 237
*汐見稔幸　75
シカゴ学派　33
資源　25, 237
社会化　12, 13, 37, 39, 40, 127
　──のエージェント　12
　　子どもの──　12
　　父親の──　12
社会学的想像力　239
社会規範　37

社会調査　234
社会的コントロール　21
社会変動　20
集合意識　191, 193
習俗　122
重要な他者　12
主我（I）　96, 97
出生前診断　190, 194-197
主夫　89, 98
主婦論争　147
準拠集団　115
少子化　170, 171, 178, 180, 223
　──社会対策基本法　180
　──社会対策白書　180
*ショーター，E.　235
シングルファーザー　150, 241, 242
シングルマザー　242
心身二元論　100
人生儀礼　121-129
身体　87
親密圏　25
*スミス，D.　235
生活文化　122
生殖家族　27, 30
性別役割分業　21, 23, 40, 59, 63, 221, 225, 227, 235, 240
性役割規範　146, 147
セカンドシフト　29
専業主婦　4, 6, 20, 89
潜在的機能　31
相互作用儀礼　27
ソーシャルキャピタル　209, 210
属性主義　28
『そして父になる』　1

　　　　　た　行

*ターナー，B.　100
第1次ベビーブーム　171
第2波フェミニズム運動　23
*高橋均　175, 180
*武石恵美子　221

索　引

ダブル・バインド　93, 94
『たまごクラブ』　168-170
男女共同参画社会　238
男女雇用機会均等法　143
＊チャン, アグネス　143, 145
中間集団　241
長時間労働　224, 225
定位家族　12, 30
DV（ドメスティック・バイオレンス）　25
ディズニーランド　109, 110
＊ディム, B.　75
テーマパーク　109
＊デカルト, R.　100
＊デュルケム, É.　27, 191, 235
＊天童睦子　171, 173-175, 178-180
ドキュメント分析　234
都市化　170, 171, 179
共働き夫婦　6
トラック　25

な　行

＊永瀬伸子　90
＊中谷文美　224
＊難波功士　168, 169
＊西谷公孝　224
『日経 Kids +』　174
日本型雇用慣行　30
日本小児保健協会　89, 90
『妊すぐ』　168, 169
年中行事　128, 129
＊信田さよ子　72

は　行

＊パーソンズ, T.　47, 235
パートナー　76, 77, 212
パートナーシップ　76
＊ハーバーマス, J.　147, 148
＊長谷正人　94
＊バダンテール, E.　82
母親（の）役割　201-203, 207, 212
反省的知性　97

『ひよこクラブ』　168-170, 173, 174
＊平山順子　9
貧困　241
ファザーリング・ジャパン　7
フィールドワーク　19
＊フィッシャー, H.　66, 67
＊フーコー, M.　100
風俗　124
フェミニズム　24, 56, 62, 63
＊藤村正之　115
＊舩橋惠子　8
不平等　129
＊ブルデュー, P.　111, 113, 116
＊フレーベル, F.　159
『プレジデントFamily』　173-176, 178, 179
『プレジデントBaby』　175-179
文化資本　111-113, 116
＊ベイトソン, G.　93
保育園　176, 179
「保育所保育指針」　158, 160
＊ホイジンガ, J.　92, 94-96, 100
母性神話　82, 83
ホモ・サピエンス　92
ホモ・ファベル　92
ホモ・ルーデンス　92

ま　行

＊牧野カツコ　170, 171, 179-181
マタニティ雑誌　171
＊松岡悦子　126
＊松木洋人　212
＊松田恵示　101
＊松田茂樹　207
ママ友　200
＊ミード, G.H.　96
ミス・コミュニケーション　69, 70, 73, 74
＊妙木忍　143
民俗　122, 124, 125, 129
＊向谷地生良　78
＊メイロウィッツ, J.　113, 114
メディア　45, 46, 104, 105, 108, 110, 112-114

――環境 110, 113, 116
めまい（イリンクス） 94
模擬（ミミクリ） 94
物語 83
*森岡孝二 224

　　　　　　や　行

役割葛藤 93, 98
役割期待 231
役割取得 96
*山口一男 225
*山瀬範子 93
*山田正人 7
*山田昌弘 203
*大和礼子 89, 90
遊戯（パイディア） 94
遊戯的コミュニケーション 94

幼稚園 176
『幼稚園教育要領』 159, 160
*横峯吉文 176
*吉川徹 178

　　　　　　ら　行

ライフコース 24, 26, 30, 33
ライフサイクル 24, 30
*リップマン, W. 115
臨界期 39
レジャー 147
*ローレンツ, K. 39

　　　　　　わ　行

ワーク・ライフ・バランス 5, 206, 223-226, 241
*脇坂明 224

《執筆者紹介》（執筆順，＊印は編著者）

＊工藤保則（くどう・やすのり）　序章・第7章
　　1967年　徳島県生まれ
　　1999年　甲南大学大学院人文科学研究科博士課後期課程単位取得退学，博士（社会学）
　　現　在　龍谷大学社会学部教授
　　主　著　『中高生の社会化とネットワーク――計量社会からのアプローチ』ミネルヴァ書房，2010年。
　　　　　　『カワイイ社会・学――成熟の先をデザインする』関西学院大学出版会，2015（第25回橋本峰雄賞）。

＊西川知亨（にしかわ・ともゆき）　第1章・終章
　　1975年　愛知県生まれ
　　2008年　京都大学大学院文学研究科博士後期課程修了，博士（文学）
　　現　在　関西大学人間健康学部准教授
　　主　著　「初期シカゴ学派の人間生態学とその方法――E・W・バージェスとE・F・フレイジアを中心にして」京都大学博士（文学）論文，2008年。
　　　　　　「現代日本における反貧困活動の展開――時空間の人間生態学」『フォーラム現代社会学』11，2012年。

今村光章（いまむら・みつゆき）　第2章
　　1965年　滋賀県生まれ
　　1990年　京都大学大学院教育学研究科博士後期課程研究指導認定退学，博士（学術）
　　現　在　岐阜大学教育学部教授
　　主　著　『環境という〈壁〉』昭和堂，2009年。
　　　　　　『アイスブレイク』晶文社，2014年。

阿部真大（あべ・まさひろ）　第3章
　　1976年　岐阜県生まれ
　　2007年　東京大学大学院人文社会系研究科博士課程単位取得退学，修士（社会学）
　　現　在　甲南大学文学部准教授
　　主　著　『搾取される若者たち――バイク便ライダーは見た！』集英社，2006年。
　　　　　　『居場所の社会学――生きづらさを超えて』日本経済新聞出版社，2011年。

＊山田　容（やまだ・よう）　第4章・第12章
　　1961年　広島県生まれ
　　1988年　同志社大学大学院文学研究科社会福祉学専攻修了，修士（文学）
　　現　在　龍谷大学社会学部准教授
　　主　著　『ワークブック社会福祉援助技術演習①対人援助の基礎』ミネルヴァ書房，2003年。
　　　　　　『共生の言語学』（共著）ひつじ出版，2015年。

加藤裕康（かとう・ひろやす）　**第5章**
- 1972年　神奈川県生まれ
- 2007年　東京経済大学大学院コミュニケーション学研究科博士課程修了，博士（コミュニケーション学）
- 現　在　中央大学文学部兼任講師
- 主　著　『ゲームセンター文化論──メディア社会のコミュニケーション』新泉社，2011年（第22回橋本峰雄賞）。
　　　　　『レジャー・スタディーズ』（共著）世界思想社，2015年。

木島由晶（きじま・よしまさ）　**第6章**
- 1975年　兵庫県生まれ
- 2006年　大阪大学大学院人間科学研究科博士後期課程修了，博士（人間科学）
- 現　在　桃山学院大学社会学部准教授
- 主　著　『オタク的想像力のリミット──〈歴史・空間・交流〉から問う』（共著）筑摩書房，2014年。
　　　　　『現代若者の幸福──不安感社会を生きる』（共著）恒星社厚生閣，2016年。

木村至聖（きむら・しせい）　**第8章**
- 1981年　神奈川県生まれ
- 2011年　京都大学大学院文学研究科博士後期課程修了，博士（文学）
- 現　在　甲南女子大学人間科学部准教授
- 主　著　『社会学ベーシックス第9巻──政治・権力・公共性』（共著）世界思想社，2011年。
　　　　　『産業遺産の記憶と表象──「軍艦島」をめぐるポリティクス』京都大学学術出版会，2014年。

上月智晴（こうづき・ともはる）　**第9章**
- 1968年　兵庫県生まれ
- 2006年　明星大学大学院人文学研究科修士課程修了，修士（教育学）
- 現　在　京都女子大学発達教育学部准教授
- 主　著　『実践に学ぶ保育計画のつくり方・いかし方』（共著）ひとなる書房，2004年。
　　　　　『保育における感情労働──専門性を考える視点として』（共著）北大路書房，2011年。

阪本博志（さかもと・ひろし）　**第10章**
- 1974年　大阪府生まれ
- 2004年　京都大学大学院文学研究科博士後期課程修了，博士（文学）
- 現　在　宮崎公立大学人文学部准教授
- 主　著　『『平凡』の時代──1950年代の大衆娯楽雑誌と若者たち』昭和堂，2008年（第30回日本出版学会賞奨励賞・第18回橋本峰雄賞）。
　　　　　『東アジアのクリエイティヴ産業──文化のポリティクス』（共著）森話社，2015年。

高山龍太郎（たかやま・りゅうたろう）　第11章
- 1971年　千葉県生まれ
- 1999年　京都大学大学院文学研究科博士後期課程中退，修士（文学）
- 現　在　富山大学経済学部准教授
- 主　著　『「ひきこもり」への社会学的アプローチ』（共著）ミネルヴァ書房，2008年。
　　　　　『語りが拓く地平』（共著）せりか書房，2013年。

阿形健司（あがた・けんじ）　第13章
- 1962年　大阪府生まれ
- 1993年　大阪大学大学院人間科学研究科博士後期課程単位取得退学，学術修士
- 現　在　同志社大学社会学部教授
- 主　著　「職業資格の効用をどう捉えるか」『日本労働研究雑誌』594号，2009年。
　　　　　『"働く"を学ぼう――仕事と社会を考える』（共著）人文書院，2011年。

竹内里欧（たけうち・りお）　コラム1
- 1976年　埼玉県生まれ
- 2008年　京都大学大学院文学研究科博士後期課程修了，博士（文学）
- 現　在　京都大学大学院教育学研究科准教授
- 主　著　「『真の紳士』と『似非紳士』――『西洋』と『日本』の構築」『社会学評論』56巻3号，2005年。
　　　　　The East and the Idea of Europe（共著）Cambridge Scholars Publishing, 2010.

片岡佳美（かたおか・よしみ）　コラム2
- 1970年　愛知県生まれ
- 1999年　甲南大学大学院人文科学研究科博士課程単位取得退学，博士（社会学）
- 現　在　島根大学法文学部教授
- 主　著　『家族社会学の分析視角』（共著）ミネルヴァ書房，2001年。
　　　　　『論点ハンドブック家族社会学』（共著）世界思想社，2009年。

近藤真由子（こんどう・まゆこ）　コラム3
- 1965年　兵庫県生まれ
- 2012年　龍谷大学大学院社会学研究科修士課程修了，修士（社会福祉学）
- 現　在　龍谷大学社会学部非常勤講師
- 主　著　「子ども家庭相談の現状と課題――市町村におけるソーシャルワーク実践を中心として」『龍谷大学社会学部紀要』42，2013年。
　　　　　「(調査報告) 地域における子ども家庭相談の支援者側の課題分析――支援の連続性を担保するために」『子ども家庭福祉学』15，2015年。

〈オトコの育児〉の社会学
——家族をめぐる喜びととまどい——

2016年5月30日　初版第1刷発行　　　　〈検印省略〉

定価はカバーに
表示しています

編著者	工藤 保則 西川 知亨 山田 容
発行者	杉田 啓三
印刷者	中村 勝弘

発行所　株式会社　ミネルヴァ書房
607-8494 京都市山科区日ノ岡堤谷町1
電話代表　(075)581-5191
振替口座　01020-0-8076

© 工藤・西川・山田ほか, 2016　　中村印刷・清水製本

ISBN978-4-623-07684-0
Printed in Japan

「育メン」現象の社会学	石井クンツ昌子 著	四六判三二〇頁 本体三〇〇〇円
揺らぐサラリーマン生活	多賀 太 編著	四六判二五〇頁 本体三〇〇〇円
婚活コンシェルジュ	野々山久也 著	四六判二七二頁 本体一八〇〇円
子どもとキャリアどちらもほしい	円より子 著	四六判二三二頁 本体一八〇〇円
子育てに不安を感じる親たちへ	牧野カツコ 著	A5判一九二頁 本体一八〇〇円
国際比較にみる 世界の家族と子育て	牧野カツコ ほか編著	A5判二二四頁 本体二五〇〇円

———ミネルヴァ書房———

http://www.minervashobo.co.jp/